제3판

아동안전관리

황현주 · 신현정 · 신희이 · 이성복

창지사

머리말

안전은 우리 삶에서 생명과 직결된 가장 기본적이면서도 중요한 과제입니다. 모든 사람에게 안전은 중요하지만, 성인의 보호가 절대적으로 필요한 아동기 안전은 개인을 넘어 우리 모두의 문제입니다. 그런데 안타깝게도 아동안전사고가 가장 많이 발생하는 장소는 주택, 즉 가정으로 나타났습니다. 해마다 60~70%의 아동안전사고가 주택에서 발생합니다. 가장 안전해야 할 장소가 안전사고가 가장 많이 일어나는 것입니다. 이는 대부분 보호자의 부주의로 인한 사고입니다. 가정상비약을 아이의 손이 닿는 곳에 방치하여 아이가 약을 삼켜 약물중독에 빠지고, 식탁 테이블보를 잡아당겨 식탁에 있던 국그릇이 아이에게 떨어져 화상을 입고, 베란다에 테이블과 의자를 두어 아이가 올라가 추락하는 이들 사고들은 보호자의 안전에 대한 무지와 부주의 때문입니다. 최근 코로나19(COVID-19)로 인해 가정에 머무는 시간이 많아지면서, 가정 내 안전사고가 더 많이 발생하고 있습니다.

또한 아동안전사고가 많이 발생하는 장소는 도로 및 인도입니다. 즉, 차량으로 인한 교통사고가 아동의 생명을 위협하고 있습니다. 그래서 국가에서는 학교와 아동이 많이 이동하는 길에 스쿨존을 지정하였습니다. 그러나 여전히 운전자들은 감시 카메라가 있을 때에만 속도를 줄이고 불법 주차를 하여 스쿨존 아동 교통사고가 끊이지 않고 있습니다. 이처럼 아동의 안전이 올바르게 이루어지기 위해서는 성인 및 사회가 아동이 신체·정서·사회적으로 상해나 사고 없이 건강하게 자라도록 돕는 환경을 조성해야 하기에, 아동안전교육의 대상에는 반드시 아동과 함께 성인과 사회가 함께 포함되어야 합니다. 아동안전교육은 아동과 성인을 대상으로 아동의 건강한 생활을 유지하기 위하여 안전을 위협하는 여러 요소로부터 사고의 위험을 사전에 방지하기 위한 예방교육과 사고 발생 시 효과적인 대처 방법들을 주 내용으로 안전에 대한 지식과 태도 및 행동을 익히는 교육입니다.

우리 모두가 잘 알고 있듯이, 영유아기를 포함한 아동기는 발달 특성상 자기중심적 사고로 인해 위험 상황에 대해 올바른 판단을 하기 어렵습니다. 또한 환경에 대한 탐구와 호기심은 높은 반면, 자기조절 능력이 부족하여 안전사고에 가장 많이 노출되기 쉬운 시기입니다. 하지만, 아동기에 몸에 밴 안전 습관은 성인이 되어서도 평생 안전을 지켜줄 수 있습니다.

따라서 본 교재에서는 아동에게 안전한 환경의 제공 외에도 안전교육을 통하여 안전한 생활을 습관화할 수 있도록 하였습니다. 2020년부터 시작된 코로나19(COVID-19)는 '코로나19 이전 시대'와 '코로나19 이후 시대'로 구분될 만큼 전 세계에 많은 영향을 미쳤습니다. 이번에 새로 개정된 아동안전교육(3판)에서도 코로나19로 인한 안전사고와 코로나19 감염을 예방하기 위한 교육 내용이 포함되어 있으며, 안전사고와 관련되어 가장 최근의 통계 수치들로 수정하였습니다. 아울러 개정된 표준보육과정(2020) 및 누리과정(2019)의 내용을 살펴보았습니다.

안전(safety)이란 '위험이 생기거나 사고가 발생할 염려가 없는 상태'로 정의합니다. 그러나 아무런 사고가 일어나지 않고 있는 환경 그 자체를 의미하지 않습니다. 오히려 안전이란 위험 원인이 없거나 또는 위험 원인이 있어도 이로 인해 위해를 받는 일이 없도록 대책이 세워져 있고, 그런 사실이 확인된 상태를 의미합니다. 즉, 잠재 위험의 예측을 기초로 한 대책이 수립되어 있어야만 진정한 의미에서의 안전이라고 할 수 있습니다. 아동을 위험으로부터 보호하고 사고가 발생할 염려가 없는 안전한 환경 구성, 그리고 예상치 못했던 상해를 예방하고 잠재 위험의 예측을 기초로 한 대책 마련은 미래의 교사인 우리 모두가 책임지고 수행해야할 역할이며 과제입니다. 이 책은 바로 미래의 교사가 될 학생들이 아동안전에 대한 이해와 교사로서의 올바른 역할 수행을 위해 쓰였습니다. 아울러 어린이집과 유치원의 교사 및 원장들이 아동안전교육을 수행하기 위한 자료로 참고할 수 있습니다. 이 교재가 좀 더 안전한 우리집, 안전한 어린이집과 유치원, 그리고 안전한 우리 사회가 되는 데 보탬이 되기를 바랍니다.

2021년 9월 저자 일동

차례

제2장 아동발달과 안전관리

제3장 영유아교육기관 안전

제2부 유형별 안전교육

제4장 놀이안전

제5장 교통안전

제6장 화재안전 및 소방안전

제7장 성폭력안전

제8장 아동학대안전

제9장 유괴 및 미아

제10장 환경안전

제3부 교육과정과 아동안전관리

제11장 표준보육과정과 누리과정의 아동안전관리

제12장 아동안전교육 계획과 실행

제1부

안전관리의 이론적 기초

사회가 발달하면서 많은 사건사고가 우리 아이들을 위협하고 있다. 부모의 보호에 의지하던 영아기를 지나 사회적 상호작용을 적극적으로 시작하는 유아기에는 무엇보다도 생활 주변에서의 위험을 인식하고 자신을 보호할 수 있어야 한다. 성인들이 아동을 보호하고 안전사고에 대하여 예방하기는 하지만 그 정도에는 한계가 있는 것이어서 아동 스스로 안전하게 행동할 수 있는 방법을 습득해 나가는 것이 우선되어야 한다. 아동의 자기 방어적 자세나 안전문제 대처 능력은 체계적인 안전교육을 통하여 향상시킬 수 있다. 그러나 안전교육만으로는 한계가 있다. 아동이 안전하게 생활할 수 있는 기관과 사회환경의 안전이 함께 이루어져야 한다. 그러기 위해서는 사회 전체가 안전의 중요성을 깨닫고 안전한 환경을 위해 노력해야 한다. 전 국민을 충격에 빠뜨렸던 세월호 사건의 경우 우리 사회 전반에 퍼져 있는 안전불감증의 단적인 예이다. 기억하자. 안전은 아동과 우리 모두의 생명과도 직결되는 중요한 문제이며 가장 우선되어야 할 문제이다.

1장

아동안전교육*

안전은 우리의 삶에서 생명과 직결된 가장 기본적이면서도 중요한 과제이다. 아동은 발달 특성상 위험을 인지하고 대처하는 능력이 부족하기에 안전한 환경 제공과 예방을 위한 안전교육이 필요하다. 특히 우리나라의 경우 아동안전사고 및 안전사고로 인한 아동 사망률이 높아 이에 대한 사회적 · 국가적인 관심이 요구된다. 따라서 본 장에서는 아동안전을 위한 이론적 기초로 아동안전교육의 개념과 아동안전사고 현황 및 아동안전관리 법규와 함께 향후 아동안전교육의 기본방향을 살펴보았다.

1. 아동안전교육의 개념

1) 아동안전의 개념

사전적 의미에서 '안전'이란 위험이 생기거나 사고가 날 염려가 없는 상태를 의미한다. 즉, 위험이나 상해로부터 인간을 보호하는 행동과 조처가 아동안전의 주요 개념이다. Segal과 동료들(2006)은 영유아교육기관에서의 아동안전을 아동과 성인이 상해로

* '1. 아동안전교육'에 제시된 통계자료는 2016~2020년 5년 동안 아동안전사고를 집계한 한국소비자원(2021). 2020년 어린이 안전사고 동향 분석을 참고하였다.

부터 보호받는 것으로 정의하였다. 이처럼 미국에서는 아동안전정책의 첫 번째로 아동을 위험으로부터 보호하고 예상치 못했던 상해를 예방하기 위한 것으로 규정하고 있다(Robertson, 2010).

그러나 안전의 의미인 '위험이 생기거나 사고가 발생할 염려가 없는 상태'가 아무런 사고가 일어나지 않고 있는 환경 그 자체를 의미하지 않는다. 오히려 안전이란 위험 원인이 없거나 또는 위험 원인이 있어도 이로 인해 위해를 받는 일이 없도록 대책이 세워져 있고, 그런 사실이 확인된 상태를 뜻한다(두산백과사전, 2016). 즉, 잠재 위험의 예측을 기초로 한 대책이 수립되어 있어야만 진정한 의미에서의 안전이라고 할 수 있다. 전남련 등(2010)은 아동안전교육을 "일상생활 속에서 신체적 상해, 사망뿐만 아니라 재산의 피해를 초래할 수 있는 불의의 사고를 예방하기 위해 안전에 대한 지식과 태도, 기능을 익혀 위험한 상황에서도 자신을 보호할 수 있도록 돕는 긍정적이고 계획적이며 의도적인 경험을 제공하는 교육 활동의 총체"로 규정하였다.

이와 같이 아동의 안전이 올바르게 이루어지기 위해서는 아동 주변의 성인 및 사회가 아동이 신체·정서·사회적으로 상해나 사고 없이 건강하게 자라도록 돕는 환경을 조성해야 하기에, 아동안전교육의 대상에는 아동뿐만 아니라 성인과 사회가 함께 포함된다. 따라서 아동안전교육은 아동과 아동의 보호자인 교사 및 부모를 대상으로 아동의 건강한 생활을 유지하기 위하여 안전을 위협하는 여러 요소로부터 사고의 위험을 사전에 방지하기 위한 예방교육과 사고 발생 시 효과적인 대처 방법들을 주 내용으로 안전에 대한 지식과 태도 및 행동을 익히는 교육으로 정의할 수 있다.

2) 아동안전교육의 필요성

영유아기를 포함한 아동기는 발달 특성상 자기중심적 사고로 인해 위험 상황에 대해 올바른 판단을 하기 어렵다. 또한 환경에 대한 탐구와 호기심은 높지만 자기조절 능력이 부족하여 안전사고에 가장 많이 노출되기 쉬운 시기이다. 따라서 아동에게 안전한 환경의 제공 외에도 안전교육을 통하여 안전한 생활을 습관화할 수 있어야 한다.

아동안전교육의 필요성에 대한 학자들의 주장을 정리하면 다음과 같다(이기숙 외, 2004;

그림 1-1 성인과 아동의 시야각

이영환 외, 2014; 채영란 외, 2011; 전남련 외, 2010).

첫째, 아동기의 발달 특성에 따른 안전사고의 위험 때문이다. 출생 후 누워만 있던 영아가 기어 다니고 걷기 시작하면서 아동의 안전사고 위험은 매우 높아진다. 특히 무엇이든지 손에 잡히는 것은 입으로 가져가는 영아의 발달 특성과 주변을 탐색하려는 왕성한 호기심은 아동을 위험한 상황으로까지 초래한다. 또한 아동이 눈으로 사물을 볼 수 있는 시야각은 90도로 성인의 시야각(130도)보다 좁아 골목길에서 지나가는 자동차를 빨리 피하기 어렵다(그림 1-1). 따라서 아동에게 안전한 환경을 제공하고 사고를 예방할 수 있는 안전교육이 필요하다.

둘째, 아동기는 기본생활습관을 형성하는 시기이다. 식사할 때 돌아다니지 않고 앉아서 친구들과 함께 즐겁게 먹는 생활습관은 질식의 위험을 감소한다. 또한, 장난감을 사용한 후 제자리에 놓는 습관은 물건을 밟고 넘어지는 상해 사고를 줄일 수 있다. 계단에서 뛰거나 장난치지 않기, 차가 완전히 정차한 후 타고 내리기, 승하차 시 차례로 타고 내리기 등의 기본생활습관은 성인이 되어서도 영향을 미친다. 이처럼 아동기는 안전교육에 대한 기초지식, 태도, 기능을 기본 습관으로 형성할 수 있는 가장 최적의 시기인 동시에 교육의 효과가 큰 시기이다. 따라서 어렸을 때부터 안전하고 건강한 생활태도와 습관을 형성하기 위한 아동안전교육이 필요하다.

셋째, 아동기는 아동안전교육을 효과적으로 습득할 수 있는 최적의 시기이다. 이 시기 아동들에게 가장 큰 비중을 차지하는 교육 방법의 하나는 모방이다. 아동들은 자기 주변 성인의 행동을 보면서 따라 하고 자신의 것으로 내면화한다. 얼마 전 경기 경찰이 '안매

켜소 운동'을 대대적으로 추진하였다. '안매켜소'는 출발 전 항상 안전띠를 매고, 주간에는 전조등을 켜고, 차선을 바꿀 때는 방향 지시등을 켜서 교통사고를 예방하자는 기초적인 교통안전 정책이다. 안전띠를 매고 운전하면 매지 않았을 때보다 사망률이 5.5% 감소하고, 주간에 전조등을 켜면 교통사고가 19% 감소하는데도 불구하고 해마다 캠페인을 벌여야 할 만큼 잘 지켜지지 않고 있다(경기일보, 2016년 1월 20일자). 이처럼 잘못 형성된 운전습관은 성인들이 위험한 상황에 놓여 있음에도 불구하고 아직도 지키기 어렵게 한다. 그러나 아동기에 안전한 습관을 형성한다면 어른이 되어서도 지킬 수 있는 평생 습관으로 정착할 수 있다. 따라서 아동안전교육은 기본생활 습관교육으로 반복하여 실시해야 한다.

넷째, 아동안전교육은 아동기뿐만 아니라 성인기에 일어나는 안전사고를 예방할 수 있다. 무엇보다 아동안전교육은 사고 후의 대처방법보다 예방적 기능을 강조한다. 교통사고 후의 대처방법보다는 사고가 발생하지 않기 위한 올바른 보행습관 및 차량과 횡단보도에서의 안전교육을 제공하기 때문에, 아동기에 안전교육에 대한 기초 지식과 기능, 태도를 형성하는 경험을 많이 갖게 되면 성인이 되어서도 안전사고 발생률을 줄일 수 있다. 최근 일어난 일련의 대형 사고들은 성인을 비롯한 사회 전체의 안전불감증에 의해 일어났다. 따라서 안전교육의 대상은 아동과 성인, 그리고 사회까지 포함된다. 안전문화를 정착하고, 국민의 안전의식을 높여서 안전사회를 이룩하기 위해서는 영유아기부터 안전교육을 체계적으로 실시하는 것이 바람직하다.

다섯째, 아동안전교육은 시대적 필요이다. 최근 맞벌이 가족의 증가로 어린 시기에 가정을 벗어나 어린이집에서 지내는 아동이 증가하고 있다. 또한 어린이집과 유치원에서 또래 친구들과 보내는 시간이 점차 길어지고, 차량을 이용한 견학 활동에 빈번히 참여함으로써 더욱 다양한 안전사고의 위험성에 노출되어 있다. 실제로 어린이집과 어린이집 차량에서 많은 안전사고가 일어나고 있기에 아동과 성인을 대상으로 한 아동안전교육은 반드시 이루어져야 한다. 다음은 어린이집 안전사고의 기사들이다.

"함양 어린이집 승합차서 5살 원아 질식사" (SBS뉴스, 2011년 8월 13일자)
"22개월 어린이집 원생 떡볶이 먹다 질식사" (연합뉴스, 2013년 1월 31일자)
"대구 2세 여아 포도 먹다 질식사 보육교사 항소심서 집행유예" (아주경제, 2014년 9월 27일자)
"2018년 12월 손○○(남, 만 3세)은 장난을 치다 코에 비비탄 총알을 넣어 코의 이물로 치료를 받음" (한국소비자원, 2019년 5월)
"2018년 5월 이○○(남, 만 4세)은 어린이집 교실에서 자석 장난감을 삼켜 소화 계통 이물로 치료를 받음" (한국소비자원, 2019년 5월)
"2018년 4월 조○○(남, 만 3세)은 100원짜리 동전을 삼켜 소화 계통 이물로 치료를 받음" (한국소비자원, 2019년 5월)

"어린이집 차량, 다리 밑 추락… 안전띠가 큰 부상 막았다" (동아일보, 2020년 1월 8일)

어린이집 통학 차량이 측면에서 오던 트럭과 충돌한 뒤 약 2.5m 높이의 다리 아래로 추락했지만, 탑승자 모두 안전띠를 매고 있어 인명 피해가 발생하지는 않았다. (중략)이 사고로 운전자인 어린이집 원장 A 씨와 인솔교사 B 씨(24·여), 어린이 9명 등 11명이 두통, 타박상 등을 호소하며 인근 병원으로 옮겨졌으나 생명에는 지장이 없는 것으로 확인됐다. 이들은 모두 안전띠를 매고 있었다. (후략)

사진 출처: 경기남부소방서.

2. 아동안전사고 현황

1) 아동안전사고의 증가

최근 한국소비자원(2021)의 발표에 의하면 2016~2020년 14세 이하 아동안전사고를 집계한 결과 2020년 18,494건을 나타냈다. 이는 2019년(24,971건) 대비 25.9% 감소한 수치이며, 최근 5년 동안 처음으로 2만 건 미만의 통계 수치이다(2016년 22,545건, 2017년 25,699건, 2018년 24,097건, 2019년 24,971건, 2020년 18,494건). 그러나 이는 아동안전사고 사건이 감소한 것보다 코로나19에 따른 병원 내원 환자의 급감에 따른 것으로 분석되고 있다(표 1-1 참고). 즉, 아동안전사고가 줄어든 것이 아니라 코로나19 감염에 대한 불안감으로 병원 방문을 자제한 결과라는 분석이다. 실제로 어린이집에서 발생한 안전사고를 분석한 어린이집안전공제회 자료(2020)에서도 어린이집 안전사고는 해마다 증가하고 있다(2015년 19,483건, 2016년 19,593건, 2017년 20,451건, 2018년 20,649건, 2019년 22,802건). 또한 우리나라 총인구 대비 어린이 인구 비중이 12.8%인 것을 참작할 때 매년 26~36%의 아동안전사고 비율은 매우 높은 것을 알 수 있다(그림 1-2 참고).

표 1-1 최근 5년간 아동안전사고 현황

(단위: 건, %)

구분	2016년	2017년	2018년	2019년	2020년
전체 안전사고 건수	69,018	71,000	72,013	73,007	70,022
어린이 안전사고 건수	22,545	25,699	24,097	24,971	18,494
어린이 안전사고 비율(%)	32.7	36.2	33.5	34.2	26.4

* 전체 안전사고 중에서 어린이 안전사고가 차지하는 비율

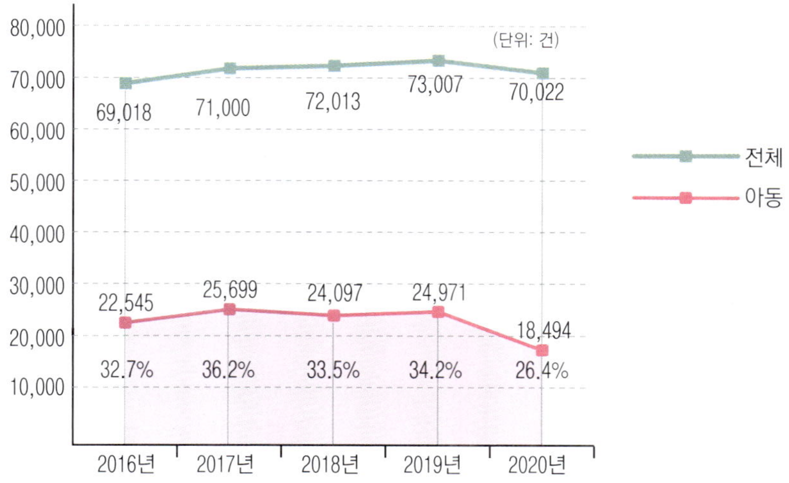

그림 1-2 최근 5년간 전체 안전사고 대비 아동안전사고 현황

미국 NEISS(National Electronic Injury Surveillance System, 미국 소비자위해 감시시스템)의 통계에 따르면 전체 안전사고 대비 아동안전사고 비율이 2012년 30.5%, 2013년 29.6%, 2014년 29.5%로 20%대를 유지하며 감소하는 추세를 보인다(한국소비자원, 2015a 재인용). 그러나 우리나라는 코로나19로 인한 2020년을 제외하고 매년 아동안전사고 비율이 증가하여 더욱 국가 차원의 효율적인 아동안전정책이 필요하다. 특히 아동안전사고는 발달단계에 따른 특징이 있어 충분히 예방할 수 있다. 따라서 아동안전사고의 특징과 경향성을 분석하여 아동안전사고의 예방에 주의를 기울여야 한다.

2) 아동안전사고 연령별/성별 현황

2016~2020년에 접수된 아동안전사고를 분석한 결과, 영아기부터 초등학교 학령기까지 안전사고가 많이 발생하였다. 이 중에서 걸음마를 시작해서 끊임없이 움직임이 많아지는 1~3세에 발생하는 사고가 가장 높게 나타났다. 2020년도를 기준으로 1~3세(걸음마기) 42.9%(7,933건), 4~6세(유아기)가 24%(4,438건), 7~14세(초등학교 시기) 23.8%(4,403건), 1세 미만(영아기)이 9.3%(1,720건)의 순서로 발생하였다(그림 1-3). 특히, 1~3세 걸음마기에 발생하는 안전사고는 최근 5년 동안 가장 높은 발생률을 나타내 각별한 주의가 필요하다(표 1-2 참조).

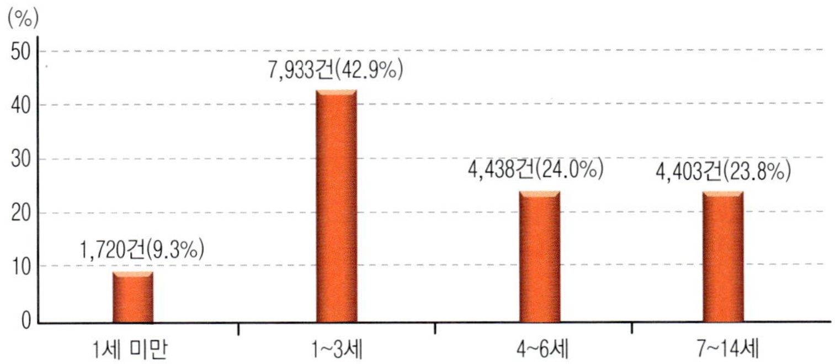

그림 1-3 2020년 연령별 아동안전사고 현황

표 1-2 연령별 아동안전사고 현황(2016~2020년)

(단위: 건, %)

구분		2016년	2017년	2018년	2019년	2020년
취학전	영아기(0세)	2,219 (9.8)	2,340 (9.1)	1,986 (8.2)	2,167 (8.7)	1,720 (9.3)
	걸음마기(1~3세)	11,081 (49.2)	12,186 (47.4)	11,678 (48.5)	11,495 (46.0)	7,933 (42.9)
	유아기(4~6세)	4,924 (21.8)	5,907 (23.0)	5,586 (23.2)	5,669 (22.7)	4,438 (24.0)
	소계	18,224 (80.8)	20,433 (79.5)	19,250 (79.9)	19,331 (77.4)	14,091 (76.2)
학령기(7~14세)		4,321 (19.2).	5,266 (20.5)	4,847 (20.1)	5,640 (22.6)	4,403 (23.8)
합계		22,545 (100.0)	25,699 (100.0)	24,097 (100)	24,971 (100.0)	18,494 (100.0)

또한, 아동안전사고는 여아보다 상대적으로 활동량이 많은 남아에게 훨씬 많이 나타났다(표 1-3 참조). 남아는 영아기부터 초등학교 시기에 이르기까지 모든 연령대에서 여아보다 안전사고가 잦았다. 남아의 경우 안전사고가 가장 많이 발생하는 시기는 64.8%(9,646건)를 나타낸 초등학교 시기였으며, 반대로 여아는 35.1%(5,221건)로 초등학교 시기에 가장 낮은 안전사고율을 나타냈다(한국소비자원, 2015a).

표 1-3 성별 안전사고 현황(2016~2020년)

(단위: 건, %)

구분	2016년	2017년	2018년	2019년	2020년
남아	13,929 (61.8)	15,706 (61.1)	14,704 (61.0)	15,257 (61.1)	11,002 (59.5)
여아	8,613 (38.2)	9,990 (38.9)	9,388 (39.0)	9,676 (38.7)	7,462 (40.3)
미상	3 (0.0)	3 (0.0)	5 (0.0)	38 (0.2)	30 (0.2)
합계	22,545 (100.0)	25,699 (100.0)	24,097 (100.0)	24,971 (100.0)	18,494 (100.0)

어린이집에서도 남아의 안전사고가 여아보다 더 많이 발생하였다. 2019년 한 해 동안 어린이집안전공제회에 접수된 사고를 살펴보면 남아가 60.8%(13,873건), 여아가 39.2%(8,929건)로 남아의 사고율이 여아보다 1.6배 높았다(어린이집안전공제회, 2020).

3) 아동안전사고 발생장소

2020년 아동안전사고가 가장 많이 발생하는 장소는 '주택'으로 나타났다. 전체 아동안전사고의 71.5%(13,218건)를 차지하였다. 2020년에는 특히 코로나19로 인해 가정에 있는 시간이 많아지면서 주택에서의 안전사고 발생률이 71.5%(13,218건)로 최근 5년(2016~2020년) 중 가장 높게 나타났다. 그다음으로 '도로 및 인도' 8.3%(1,528건), '여가 및 문화놀이시설'(4.3%, 788건), 학원 및 어린이집 등의 '교육시설'(2.8%, 513건) 순으로 나타났다(표 1-4 참조). 이는 다른 기관보다 주택에서의 안전사고 비중이 압도적으로 높아 부모를 대상으로 한 가정에서의 안전교육이 필요함을 알 수 있다. 또한 일과 중 대부분의 시간을 보내는 어린이집, 유치원과 같은 교육시설보다 여가 및 문화시설의 사고가 높게 나타나 이들 시설에 대한 체계적인 안전점검이 필요하다. 아울러 도로 및 인도에서의 교통사고 예방교육이 함께 이루어져야 할 것이다.

표 1-4 사고발생장소 별 아동안전사고 현황(2016~2020년)

(단위: 건, %)

구분	2016년	2017년	2018년	2019년	2020년
주택	15,836 (70.2)	17,605 (68.5)	16,343 (67.8)	16,749 (67.1)	13,218 (71.5)
교육시설	1,157 (5.1)	1,492 (5.8)	1,474 (6.1)	1,602 (6.4)	513 (2.8)
여가문화 및 놀이시설	1,177 (5.2)	1,395 (5.4)	1,309 (5.4)	1,500 (6.0)	788 (4.3)
도로 및 인도	868 (3.9)	1,132 (4.4)	789 (3.3)	1,147 (4.6)	1,528 (8.3)
숙박 및 음식점	530 (2.4)	812 (3.2)	827 (3.4)	725 (2.9)	473 (2.5)
스포츠/레저시설	440 (2.0)	540 (2.1)	428 (1.8)	614 (2.5)	340 (1.8)
쇼핑시설	277 (1.2)	302 (1.2)	265 (1.1)	266 (1.1)	110 (0.6)
기타 상업시설*	123 (0.6)	103 (0.4)	98 (0.4)	112 (0.4)	76 (0.4)
교통시설	95 (0.4)	105 (0.4)	125 (0.5)	108 (0.4)	32 (0.2)
의료서비스시설	65 (0.3)	87 (0.3)	87 (0.4)	121 (0.5)	70 (0.4)
종교 및 문화시설	40 (0.2)	62 (0.2)	55 (0.2)	63 (0.3)	12 (0.0)
자연 및 관련시설	49 (0.2)	24 (0.1)	30 (0.1)	27 (0.1)	33 (0.2)
복지 및 노인요양시설	2 (0.0)	10 (0.1)	10 (0.1)	10 (0.0)	3 (0.0)
농·수·축산업지역	2 (0.0)	4 (0.0)	1 (0.0)	7 (0.0)	7 (0.0)
공공시설	5 (0.0)	2 (0.0)	5 (0.0)	8 (0.0)	-
그 외 또는 미상	1,879 (0.0)	2,024 (7.9)	2,251 (9.4)	1,912 (7.7)	1,291 (7.0)
합계	22,545 (100.0)	25,699 (100.0)	24,097 (100.0)	24,971 (100.0)	18,494 (100.0)

*주유소, 세차장, 편의점, 제과점, 이·미용실 등

한편 가정에서는 1세 미만의 경우 보호자의 부주의로 침대 · 소파 등에서 추락하는 사고가 많았고, 1~3세는 거실 · 방에서 넘어지거나 미끄러짐 사고 그리고 부딪힘 사고가 많이 발생하였다. 4~6세 역시 계단, 킥보드, 자전거에서 넘어지거나 미끄러지는 사고와 침대 · 소파 등에 부딪히고 추락하는 사고가 많았는데, 1세 미만의 추락사고와 달리 다양한 움직임이 가능해지면서 침대, 소파 등에서 뛰거나 놀다 추락해 다치는 것으로 분석됐다. 취학 연령인 7~14세에서는 자전거, 스케이트 등의 스포츠 활동 중 부딪히거나 넘어지는 사고가 많았다.

어린이가 심각한 상해를 입을 수 있는 '삼킴/흡인사고'는 해마다 증가하고 있다(한국소비자원, 2021). 특히 2020년에는 2천 건이 넘는 삼킴/흡인 사고가 발생하여 주의가 필요하다(그림 1-4 참고).

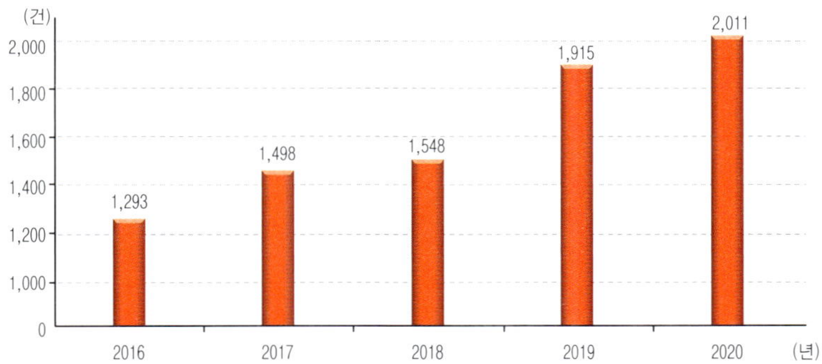

그림 1-4 아동 삼킴/흡인사고

최근 5년간의 삼킴/흡인 사고를 분석한 결과, 완구의 부속품 등을 삼킨 사례가 45.1%(3,725건)로 가장 많았고, 문구용품 6.6%(544건), 기타 생활용품 4.2%(344건), 배터리 · 전지 및 액세서리 4.0%(328건) 등이 뒤를 이었다(한국소비자원, 2021). 최근 수은 전지의 사용이 많아지면서 수은전지 삼킴사고가 많아지고 있다. 수은전지를 삼킬 경우 장기를 녹이기 때문에 바로 응급실로 가야 하는 매우 위험한 상황이다. 따라서 이에 대한 안전교육이 필요하다. 발달단계에 따른 삼킴/흡인 사고는 다음과 같다(표 1-5 참조).

표 1-5 발달단계별 이물 삼킴/흡인사고 현황(2016~2020년)

(단위: 건, %)

구분	영아기(0세)	걸음마기(1~3세)	유아기(4~6세)	학령기(7~14세)	합계
남아	266	2,404	1,1854	503	4,357 (52.7)
여아	286	2,507	821	284	3,898 (47.2)
미상	1	6	1	2	10 (0.1)
합계	553 (6.7)	4,917 (59.5)	2,006 (24.3)	789 (9.5)	8,265 (100.0)

표에 나타나 있듯이 이물 삼킴/흡인사고도 걸음마기 때 가장 많이 발생하였다. 아동의 경우 아직 신체가 미성숙하여 작은 압박에도 호흡 장애가 일어나, 아동의 생명을 위협한다. 아이들에게 안전해야 할 가정에서 가장 많은 안전사고가 일어난 것에서 알 수 있듯이, 아동안전사고는 단지 아동들을 대상으로 한 교육을 넘어서 아동의 보호자인 부모와 교사를 대상으로 적극적으로 이루어져야 한다.

표 1-6 이물질 삼킴/흡인 주요 위해품목(2016~2020년)

(단위: 건, %)

주요 위해품목	이물질 삼킴/흡인
완구	3,725 (45.1)
문구용품 및 학습용품	544 (6.6)
기타 생활용품	344 (4.2)
배터리, 전지 및 액세서리	328 (4.0)
서적·인쇄물 및 음반	324 (3.9)
모조보석 제품	253 (3.1)
곡류-콩류	231 (2.8)
가정용 청소 및 세탁용품	213 (2.6)
의약외품	199 (2.4)
빵(떡) 및 과자류-과자	160 (1.9)

사고사례 – 이물질 삼킴(교구) 사고

사고 경위 및 발생원인

- 2018년 자유놀이 시간 중 자석교구를 가지고 놀던 유아가 손과 입으로 여러 차례 뜯다가 자석을 삼킴. 자석이 각기 다른 창자에 붙어 천공 및 괴사 직전 상태에서 개복하여 제거.
- 2020년 자유놀이 시간에 유아가 가로 2cm, 세로 1cm 자석을 삼켜 수술함.
- 2017년 만 2세 영아가 플라스틱 소재 포도 모양 장난감 교구(가로 4cm, 세로 3.5cm)를 가지고 놀던 중 삼켜 질식하여 사망
- 2020년 4세 유아가 콧속에 5mm 크기의 플라스틱 구슬을 넣어 치료.
- 2020년 3세 유아가 500원짜리 동전을 삼켜 병원에서 치료받음.

- 예방수칙 ▶ 어린이집에서 사용하고 있는 자석교구에 대하여 정기적 점검을 통해 파손되거나 노후된 교구 파기 필요. 또한, 교구 안에 있는 자석이 나오지 않도록 관리 감독 철저.
  ▶ 영아의 코, 귀, 입에 들어갈 만한 작은 크기(직경 3.5cm)의 교구는 제공하지 않도록 함.

출처: 보건복지부, 어린이집안전공제회, 중앙육아종합지원센터(2019), 한국소비자원(2021).

사고 사례

2012년 1월 권 모 어린이(여, 만 4세)가 집 안의 의자 위에서 블라인드 줄을 목에 걸고 장난치다가 목졸림으로 말미암아 질식 사고를 당함.

(사진은 이해를 돕기 위한 이미지 컷입니다.)

블라인드

2012년 9월 12일 MBC뉴스에 유아가 블라인드 끈에 질식사한 사고가 보도되었어요.

블라인드 끈에 의한 사고가 잇따르자 상당수의 어린이집에서는 사진에서 보이는 것처럼 끈 바구니를 만들어 사고를 예방하고 있답니다.

하지만 가정집에서는 안전사고 예방을 위한 이와 같은 실천이 부족한 실정이에요.

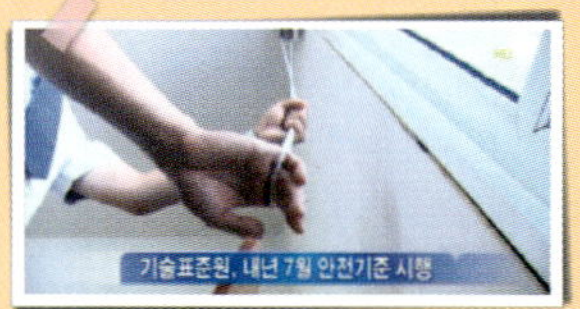

정부에서는 10kg 이상의 무게가 가해질 경우 블라인드 줄의 연결고리가 끊어지도록 하는 방안 등 새로운 안전기준을 2013년 7월부터 시행할 예정이라고 해요.

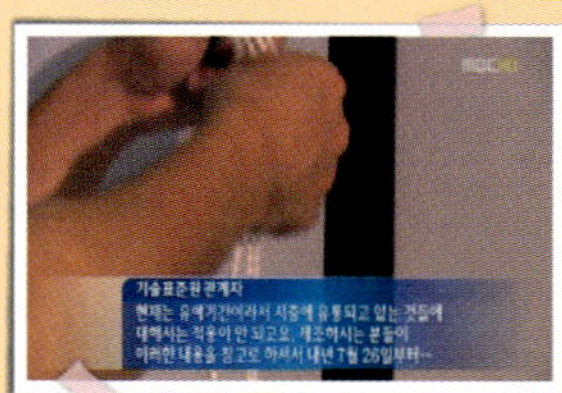

하지만 현재 시중에 유통되고 있는 제품에 대해서는 적용이 되지 않고 새로운 안전기준이 적용된 제품도 10kg 이하의 영아들에게는 여전히 위험해요.

※자료 : MBC뉴스, 「4살 어린이, 블라인드 줄에 목 졸려 숨져」, 2012.9.12

안전 실천 사항

- 블라인드가 있는 가정집에서는 블라인드 끈 바구니를 따로 설치하세요.
- 블라인드 끈을 갖고 놀지 않도록 보호자가 각별히 주의합니다.

출처: 한국소비자원(2012).

4) 영아안전사고와 영아돌연사의 증가

우리나라 통계청의 2019년 사망통계표 자료에 의하면 0세 영아의 사망사고 발생은 822건으로 1~9세 아동의 사망사고(411건)보다 2배가량 높았다(통계청, 2020). 또한 영아돌연사증후군으로 숨진 영아의 수가 점차 증가하고 있다. 해마다 66~99명의 영아들이 영아돌연사로 숨지고 있다. 실제로 영아돌연사는 매해 지속적으로 나타나고 있으며, 어린이집에서도 매년 발생하기에 이에 대한 적극적인 대비가 필요하다(그림 1-5 참조).

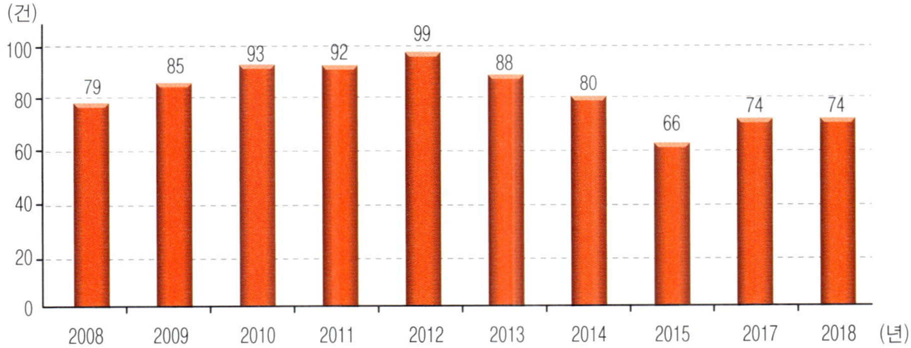

그림 1-5 2008~2018년 영아돌연사 사망건수

영아돌연사는 생후 1~5개월 사이에 가장 많이 발생하고 환절기인 가을과 겨울에 더 많이 나타난다. 따라서 어린 영아를 돌보는 어린이집에서는 교직원 전체가 영아돌연사를 예방하기 위한 방법을 숙지하여야 하고, 심폐소생술과 같은 응급처치 교육을 정기적으로 받아 위급한 상황에 대처하도록 준비하여야 한다. 다음은 어린이집 안전공제회(2020)에서 제시한 영아돌연사의 정의와 사례이다.

영아돌연사 증후군 정의와 사례	
영아 돌연사 정의	• 영아가 예기치 않게 사망한 경우는 종합적으로 영아돌연사(SUID: Sudden Unexpected Infant Death)라고 함 • 그 중 영아돌연사(급사)증후군(SIDS sudden infant death syndrome)은 임상 기록의 검사, 사망 현장의 검사, 완벽한 부검 실행을 포함하여 철저한 사건조사 후에도 사망 원인이 밝혀지지 않는 1세 미만아의 갑작스러운 사망으로 정의 ※ 어린이집에서 영아 사망 시 영아돌연사증후군으로 확진되는 경우에는 대체로 형사상 책임을 면하고, 민사적으로도 책임을 지지 않는 방향으로 가고 있지만 사안별로 법원의 최종적인 판단이 다를 수 있음
영아 돌연사 사례	• 만 0세 A는 우유를 먹고 트림을 한 후 잠이 듦. 얼마 지나지 않아 우는 소리가 들려 교사가 달래주고 다시 잠이 든 것을 확인. 시간이 지난 후 아이들을 깨울 준비를 하던 교사가 A를 깨우려는데 얼굴이 창백하고 몸이 차가웠음. 교사는 A를 일으켜 등을 두드리고 119에 신고한 후 보호자에게 연락함. 인공호흡과 심폐소생술을 실시하여 병원을 옮겼지만 사망함

출처: 어린이집안전공제회(2020).

영아돌연사증후군 예방을 위한 보육교사 안전 수칙(To Do/ Not To Do)

해야 할 일(To Do)

- 수유 후 트림시키기
- 영아를 재울 때 등을 바닥에 대고 천장을 보도록 바르게 눕힘
- 영아가 수면하는 바닥의 면이 단단해야 하며, 덥지 않게 함
- 어둡지 않게 하여 수면 중인 영아의 얼굴을 살필 수 있어야 함
- 가벼운 이불로 영아의 가슴까지만 덮게 함(머리, 얼굴을 덮지 않도록 함)
- 영아 상태를 수시로 확인함
- 응급상황 발생 시 대처법을 숙지함

하지 말아야 할 일(Not To Do)

- 영아가 자고 있는 주변에 위험한(푹신한) 물건을 두지 않음
- 영아와 같은 침대에 자거나 바로 옆에 눕지 않도록 함
- 흡연과 간접흡연 금지, 방지

※ 어린이집·유치원 경계 10m 금연구역 시행

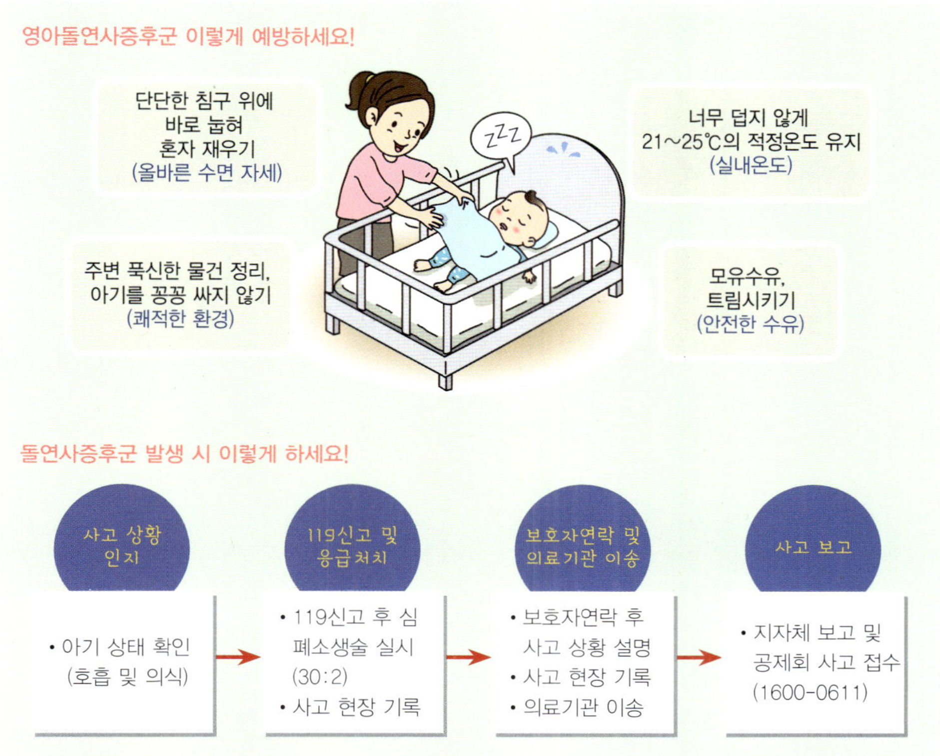

출처: 보건복지부, 어린이집안전공제회, 중앙육아종합지원센터(2019).

5) 코로나19로 인한 안전사고

코로나19로 인해 어린이 손소독제 안전사고가 최근 급증하고 있다. 코로나19가 국내에 발생하기 이전에는 연평균 2~3건의 손소독제 안전사고만 발생하였지만 2020년 부터는 30건이 넘는 안전사고가 발생(전년 대비 966.7% 증가)하여 이에 대한 주의가 필요하다.

표 1-7 손소독제에 의한 위해 현황

(단위: 건, %)

구분	2016년	2017년	2018년	2019년	2020년	합 계
손소독제	2	2	3	3	32	42

손소독제 안전사고의 경우 걸음마기와 유아기에 전체 사고의 88% 이상을 차지하고 있다. 손소독제가 눈에 들어가거나 삼킴 사고가 많으므로 이에 대한 주의와 안전교육이 필요하다.

표 1-8 발달단계별 손소독제 위해 현황

(단위: 건, %)

구분		건수(비율)
취학전	영아기 (0세)	1 (2.4)
	걸음마기 (1~3세)	22 (52.4)
	유아기 (4~6세)	14 (33.3)
	소계	37 (88.1)
학령기 (7~14세)		5 (11.9)
합계		42 (100.0)

손소독제 안구 유입 사례

- 2020년 7월 정ㅇㅇ(남, 만 6세)은 가게에서 선반 위에 놓여 있는 손소독제를 누르다가 눈에 튀어 각막에 화학 화상이 발생하여 치료받음.
- 2020년 9월 김ㅇㅇ(여, 만 2세)은 아파트 엘리베이터 안에서 손소독제를 사용하다 눈에 튀어 안구 손상을 입고 치료받음.

손소독제 삼킴 사례

- 2019년 6월 장ㅇㅇ(남, 만 2세)은 손소독제를 삼켜 소화계통의 장기 손상을 입고 치료받음.
- 2020년 12월 김ㅇㅇ(여, 만 4세)은 가정에서 손소독제를 삼킨 후 목의 불편감과 복부 통증으로 치료받음.

손소독제 아동 안전사고 예방을 위한 주의 사항

손소독제 관련 어린이 교육

- 손소독제가 눈 · 코 · 입에 들어가면 위험하므로 조심스럽게 사용하고 장난을 치지 않습니다.
- 가정에서는 손소독제보다는 물과 비누를 이용하여 손을 씻도록 합니다.
- 엘리베이터 등 공공장소에 비치된 손소독제를 사용할 경우 반드시 보호자의 도움을 받도록 합니다.

손소독제 선택과 관리

- 어린이가 있는 가정에서는 음료 · 젤리 등으로 오인하기 쉬운 용기 캐릭터가 들어 있거나 식품 향 등이 첨가되어 호기심을 자극할 수 있는 제품은 가급적 피합니다.
- 펌프형 제품은 분출구가 곡선으로 구부러진 제품을 선택하여 평평한 장소에 비치하고 노즐 내에 소독제가 굳지 않도록 깨끗이 관리합니다.

손소독제 사용 중 주의사항

- 펌프형 제품은 눈높이 아래에 두고 천천히 부드럽게 눌러 사용합니다.
- 스프레이형 제품은 눈에서 멀리 떨어뜨려 사용합니다.
- 손소독제 사용 직후에는 눈 · 코 · 입 등 얼굴을 만지지 않습니다.
- 화재의 위험이 있으므로 손소독제 사용 직후에는 촛불을 켜거나 전기용품 등을 만지지 않습니다.

손소독제가 눈에 들어갔을 경우 응급처치 방법

- 절대 눈을 비비거나 만지지 않습니다.
- 손소독제가 들어간 눈의 방향으로 얼굴을 옆으로 기울이고 생리식염수 또는 물을 눈 안쪽에서 바깥쪽으로 부드럽게 흘려보냅니다.
- 응급처치 후 즉시 응급실 또는 안과에 내원하여 치료받습니다.

출처: 한국소비자원(2021).

또한 코로나19로 인해 가정에서 머무는 시간이 많아지면서 홈쿠킹 제품(전기밥솥, 정수기, 인덕션, 에어프라이어 등)과 홈뷰티헤어 용품(고데기, 면봉, 눈썹칼, 네일장식 등), 홈트레이닝 제품(실내사이클, 러닝머신, 짐볼 등)에서 안전사고가 일어나고 있다. 이들 사고들은 화상과 피부 손상이 대부분이며, 뇌진탕도 발생한다. 특히 아이들은 성인에 비해 반응속도가 느리고 피부 조직이 연약해 심각한 상해로 이루어질 수 있기 때문에 부모님의 주의가 필요하다.

사고 사례

홈 쿠킹 제품

- 전기밥솥 (만 1세, 남) 2020년 8월 자택에서 전기밥솥의 김이 나오는 입구를 오른쪽 손으로 잡아서 화상을 입고 병원 진료를 받음.
- 정수기 (만 4세, 여) 2019년 4월 자택 정수기에서 컵에 온수를 받던 중 물이 넘쳐흘러 손가락 화상으로 병원 진료를 받음.

- 인덕션 (만 9세, 남) 2020년 4월 자택 주방에서 달궈진 인덕션에 손을 데어 화상을 입고 병원 진료를 받음.
- 에어프라이어 (만 1세, 남) 2020년 10월 자택에서 작동 중인 에어프라이어를 직접 열고 그 안에 손을 넣어 화상을 입고 병원 진료를 받음.

홈 뷰티 헤어 용품

- 고데기 (만 2세, 여) 2020년 5월 자택에서 가열된 고데기를 만지다가 팔에 화상을 입고 병원 진료를 받음.
- 면봉 (만 1세, 여) 2020년 8월 자택에서 면봉으로 오른쪽 귓속을 찔러 귀 출혈로 병원 진료를 받음.

- 눈썹칼 (만 3세, 남) 2020년 7월 자택에서 눈썹칼에 오른쪽 손바닥을 베어 열상(찢어짐)을 입고 병원 진료를 받음.
- 네일 장식용품 (만 4세, 여) 2020년 4월 자택에서 코에 하트 모양의 네일 장식을 넣은 후 이물감으로 병원 진료를 받음.

홈 트레이닝 제품

- 실내 사이클 (만 3세, 남) 2020년 7월 자택에서 가정용 사이클을 손으로 돌리며 놀던중 얼굴을 부딪혀 왼쪽 입 안쪽으로 1cm 가량의 열상(찢어짐)을 입고 병원 진료를 받음.

- 덤벨 (만 2세, 여) 2020년 4월 자택에서 아령이 옆으로 쓰러지면서 발가락을 찧어 병원 진료를 받음.
- 러닝머신 (만 5세, 남) 2020년 8월 자택 거실에 놓인 러닝머신에서 넘어져 병원 진료를 받음
- 짐볼 (만 7세, 남) 2020년 3월 자택에서 짐볼을 타다가 넘어져 골절로 병원 입원

출처:한국 소비자원, 공정거래위원회(2021). "집에 머무는 우리아이안전, 이것만은 주의하세요" 보도자료.

가정에서의 안전교육 내용

√ 전열제품은 어린이의 손에 닿지 않는 곳에 두고, 사용 후 반드시 전원 플러그를 뽑는다. 또한 어린이에게 고온 제품의 위험성에 대해 지속적으로 교육한다.

√ 고데기 등 잔열이 남아있는 물건을 바닥에 두지 않으며, 어린이에게 고온 제품의 위험성에 대해 지속적으로 교육한다.

√ 면봉·네일 장식등 크기가 작은 물건은 영유아 주변에 두지 않고, 보호자의 행동을 모방할 우려가 있으니 어린이가 보는 앞에서는 크기가 작은 물건의 사용을 하지 않는다.

√ 운동기구는 구입 즉시 부품이 헐겁거나 날카로운 부분이 있는지 확인한다. 운동기구는 평평한 바닥에 설치하고 아령 등 작은 기구는 어린이가 접근하지 않는 별도의 장소에 보관한다.

√ 운동 시 주변을 깨끗하게 정리하고 어린이가 접근하지 못하도록 하며. 운동 전후 운동기구의 전원 상태를 확인한다.

3. 아동안전관리 법규와 감독

1) 아동안전관리 법규

아동안전을 위한 관련 법은 아동안전에 있어 가장 근본적이면서도 기초적인 지식이다. 아동의 안전을 보장하기 위한 법적 근거들을 살펴보면, 영유아보육법(어린이집) 및 학교보건법(유치원), 아동복지법, 어린이 놀이시설 안전관리법, 주택건설기준 등에 관한 규정, 전기사업법, 도로교통법, 국민건강증진법, 다중이용시설 등의 실내공기질 관리법 시행령, 환경보건법 등이 있다(그림 1-6 참조).

또한 어린이집에서는 「영유아보육법(시행규칙 제23조)」에 따라 물리적 환경과 인적 환경 및 차량에 대한 안전관리와 함께 안전교육을 실시하고 있다(그림 1-7 참조). 어린이집에서 안전관리의 중요성을 인식하고 이를 실천하는 것은 법령에 의한 의무이다. 교직원은 영유아의 안전교육방법에 대해 잘 알아야 하며, 이를 위해 교직원 먼저 안전교육에 적극적으로 참여하고, 아울러 영유아와 부모를 대상으로 안전교육을 실시한다. 또한 안전교육 계획과 교육 실시결과를 관할 시장·군수·구청장에게 연 1회 보고해야 할 의무가 있다. 다음은 아동복지법(제31조)과 시행령(제28조)에 근거한 어린이집에서의 안전교육 내용과 실시주기이다.

표 1-9 어린이집에서의 안전교육 기준(아동복지법 제31조 같은법 시행령 제 28조)

구분	성폭력·아동학대 예방교육	실종·유괴의 예방·방지 교육	감염병 및 약물의 오용·남용 예방 등 보건 위생 관리 교육	재난대비 안전교육	교통안전 교육
실시주기 (총시간)	6개월에 1회 이상 (연간 8시간 이상)	3개월에 1회 이상 (연간 10시간 이상)	3개월에 1회이상 (연간 10시간 이상)	6개월에 1회 이상 (연간 6시간 이상)	2개월에 1회 이상 (연간 10시간 이상)
교육 내용	1.내 몸의 소중함 2.내몸의 정확한 명칭 3.좋은 느낌과 싫은 느낌 4.성폭력 예방법과 대처법	1.길을 잃을 수 있는 상황 이해하기 2.미아 및 유괴 발생시 대처방법 3.유괴범에 대한 개념 4.유인·유괴 행동에 대한 이해 및 유괴 예방법	1.감염병 예방을 위한 개인위생 실천 습관 2.예방접종의 이해 3.몸에 해로운 약물 위험성 알기 4.생활주변의 해로운 약물·화학제품 그림으로 구별하기	1.화재의 원인과 예방법 2.뜨거운 물건 이해하기 3.옷에 불이 붙었을때 대처법 4.화재시 대처법	1.차도, 보도 및 신호 등의 의미 알기 2.안전한 도로 횡단법 3.안전한 통학버스 이용법 4.날씨와 보행안전 5.어른과 손잡고 걷기

구분	성폭력 · 아동학대 예방교육	실종 · 유괴의 예방 · 방지 교육	감염병 및 약물의 오용 · 남용 예방 등 보건 위생 관리 교육	재난대비 안전교육	교통안전 교육
			5.모르면 먼저 어른에게 물어보기 6.가정용 화학제품 만지거나 먹지 않기 7.어린이 약도 함부로 많이 먹지 않기	5.자연재난의 개념과 안전한 행동알기	

차량사고는 아동의 생명과 직결된 안전사고이다. 어린이집과 유치원 차량은 「도로교통법」에 의거하여 관할 경찰서장에 신고한다. 보육교직원은 반드시 차량에 탑승해야 하고, 영유아에게 영유아용 차량 보호장구를 착용하도록 한다. 보호자에게 안전하게 인도하여야 하는 것이 원칙이기에 만약 약속된 승하차 장소에 보호자가 나와 있지 않다면 아동을 어린이집으로 데리고 와서 보호자가 올 때까지 보호한다. 또한 운전자는 영유아가 승 · 하차할 때 반드시 안전하게 내린 것을 확인한 후에 출발한다.

그림 1-6 아동안전관리 법규의 종류

물리적 환경에 대한 안전관리

- 보육교직원
  - 안전관리의 중요성을 인식하고 이를 실천하기 위하여 노력
- 어린이집 원장
  - 시설 안전점검 실시
    -어린이집 안전점검 체크리스트
  - 폐쇄회로 텔레비전 설치
    -어린이집 안전점검 체크리스트
  - ★100인 이상을 보육하는 어린이집은 〈어린이보호구역〉으로 지정 · 관리할 수 있음

인적 환경에 대한 안전관리

- 교직원 행동지침
  - 영유아 보호와 감독 철거
- 안전관리 및 교육
  - 보육교직원은 영유아 보호 및 안전교육 방법에 대해 숙지
  - 영유아 및 부모 안전교육 시행

차량에 대한 안전관리

- 차량
  - 도로교통법」에 의거 관할 경찰서장에 신고
- 운전자
  - 영유아가 자동차로부터 안전한 장소에 도착한 것을 확인한 후 출발
- 보육교직원
  - 차량운행 시 동승
  - 영아용 보호장구 착용 원칙
  - 보호자에게 안전하게 인도
  - 영유아 등 · 하원 일지를 작성

안전교육

- 영유아
  - 영유아 스스로 자신의 안전을 보호할 수 있는 능력과 기술을 가지도록 교육
- 교직원
  - 보육교직원은 안전교육지침 숙지
  - 안전교육에 적극 참여
- 부모
  - 부모 참여 유도(통신문 고지, 안전교육)

구분	내용
영유아에 대한 안전교육	• 영유아 스스로가 자신의 안전을 보호 할 수 있는 능력과 기술을 가지도록 교육해야 함 • 어린이집의 장은 비상대응계획을 작성하고, 소방 대피, 지진 대피, 폭설 대비 훈련을 포함한 다양한 유형의 재난 대비 훈련을 월1회 실시해야 함 • 어린이집의 장은 보육대상 아동의 연령을 고려하여 아동복지법령의 안전교육 기준에 따라 매년 안전교육계획을 수립하여 교육을 실시하고, 계획 및 교육 실시 결과를 관할 시장 · 군수 · 구청장에게 매년 3월31일까지 보고해야함
보육교직원에 대한 안전교육	• 어린이집 보육 교직원은 안전교육지침 등을 숙지해야 하며, 시 · 도 및 시 · 군 · 구 등에서 안전관련 교육을 시행할 때 적극 참여 및 이수해야 함(신규 교육대상자 우선 참여 유도) • 화재 등 긴급사태에 대비한 계획수립 및 정기적인 점검 · 훈련을 실시해야 함
부모에 대한 안전교육	• 어린이집의 장은 영유아의 건강 · 위생, 아동학대, 안전, CCTV 열람 등과 관련된 내용을 포함하여 부모와 충분히 협의 · 고지해야 하며 안전, 아동학대예방 등 관련 교육에 부모가 참여할 수 있도록 해야 함

그림 1-7 「영유아보육법」에 의한 어린이집 안전관리

출처: 보건복지부(2020d), 2020년도 보육사업안내

어린이집과 유치원 차량사고 사례

차량 후면

- 사고 아동 : 5세 남아
- 이면도로에서 5세 된 유아가 차량 뒤에서 놀다가 차량이 후진하는 바람에 차에 치어 숨짐

차량 출발

- 사고 아동 : 만 3세 남아
- 유아원 차량이 4세 유아를 태운 후 문을 닫지 않은 채 서둘러 출발하다가 유아가 문밖으로 떨어져 숨짐(인솔교사도 탑승하고 있었음)

하차 후

- 사고 아동 : 5세 남아
- 등원 차량에서 원아들이 하차 후 잠이 든 유아를 확인하지 못하고 문을 잠갔으며, 7시간 30여 분 만에 발견된 유아는 차 안에서 한여름 열기에 질식해서 숨짐. 인솔교사는 등·하원 체크를 하지 않았고, 기사는 차 안을 확인하지 않음

출처: 어린이집안전공제회(2014).

어린이집과 유치원에서 안전교육을 철저하게 실시하여도 아동의 발달 특성상 안전사고는 일어난다. 그러나 안전교육을 체계적으로 실시하였음에도 불구하고 일어난 안전사고에 대해서는 교직원들에게 법적 책임을 두지 않는다. 다음은 안전교육을 실시하였음에도 일어난 통학버스 사고에 대한 법원의 판결내용이다.

대법 "통학버스 사망사고…안전조치 했다면 원장 처벌 못해"

자신이 운영하는 어린이집 유아가 통학버스에 치여 숨지는 사고가 발생했더라도 안전조치를 충분히 했다면 어린이집 원장을 처벌할 수 없다는 대법원 판단이 나왔다. 대법원 3부(주심 김신 대법관)는 업무상 과실치사 혐의로 기소된 정모(50·여)씨에 대한 상고심에서 무죄를 선고한 원심을 확정했다고 22일 밝혔다. 정씨는 2013년 3월 자신이 운영하는 충북 청주의 어린이집에 다니던 김○○(당시 3세) 양이 타고 내렸던 통학버스에 치여 숨진 사고로 재판에 넘겨졌다.

앞서 1심은 정씨의 혐의를 인정해 금고 8월에 집행유예 2년을 선고했다. 하지만 2심은

"정씨가 **어린이집 차량 지도교사를 통학버스에 같이 타도록 하고 지도교사에게 어린이집 안까지 인솔, 다른 교사에게 인도하도록 해 보호에 공백이 없도록 조치한 이상, 통학버스의 하차 장소에까지 반드시 인수 교사를 배치해야 할 주의의무가 있다고 보기 어렵다.**"고 판단해 정 씨에게 무죄를 선고했다.

또한 정씨가 정기적으로 보육교사들과 회의를 통해 사고 사례를 설명하며 안전에 유의하도록 교육한 점, 운전기사에게 안전운행을 당부한 점 등도 무죄를 선고한 근거로 들었다. (하략)

출처: 뉴시스(2016년 1월 22일자).

2) 안전관리감독

「아동복지법」 시행령과 「영유아보육법」 시행 규칙 및 최근 세월호 사건으로 인해 개정된 「학교안전사고 예방 및 보상에 관한 법률」에 의거하여 안전교육의 대상이 교직원뿐만 아니라 교육 활동 참여자까지 확대되었다. 이제 유치원을 비롯한 각급 학교에서는 안전사고예방교육 결과를 학기별로 교육감에게 보고하여야 하며, 일정 시간 이상 안전교육을 실시하되 이론교육뿐만 아니라 실습교육으로 이루어져야 한다.

학교안전사고 예방 및 보상에 관한 법률(약칭: 학교안전법)
[시행 2016.5.29.] [법률 제14161호, 2016.5.29., 일부 개정]

제8조(학교안전교육의 실시) ① 학교장은 학교안전사고를 예방하기 위하여 교육부령이 정하는 바에 따라 학생·교직원 및 교육활동참여자에게 학교안전사고 예방 등에 관한 다음 각 호의 교육(이하 "안전교육"이라 한다)을 실시하고 그 결과를 학기별로 교육감에게 보고하여야 한다. 〈개정 2008.2.29., 2013.3.23., 2015.1.20., 2016.2.3.〉

1. 「아동복지법」 제31조에 따른 **교통안전교육, 감염병 및 약물의 오남용 예방 등 보건위생관리교육 및 재난대비 안전교육**
2. 「학교폭력 예방 및 대책에 관한 법률」 제15조에 따른 **학교폭력 예방교육**
3. 「성폭력방지 및 피해자보호 등에 관한 법률」 제5조에 따른 **성폭력 예방에 필요한 교육**
4. 「성매매방지 및 피해자보호 등에 관한 법률」 제5조에 따른 **성매매 예방교육**
5. 「초·중등교육법」 제23조에 따른 **교육과정이 체험중심 교육활동으로 운영되는 경우 이에 관한 안전사고 예방교육**

6. 그 밖에 안전사고 관련 법률에 따른 안전교육

② 삭제 〈2015.1.20.〉

③ 교육부장관 및 교육감은 다음 각 호의 사항이 포함된 안전교육에 필요한 교재와 프로그램을 개발·보급하고, 학교장의 요청이 있는 경우 교육부령으로 정하는 안전교육을 담당할 강사를 알선하는 등 안전교육에 필요한 지원을 하여야 한다. 〈개정 2008.2.29., 2013.3.23., 2015.1.20.〉

1. 안전사고 예방 및 대책에 관한 사항
2. 재난대비 훈련 및 안전에 관한 사항
3. 그 밖에 교육부장관이 필요하다고 인정하는 사항

④ 학교장은 필요에 따라 안전교육을 **이론교육**과 **실습교육**으로 병행하여 실시하되, 안전교육을 효율적으로 실시하기 위하여 교원 또는 교육활동참여자로 하여금 담당하게 하거나 교육부령으로 정하는 바에 따라 전문교육기관·단체 또는 전문가에 위탁하여 실시할 수 있다. 〈개정 2012.1.26., 2015.1.20.〉 [시행일 : 2016.8.4.] 제8조제1항

출처: 법제처 국가법령정보센터.

또한 어린이집 교사는 경찰서와 소방서 및 관련 단체의 협조 아래 연 1회 이상의 안전교육을 받는다. 안전교육 내용으로는 안전의식 고취, 안전점검 요령, 전기, 유류, 가스 등 위험물 취급 요령, 소화기 사용법, 응급처치 요령, 긴급사태 시 비상 연락망 요령 등이 포함된다. 또한 어린이집의 아동안전관리는 보건복지부 장관과 시·도지사 및 시장·군수·구청장에 의한 감독이 다음과 같이 이루어진다(그림 1-8).

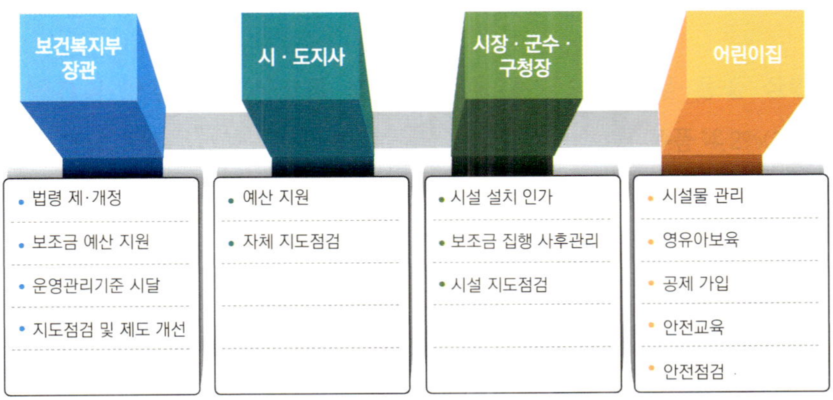

그림 1-8 어린이집 안전관리 감독체계

출처: 어린이집 안전공제회(2014).

어린이집에서는 효율적인 운영과 아동안전을 위하여 실시하는 내·외부 점검이 있다. 먼저 어린이집 자체적으로 실시하는 내부 점검으로는 ① 일상점검(매일), ② 정기점검(연 4회), ③ 특별점검(어린이집 개원 전후나 특별한 경우에 실시) 등이다. 또한 「영유아보육법」 제41조 및 제42조에 의거하여 관계공무원이 어린이집을 방문하여 실시하는 외부 점검에는 사전에 일정을 통보하여 정기적으로 방문하여 현장 점검하는 ① 정기 지도점검과, 민원제보나 언론보도를 통해 물의를 일으킨 어린이집을 불시에 방문하여 실시하는 ② 수시(긴급) 지도점검, 그리고 보육료, 급식, 위생, 안전 등의 영역관리를 위해 지도점검계획을 수립하고 대상 어린이집을 선정하여 실시하는 ③ 특별 지도점검 등이 있다. 이와 같이 정기적 또는 어린이집에 문제가 발생하였거나 필요한 경우 관계 공무원이 어린이집을 방문하여 지도점검을 실시하며, 현장점검 결과 위반사항이 나왔을 때는 위반에 대한 행정조치를 이행한다(표 1-10참조).

표 1-10 어린이집 내부 점검과 외부 점검

어린이집 내부 점검	어린이집 외부 점검
원장과 교사가 자체적으로 실시	관련 공무원이 방문하여 실시
1. 일상점검 : 매일 실시	1. 정기 지도점검 : 공무원을 중심으로 점검단이 구성되어 사전에 일정을 통보한 후 방문하여 정기적으로 실시하는 현장점검
2. 정기점검 : 분기별로 연 4회 실시	2. 수시(긴급) 지도점검 : 일정 통보 없이 불시에 방문하여 실시하며, 점검결과에 따라 행정조치 이행
3. 특별점검 : 어린이집 개원 전후나 특별한 경우에 실시	3. 특별 지도점검 : 관계 공무원 외 보육전문가 등을 포함하여 점검단 구성

4. 아동안전교육의 기본방향

아동안전교육의 기본 방향은 다음과 같다.

첫째, 아동안전교육은 아동과 교직원 및 부모 모두에게 이루어져야 한다. 한국소비자원(2021)이 2020년에 발생한 어린이 안전사고의 장소를 분석한 결과, 아동안전사고는 주택과 문화놀이시설, 교육기관, 상업시설 등 가정과 사회 곳곳에서 일어났다.

특히 6세 이하 영유아의 안전사고 비율이 76.2%였으며, 7~14세의 안전사고 비율은 23.8%였다(그림 1-9). 영유아의 자기중심적인 발달 특성과 성인의 행동을 모방하고 의존하는 성향으로 영유아의 사고발생 위험이 가장 높았다. 한편 아동안전사고가 가장 많이 발생하는 장소는 '주택(71.5%)'이었으며, 다음으로 도로 및 인도(8.3%), 여가 및 문화놀이시설(4.3%), 교육시설(2.8%), 상업시설(2.5%), 스포츠/레저시설(1.8%), 의료서비스 시설(0.4%) 등의 순서로 발생했다(그림 1-10).

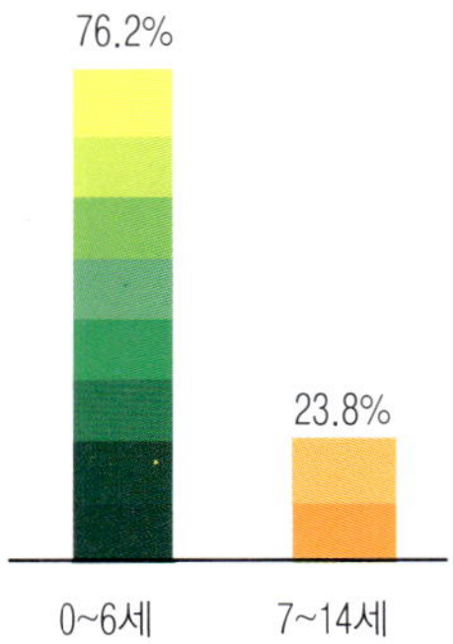

그림 1-9 2020년 연령별 안전사고 비율

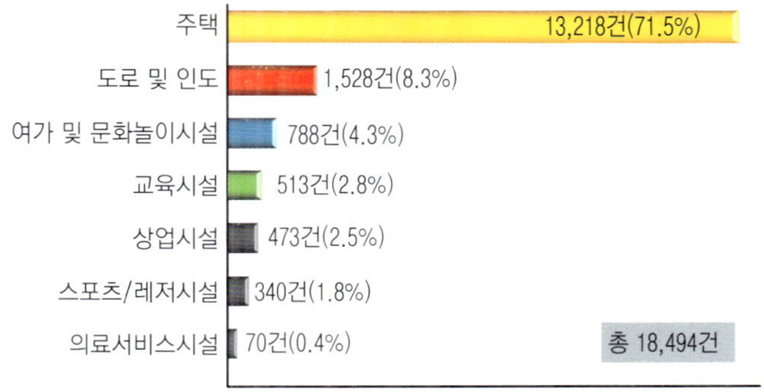

그림 1-10 2020년 아동안전사고 발생장소별 현황

이는 아동안전사고는 가정과 사회 전반에 걸쳐 일어나지만, 특히 부모를 대상으로 한 안전교육의 중요성을 의미한다. 최근 유치원과 어린이집에서는 아동안전사고를 예방하기 위하여 법령으로 교직원의 안전교육을 의무화하여 매년 안전교육을 실시하고 있지만, 부모를 대상으로 한 안전교육은 미흡하다. 앞으로의 아동안전교육은 영유아교육기관과 가정을 대상으로 함께 이루어져야 한다.

둘째, 영유아기부터 체계적인 조기안전교육이 필요하다. 우리나라의 경우 어린이집과 유치원에서는 매달 소방대피훈련을 실시하고 있으며, 통학차량 탑승 시 반드시 보호장구를 착용하도록 하였다. 그런데 일부 영유아교육기관에서는 아직도 이러한 대피훈련과 차량보호장구 착용을 형식적으로 하고 있는 경우가 있다. 그러나 유아 안전교육 프로그램을 도입하여 유아교육기관의 교과과정에서 적극적으로 실행하면 유아 안전사고 사망률을 선진국 수준으로 낮출 수 있다. 실제로 선진국의 경우 영유아교육기관이나 초등학교 저학년 수업에 아동안전교육 프로그램을 정규 수업과정에 넣어서 효율적인 안전교육을 실시하고 있다. 따라서 아동안전교육은 사고를 예방하고 재해를 최소화하기 위한 능력을 기르는 교육이기에, 어렸을 때부터 안전에 대한 생각과 행동이 몸에 익힐 수 있도록 정규 수업과정으로 하여 체계적인 조기안전교육이 실시되어야 한다.

"경주 지진 후 대피훈련 받은 어린이집 원생들, 헬멧 쓰고 침착 대피"
(연합뉴스, 2017년 11월 15일)

머리보호용 헬멧을 단체로 산 뒤 평소 대피훈련을 해온 부산의 한 어린이집이 15일 오후 원생들이 낮잠을 자던 중 강한 지진이 발생했음에도 침착하게 대피한 사실이 뒤늦게 알려졌다.(중략) 규모 5.4의 지진으로 어린이집 건물이 심하게 흔들리자 아이들은 선생님 인솔 하에 모두 헬멧을 쓰고 파출소로 대피했다.(하략)

사진 출처: 부산경찰청.

셋째, 영유아교육기관(어린이집·유치원)과 학교의 예비교사들을 대상으로 아동안전교육 교과목을 필수 교육과정으로 채택하여 아동안전교육에 대한 지식과 기능을 향상시킨다. 어린 아동의 경우 성인에 대한 의존도가 높고 성인이 아동을 보호하며 책임지고 있기에, 성인이 위험을 피하기 위한 지식이나 올바른 판단 능력이 없을 경우 아동은 위험에 처할 수밖에 없다. 또한 안전은 사회 전반적인 안전문화의 정착을 통해서만 효과적으로 이루어진다. 따라서 영유아교육기관과 학교에서 아동안전교육 프로그램을 효율적으로 사용하기 위해서는 아동보육과나 유아교육과가 설치된 대학이나 사범대학의 교과과정에 아동안전과 관련된 과목이 설치되는 것이 필요하다.

넷째, 사회 전반적인 안전문화와 아동안전이 정착되어야 한다. 아직도 우리 사회환경은 성인 위주로 구축되어 있어 아동은 안전사고 위험에 노출되어 있다. 실제로 한국소비자원(2017)의 발표에 의하면, 대형마트 시설 관련 안전사고 사례는 매년 증가하고 있고 이 중 '쇼핑 카트' 관련 사고(166건, 25.5%)와 에스컬레이터 사고(159건, 24.4%)가 가장 많았다. 특히 대형마트 사고 중 만 6세 이하 어린이 사고가 가장 많았다(그림 1-11). 실제로 서울 소재 대형마트에서 사용 중인 쇼핑 카트를 조사한 결과, 전체 15개 매장 중 14개 매장의 쇼핑 카트에서 어린이 탑승 안전을 위한 안전띠가 설치되지 않았거나 파손되어 어린이의 추락 사고 발생의 우려가 높았다.

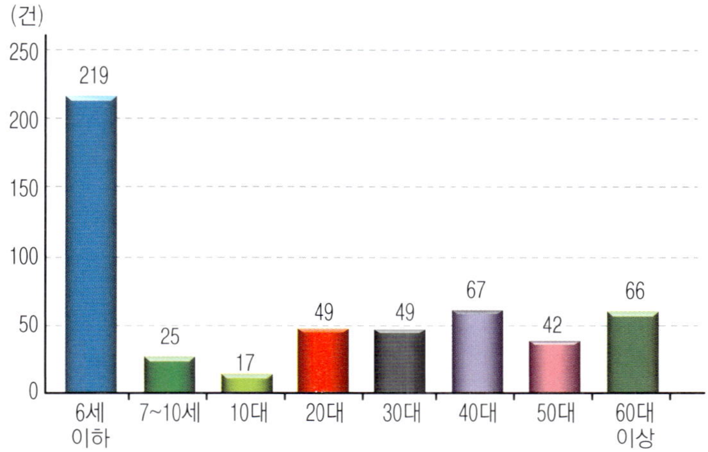

그림 1-11 2015~2017년 대형마트 안전사고 연령별 현황
출처: 한국소비자원(2017).

효과적인 아동안전은 사회 전반적인 안전의 정착을 통해서 이루어진다. 온 국민을 좌절시켰던 세월호 사건을 통해 우리는 안전이 위협받는 사회, 특히 아동의 안전이 보장되지 못한 사회 속에서의 삶이 얼마나 무섭고 괴로운지 생생하게 겪었다. 아동안전은 가정과 기관만의 문제가 결코 아니다. 안전을 최우선 가치로 생각하는 사회, 인간 존중의 안전문화를 조성하고 안전사고 없는 사회를 만들기 위해 부단히 노력해야 한다.

2장

아동발달과 안전관리*

아동안전사고의 발생은 아동의 발달 특성과 연관이 되고, 연령에 따라 서로 구별되는 특징들이 있다. 따라서 본 장에서는 영아기, 걸음마기, 유아기 등 발달단계별 아동의 발달 특성과 이에 따른 안전사고 유형 및 안전수칙을 살펴보았다.

1. 영아기

1) 영아기(0~12개월) 발달적 특성

발달심리학적으로 영아기는 출생부터 24개월까지로, 출생부터 12개월까지의 영아기(infant)와 13~24개월까지의 걸음마기(toddler)로 나뉜다. 영아기의 가장 큰 특징은 급속한 성장속도이다. 태어나 누워서 울기만 하던 아이가 1년 동안 몸을 뒤집고 기고 일어서 걷는다. 이와 같이 영아기는 출생 이후 인간의 전 생애 발달과정 중 신체발달과 뇌성장이 가장 빠른 속도로 이루어지며 신뢰감과 애착이 형성되는 매우 중요한 시기이다. 이를 구체적으로 살펴보면 다음과 같다.

* '2. 아동발달과 안전관리'에 제시된 통계자료는 2016~2020년 5년 동안 아동안전사고를 집계한 한국소비자원(2021). 2020년 어린이 안전사고 동향분석을 참고하였다.

먼저 출생 후 1~3개월은 영아가 누워서 생활하는 시기로, 하루의 대부분을 먹고 잠을 자며 지낸다. 이 시기의 가장 큰 특징은 영아 스스로 자신의 몸을 이동하지 못하기 때문에 위험이 닥쳐도 스스로 피하지 못한다는 것이다. 따라서 이 시기에는 영아가 잠자던 베개나 이불에 질식하거나, 먹은 젖을 토하여 질식하는 사고가 많이 일어난다. 즉, 영아를 주로 돌보는 부모나 교사의 부주의로 인한 사고가 가장 많다.

출생 후 4~6개월은 영아가 자신의 몸을 스스로 뒤집는 시기이다. 이로 인해 침대에서 굴러 떨어지는 사고가 가장 많이 발생한다. 영아는 뒤집기를 통해 자신의 몸을 조금씩 이동할 수 있지만 위험한 상황에서는 울기만 하지 스스로 판단하거나 피하지 못한다. 특히 이 시기에는 프로이트(Freud)가 주장한 발달단계 중 1단계인 구강기로, 손에 잡히는 것은 무엇이든지 입으로 가져가는 발달적 특징을 보인다. 프로이트는 자신의 정신분석이론에서 성적 쾌감을 느끼는 리비도(libido)가 움직이는 위치에 따라 인간의 발달단계를 ① 구강기, ② 항문기, ③ 남근기, ④ 잠복기, ⑤ 생식기 등 5단계로 나누었다. 영아기는 발달단계 중 1단계인 구강기로 리비도가 입에 집중되어 있어서 '빨기'와 같은 구강활동으로 쾌감을 느낀다. 실제로 영아는 구강(입)을 통해 주변을 탐색하기 때문에, 손에 잡히는 대로 모두 입으로 가져가 빤다. 따라서 영아기는 안전과 청결한 환경이 매우 중요한 시기이다.

출생 후 7~9개월이 되면 영아는 기어 다니고 일어날 수 있게 된다. 이제 영아는 자신이 가고자 하는 곳으로 스스로 기어서 이동할 수 있다. 또한 서랍을 열고 안에 있는 물건을 탐색하며, 높은 곳도 기어갈 수 있다. 계단이나 높은 곳에서 굴러 떨어지고 가구 모서리에 부딪히는 충돌사고가 자주 발생한다. 영아의 신체 특성상 머리가 가장 무겁기 때문에 주로 머리를 부딪히는 사고가 많다. 이 시기에는 동전이나 작은 물건을 입에 넣는 질식사고도 많이 일어난다. 따라서 부모와 교사는 영아의 손에 닿는 장난감이나 물건은 지름 3.5cm 이상의 것을 준비하여 입에 넣어도 질식의 위험이 없도록 한다. 그리고 영아의 주변에 단추, 구슬, 동전과 같은 작은 물건은 모두 치워놓는다. 영아가 좋아하는 봉제

인형의 경우, 인형의 털이 빠져 영아의 기도로 들어가기 때문에 털 대신 천으로 만들어진 것을 구입한다. 영아의 옷이나 장난감에 부착된 단추와 구슬, 장식물 역시 질식의 위험이 높으므로 가급적 이러한 장식이 있는 옷과 장난감은 피한다.

참고: 보건복지부, 어린이집안전공제회, 중앙육아종합지원센터(2019).

출생 후 10~12개월은 비록 발달의 개인차가 있지만 혼자 서서 걷는 시기이다. 이제는 자신이 원하는 장소로 언제든지 갈 수 있으며 호기심이 왕성한 시기이다. 따라서 작은 물건들과 함께 약물, 세제 등의 흡입사고가 자주 일어난다. 또한 칼, 가위, 전기밥솥, 가습기 등과 같은 가정의 위험한 물건들로 인한 사고들이 발생한다. 주방과 화장실, 거실 등에 영아에게 위험한 물건을 미리 치워 두고 콘센트 안전덮개와 같이 안전용품들을 적극적으로 사용한다. 특히 가지고 놀던 장난감을 밟아 넘어지는 사고가 종종 일어나므로 영아들의 경우 주변을 자주 정리한다.

2) 영아기 안전사고

1세 미만 영아기의 사고는 대부분 가정에서 발생한다. 2016~2020년에 일어난 아동안전사고를 분석한 결과, 5년 내내 주택, 즉 가정에서 가장 많은 안전사고가 발생하였다. 특히, 2020년의 경우 전체 안전사고의 92%가 주택에서 일어났으며, 도로 및 인도와 숙박 및 음식점 그리고 의료시설에서는 1% 내외로 안전사고가 나타났다(한국소비자원, 2021). 또한 2020년 한 해 동안 어떤 물건에 의해 안전사고가 일어났는지를 살펴본 결과, 영아기에는 침실가구 679건(39.5%)으로 가장 많았고, 유아용 가구 127건(7.4%), 거실가구 115

건(6.7%) 순이었다(표 2-1). 이와 같이 침대·소파와 같은 침실·거실 가구와 유모차, 인형,스티커, 분유,약품, 커피포트·전기밥솥 등과 같이 가정에서 사용하는 가정 용품이 영아에게는 위험한 물건이 될 수 있다.

표 2-1 영아기 안전사고 품목(2020년)

(단위: 건, %)

순위	구분	건수	비율	순위	구분	건수	비율
1	침실가구	679	39.5	11	식기,접시 및 컵	21	1.2
2	유아용 가구	127	7.4	12	기타 가구 및 가구부품	21	1.2
3	거실가구	115	6.7	13	위생도기 및 욕실가구	20	1.2
4	바닥재	114	6.6	14	서적·인쇄물 및 음반	20	1.2
5	문	60	3.5	15	문구용품 및 학습용품	19	1.1
6	유가공품	47	2.7	16	학생용 및 서재용 가구	15	0.9
7	완구	45	2.6	17	이미용 및 생활가전	16	0.9
8	주방 가구	43	2.5	18	의약품	12	0.7
9	주방 가전	39	2.3	19	주방용구 및 용품	12	0.7
10	유란류	40	2.3	20	취사도구	8	0.5

최근 5년간 영아기에 발생하는 안전사고 유형을 살펴본 결과, 침대·소파·의자 등에서의 추락 사고가 5,303건으로 가장 많았다(50.8%)(표 2-2 참조). 그리고 거실장 및 TV·침대에서의 부딪힘 사고 1,076건(10.3%), 바닥·유모차·보행기·침대 등에서의 미끄러짐/넘어짐 사고 858건(8.2%), 분유·달걀·이유식 등의 식품 섭취로 인한 사고 694건(6.7%), 커피포트·전기밥솥과 같은 고온물질의 화상 사고 667건(6.4%) 순이었다. 또한, 스티커·건전지·살충제 등 이물질 삼킴으로 인한 사고가 553건(5.3%)으로 나타났다. 추락 사고의 경우 하체에 비해 머리가 무거운 영아기의 특성으로 인하여 머리부터 부딪혀 뇌진탕 등의 중상해가 많이 발생하기 때문에 보호자의 각별한 주의가 필요하다.

표 2-2 영아기 주요 사고 유형(2016~2020년)

(단위: 건, %)

순위	위해유형	주요 원인품목(소분류)	건수	비율
1	추락	침대, 소파, 유모차, 유아용 침대 등	5,303	50.8
2	부딪힘	거실장 및 TV장, 침대, 테이블 등	1,076	10.3
3	미끄러짐·넘어짐	목재마루재,바닥재, 침대 등	858	8.2
4	식품섭취로 인한 위해	분유류, 달걀, 치즈류, 이유식 등	694	6.7
5	고온물질에 의한 위해	커피포트, 전기밥솥, 전기압력밥솥 등	667	6.4
6	이물질 삼킴/흡입	스티커, 완구, 비닐 랩, 전지 등	553	5.3
7	눌림·끼임	문, 승용물, 옷장, 냉장고 등	468	4.5
8	베임·찔림	손톱깎이, 완구류, 면도기, 옷걸이 등	323	3.1
9	충돌·추돌 등 물리적충격	전신거울, 완구류, 선풍기, 덤벨 등	159	1.5
10	약물 부작용	주사액, 약품류, 항생제 등	52	0.5

다음은 영아기에 발생한 안전사고 사례이다.

영아기에 발생한 안전사고 사례들

1~3개월

- 14일 영아가 엎드려 자다가 베개에 의한 질식사
- 27일 남아가 방에서 자다가 질식하여 사망
- 2개월 여아가 전기장판에서 자다가 화상으로 사망
- 3개월 여아가 먹은 젖을 토하여 질식하여 사망

4~6개월

- 4개월 여아가 침대에서 떨어져 팔이 부러짐
- 5개월 남아가 집에서 달구어진 다리미에 화상
- 6개월 남아가 방 안에서 놀다가 가구 모서리에 부딪혀 눈가가 찢어짐

7~9개월

- 7개월 남아가 부모가 자리 비운 사이 욕조에서 미끄러져 물에 빠져 병원 치료
- 9개월 남아가 클립을 삼켜 질식
- 9개월 남아가 거실에서 동전을 삼켜 구토 및 소화기 장애

10~12개월
- 10개월 남아가 바닥에 떨어진 진통제 두 알을 먹고 약물중독으로 병원에 입원
- 11개월 남아가 화장실에서 락스를 마시고 위세척
- 11개월 남아가 드럼세탁기용 세제를 삼켜 위세척
- 12개월 남아가 방에서 아세톤을 입으로 빨아 약물중독으로 입원
- 12개월 남아가 화장실에 들어가는 어머니를 따라가다가 문에 손이 끼어 검지손가락 골절

출처: 어린이집안전공제회(2014), 한국생활안전연합(2010), 한국소비자원(2015, 2019).

또한 영아기에는 건강한 영아가 잠을 자다가 돌연 사망하는 영아돌연사증후군(SIDS: sudden infant death syndrome)이 발생한다. 아직까지 영아돌연사증후군의 원인은 밝혀지

영아돌연사증후군 사례

사례 1 : 3개월 여아
- 9시 30분 경 영아가 등원하여 분유 100cc를 먹고 트림을 한 후 9시 40분쯤 잠이 듦
- 10시 30분쯤 한 시간을 채 못자고 칭얼대다가 다시 곤하게 잠이 듦
- 12시 30분경 주방조리사가 영아 얼굴이 하얗고 손이 차가운 것을 발견하여 인공호흡과 심폐소생술을 시행함
- 119 구급차가 병원으로 이동하였으나 사망

사례 2 : 4개월 여아
- 평소에 기침과 열이 잦아 인근 소아과에 다니던 아기로 사건 전날은 특별한 일이 없이 지내다가 엄마가 오후 9시 30분경에 재움
- 오후11시 30분경 엄마가 자기 전에 아기를 한 번 살펴보니 아기가 아무 반응이 없음
- 엄마는 아빠를 불러 확인하게 하였으나 허둥대다가 결국 15분이 지나서야 아기를 안고 택시를 잡아서 의료기관으로 직접 방문함
- 심폐소생술을 시행하였으나 아무 반응이 없이 사망함

출처: 어린이집안전공제회(2014).

지 않았고, 다만 영아를 엎드려 재우는 것과 푹신한 침구의 사용과 관련이 있는 것으로 알려졌다. 영아돌연사증후근은 95%가 생후 6개월 이내에 발생하지만, 최근에는 1세 이후의 유아에게도 SIDS증상이 나타나 수면 시 각별한 주의가 필요하다[1](보건복지부, 안전공제회, 중앙육아종합지원센터, 2019).

3) 영아기 안전수칙

영아기는 뒤집기와 기기, 걷기를 통해 이동 능력이 발달하는 시기이지만 위험에서 자신의 신체를 보호할 수 있는 능력은 미약하다. 출생 초기에는 스스로 자세를 바꾸지 못해 질식사고가 많고, 특히 이로 인해 생명이 위험하다. 또한 영아기는 구강기로 인해 모든 물건을 입으로 탐색한다. 영아는 냄새와 맛이 고약해도 먹는 습성이 있으므로 각별한 주의가 필요하다.

영아기 안전수칙은 다음과 같다.

① 영아돌연사를 막기 위하여 영아가 사용하는 침구류는 너무 푹신한 것을 사용하지 않으며 엎어 재우지 않는다. 또한 자다가 우유 먹은 것을 토하여 질식할 수 있기 때문에 우유 먹은 후에는 충분히 소화를 시키고, 잠을 잘 때에도 수시로 영아의 상태를 체크한다.

② 영아 주변에 질식의 위험이 있는 작은 물건은 두지 않으며 약품, 독성물질(세제, 락스류)과 같은 것은 아이의 눈에 보이지 않고 영아의 손에 닿지 않는 장소에 보관한다.

세제와 같은 독성물질을 보관하는 수납장은 영아가 문을 열 수 없도록 잠금장치를 설치한다(사진 참조). 또한 감기약이나 진통제와 같이 성인이 먹는 약이 영아의 손에 닿지 않도록 주의한다.

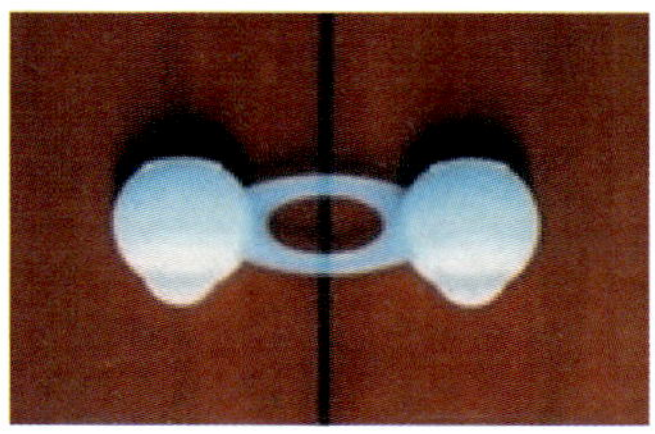

수납장 잠금장치

1) 영아돌연사에대한 자세한 내용은 26~28쪽 참조.

③ 영아가 사용하는 장난감과 물건은 자주 소독한다. 영아가 입 안에 넣고 빠는 장난감(딸랑이, 치아발육기 등)은 젖병 소독제로 소독하고, 봉제인형과 같이 천으로 만든 장난감은 유아용 세제로 세탁하거나 닦는다. 플라스틱 용품을 열탕소독하면 모양이 망가지고 환경호르몬이 배출될 수 있는 위험이 있으니 조심한다. 또한 장난감을 보관하는 통 자체에도 세균이 많이 존재하기 때문에 장난감을 소독할 때 보관용기도 함께 소독한다.

④ 압력밥솥·냄비와 같은 뜨거운 물건과 칼, 가위, 비닐봉지와 같은 물건은 영아의 손이 닿는 곳에 놓지 않는다. 또한 영아가 식탁보를 잡아 당겨 식탁 위에 있는 음식이 쏟아질 수 있으므로 가급적 식탁보를 사용하지 않는다.

⑤ 안전장치가 되어 있는 유아용 침대를 사용한다. 영아는 잠을 자는 도중에 많이 뒤척이는데, 이때 부모가 주의를 기울이지 않거나 아이를 보호대가 없는 성인 침대에 혼자 둘 경우 침대에서 떨어질 수 있으므로 특히 주의가 필요하다.

⑥ 유모차나 차량으로 이동할 때는 반드시 안전띠나 유아용 카시트를 사용한다. 유모차의 경우 짧은 거리를 이동할지라도 바닥으로 떨어져 다칠 수 있으므로 반드시 안전띠를 채운다. 또한 차량으로 이동할 때에도 유아용 카시트를 사용하여 혹시 모를 안전사고에 대비한다.

⑦ 영아를 위한 안전한 놀잇감 선정기준은 다음과 같다.

- 조각으로 분리되는 조립식 놀잇감은 주지 않는다.
- 인형 눈이나 단추와 같은 장식물도 위험하다.
- 3.17cm 이하의 장난감이나 물건은 질식의 위험이 있다.

수은건전지

- 독성이 없는 재료로 만든 것인지 확인한다.
- 천으로 된 장난감은 세탁이 가능한 것으로 제공한다.
- 수은건전지로 작동하는 장난감은 가급적 사용하지 않는다. 어쩔 수 없이 구입하여야 하는 경우 잠금장치가 튼튼한 제품을 선택한다. 수은건전지는 작고 반짝거려 영유아의 눈에 매우 매력적이다. 특히 수은은 삼켰을 때, 대변을 통해 몸 밖으로 배출되는 대신 몸 기관을 녹이기 때문에 특별한 주의가 필요하다.

2. 걸음마기

1) 걸음마기(1~2세) 발달적 특성

걸음마기는 자율성이 발달하고 호기심이 높아지는 시기이다. 그래서 집안과 어린이집 구석구석을 돌아다니며 탐색한다. 문이나 서랍을 열고 안에 있는 것들을 꺼내며 자신이 서랍이나 장롱 속에 들어가는 것을 좋아한다. 걸음마기 영아들이 접근할 수 있는 모든 공간이 놀이장소가 된다. 호기심은 높지만 위험한 상황을 인지하지 못해 뜨거운 것을 만지는 화상사고와 전기 콘센트에 젓가락을 넣는 감전사고, 베란다나 계단 난간에 머리가 끼이는 끼임사고, 비닐봉지에 의한 질식사고, 커튼이나 블라인드 줄에 의한 질식사고 등 다양한 안전사고가 많이 나타난다. 특히 많은 보호자가 비닐봉지의 경우 아이에게 위험하다는 생각을 못하고 있다. 그러나 비닐봉지를 머리에 쓰고 놀다가 질식되는 사고들이 있기에 주의가 필요하다.

또한 걸음마기는 움직임이 많아 활동범위가 넓어지고 영아기보다 빠르게 이동할 수 있는 시기이다. 따라서 걸음마기에는 거실이나 방에서 넘어지고 미끄러지는 사고가 가장 많고, 계단에서 넘어지는 사고와 충돌사고가 그 뒤를 이었다. 1세 미만 영아기에 보호자의 부주의 등으로 침대·소파 등에서 추락하는 사고가 가장 많았던 것과 대조적인 모습이다. 1세를 전후로 유치가 나오기 시작하고 자율성이 발달하여 무엇이든지 혼자 하고 싫어 하는 시기이기 때문에 보호자의 손을 뿌리치고 혼자 걷다가 넘어져 얼굴과 치아가 다치는 사고도 자주 발생한다.

걸음마기는 영아기와 마찬가지로 손에 잡히는 것은 모두 입에 넣기 때문에 질식의 위험이 높다. 영아기에는 자기 주변의 물건들을 입에 넣었다면, 걸음마기에는 의자에 올라가 식탁 위를 뒤지고 서랍장의 서랍을 열고 안의 물건들을 꺼내며, 부모의 가방 안에 들어 있는 물건(동전, 약, 담배, 화장품 등)을 입에 넣을 수 있기 때문에 질식과 관련된 안전사고 범위가 더 넓고, 입 외에 귓구멍이나 콧구멍에 작은 조각들을 넣는 경우도 많다.

또한, 성인에겐 안전한 공간이 걸음마기 영아에겐 위험할 수 있다. 화장실 문이 열려 있거나 욕조에 물이 채워져 있으면 변기나 욕조의 물에 익사할 수 있다. 블라인드, 커튼의 끈을 목에 감아 질식사할 수 있고 TV와 같은 대형 가전제품의 전선을 손으로 잡아 당겨 가전제품에 깔릴 수 있다. 이러한 경우 걸음마기 영아에게 위험하니 하지 말라고 말하는 것도 필요하지만, 위험한 상황을 미리 제거한 안전한 환경이 제공되어야 할 것이다. 따라서 걸음마기엔 기초적인 안전교육과 함께 안전한 환경이 무엇보다 중요하다.

2) 걸음마기 안전사고

걸음마기에도 1세 미만 영아기와 마찬가지로 가정에서의 사고가 가장 많이 발생하였다. 1세 미만 영아의 경우 2020년에 일어난 아동안전사고 중 92.0%(1,582건)가 주택에서 일어난 반면에, 걸음마기에는 82.0%(6,507건)이다. 비록 전체 비율은 영아기보다 감소 하였지만. 안전사고 발생 건수는 6,507건으로 걸음마기에 압도적으로 많다는 것을 보여준다. 그 뒤를 이어 여가문화 및 2.7%(216건)와 교육시설 1.8%(145건) 순이었다. 이는 최근 5년간 비슷한 수치로 '주택', '여가문화 및 놀이시설', '교육시설'이 걸음마기 유아에게 가장 많은 안전사고가 발생하는 장소였다.

2020년 한 해 동안 걸음마기에 어떤 물건에 의해 안전사고가 일어났는지를 살펴보았다. 안전사고 품목으로는 바닥재 20.8%(1,647건), 완구 9.4%(742건), 침실가구 6.7%(529건), 문 6.1%(481건), 거실가구 3.9%(310건)등으로 주로 가정에서였다. 영아기의 경우 바닥재로 인한 안전사고가 6.6%(114건)이었던 반면에, 걸음마기에는 20.8%(1,647건)로 엄청나게 증가하였다. 이는 활발한 이동 능력으로 인하여 방이나 거실 등의 바닥재에서 넘어지는 사고가 영아기보다 더 발생하기 때문인 것으로 분석된다. 또한 출입문 안전사고도 영아기보다 2배가량 증가하였다. 특히 지난 4년간 4~6위였던 완구의 비율이 큰폭으로 상승하여 2020년에 걸음마기 안전사고의 2순위를 차지하였다. 특히 완구나 인형 부속물로 인한 사고와 화장품, 구슬 등의 삼킴 사고가 자주 발생 하였다. 이는 코로나19로 인해 실내에 머무는 경우가 많아지면서 완구로 인한 안전사고와 삼킴 사고가 증가하였음을 알 수 있다(표 2-3 참조).

표 2-3 걸음마기 안전사고 품목(2020년)

(단위: 건, %)

순위	구분	건수	비율	순위	구분	건수	비율
1	바닥재	1,647	20.8	11	문구용품 및 학습용품	166	2.1
2	완구	742	9.4	12	기타 가구 및 가구부품	139	1.8
3	침실가구	529	6.7	13	기타 승용물	134	1.7
4	문	481	6.1	14	위생도기 및 욕실가구	135	1.7
5	거실가구	310	3.9	15	학생용 및 서재용 가구	126	1.6
6	놀이터시설	307	3.9	16	여행, 문화, 놀이시설 및 서비스	96	1.2
7	유아용 가구	274	3.5	17	식기, 접시 및 컵	89	1.1
8	주방가구	220	2.8	18	교육, 연구기관 시설 및 서비스	68	0.9
9	놀이장비 및 액세서리	224	2.8	19	이미용 및 생활가전	66	0.8
10	주방가전	201	2.5	20	리프트 시설	50	0.6

2016~2020년 동안 걸음마기에 발생하는 안전사고 유형을 살펴본 결과 걸음마기에는 바닥재·계단에서의 넘어짐/미끄러짐 사고(26.3%, 14,285건)와 책상·식탁에서의 부딪힘 사고(23.2%, 12,615건)등 이 두 유형의 사고수가 전체 사고 비율의 절반 가까이 차지한다. 또한 침대·소파·의자에서의 추락 사고(17.5% 9,540건), 이물질 삼킴/흡입 사고(9.0%, 4,917건)가 많았다. 특히 영아기에 비해 이동 능력의 발달과 호기심의 증가로 인해 추락

사고 외에도 끼임 사고와 삼킴 사고, 화상 사고, 날카로운 것에 의한 찔림/베임 사고, 문 끼임 사고, 애완견에 의한 물림 사고 등 다양한 안전사고가 나타났다(표 2-4 참조).

표 2-4 걸음마기 주요 사고 유형(2016~2020년)

(단위: 건, %)

순위	위해유형	사고유형	합계	비율
1	미끄러짐 · 넘어짐	목재마루재, 바닥재, 킥보드 등	14,285	26.3
2	부딪힘	침대, 식탁, 책상, 테이블 등	12,615	23.2
3	추락	침대,소파, 의자 등	9,540	17.5
4	이물질 삼킴/흡입	구슬, 완구, 조립용 블록, 스티커 등	4,917	9.0
5	눌림 · 끼임	문, 승용물, 엘리베이터 등	4,376	8.0
6	베임 · 찔림	칼, 완구, 가위 등	2,128	3.9
7	고온물질에 의한 위해	정수기, 전기압력밥솥, 커피포트 등	2,123	3.9
8	식품 섭취로 인한 위해	달걀, 우유, 조리식품 치킨 등	1,990	3.7
9	충돌, 추돌 등 물리적 충격	선풍기, 거울, 문, 서랍장 등	977	1.8
10	파열, 파손, 꺾여짐	유리컵, 유리병, 그릇 등	358	0.7
	기타		1,064	2.0
합계			54,373	100.0

아동안전사고를 분석한 한국소비자원의 연구(2019)에 의하면 걸음마기는 아동안전사고 중 안전사고가 가장 많이 일어나는 시기인 동시에 사망이나 심각한 장애를 초래하는 안전사고도 가장 많이 나타나는 것으로 밝혀졌다. 블라인드 끈으로 인한 질식 사망사고, 완구 등의 삼킴사고, 전열제품으로 인한 화상사고, 세제 삼킴으로 인한 중독사고, 실내문으로 인한 손가락 절단사고 등이 그 예이다(표 2-5). 최근에는 자반고등어를 먹고 전신에 피부 발작이 발생하여 사망한 사고가 발생하여 알레르기에 의한 안전사고에 주의가 필요하다(한국소비자원 2019).

걸음마기는 발달 특성상 끈이나 줄을 목에 걸고 놀이 하는 습성이 있다. 반면에 블라인드의 끈에 목이 걸려 위험에 처해도 신속하게 대처할 수 있는 능력이 부족하여 사고 발생 시 아동의 생명을 위협한다. 영아기와 마찬가지로 걸음마기 아이들은 무엇이든 입에 넣어 확인해 보는 특징이 있어 작은 물체를 쉽게 삼키지만, 아직 자신의 상황을 표현하는데 미숙하여 보호자가 이물질 삼킴을 알지 못하여 이물질이 체내에 오랜 시간 머무르는 경우가 많다. 최근에는 수은건전지(단추형 건전지)가 가정에서 많이 쓰이고 있어 걸음마기 삼킴 사고의 주요 원인이 되고 있는데 수은건전지의 경우 체내에서 타액과 반응하여 전기 분해를 일으켜 조직을 손상시키고 심한 경우 사망에까지 이르게 할 수 있다.

표 2-5 심각한 장애 발생 아동안전사고 현황(2012~2014년)

(단위: 건, %)

구분	1세 미만	1~3세	4~6세	7~14세	합계
블라인드 끈 사고	0 (0.0)	8 (44.4)	6 (33.3)	4 (22.2)	18 (99.9)
완구 등 삼킴 사고	509 (7.1)	3,730 (51.7)	1,621 (22.5)	1,359 (18.8)	7,219 (100.1)
전열제품 화상 사고	503 (22.0)	1,253 (54.9)	257 (11.3)	271 (11.9)	2,284 (100.1)
세제 삼킴 등 중독 사고	114 (11.4)	601 (59.9)	116 (11.6)	173 (17.2)	1,004 (100.1)
손가락 절단 사고	4 (6.9)	29 (50.0)	16 (27.6)	9 (15.5)	58 (100.0)

또한 전열제품으로 인한 화상 사고가 총 2,284건, 세제 삼킴 등의 중독 사고가 1,004건으로 완구 등 삼킴 사고에 이어 많이 발생하였다. 1~3세의 경우, 화상 사고와 세제 삼킴 사고가 전체의 절반 이상을 차지하고 있어 중독 사고에 가장 취약한 것으로 나타났다. 중독 사고의 경우 감기약, 해열제, 진통제, 안약 등의 약품으로 인한 중독 사고 외에 바퀴벌레약, 모기약 등의 살충제 중독 사고도 다수 발견되어 가정 내에서 더욱 철저한 약품 보관 및 관리가 필요하다. 아울러 문끼임으로 인한 손가락 절단 사고는 비록 그 사례가 총 58건으로 비교적 적은 수치이지만, 사고 후유증은 매우 심각한 안전사고이다. 그런데 이러한 손가락 절단 사고가 걸음마기에 50%(29건)가 발생함으로써 걸음마기 영유아의 안전을 위협하고 있다.

다음은 걸음마기에 발생한 안전사고 사례이다.

걸음마기에 발생한 안전사고 사례들

- 서울에 거주하는 1세 남아가 거실에서 넘어지며 장식장 모서리에 부딪혀 머리 부분의 찰과상 입고 병원 치료
- 서울에 거주하는 16개월 여아가 부엌에서 세정제를 흡입하여 병원 치료
- 울산에 거주하는 18개월 여아가 부엌의 전기밥솥 주위에서 놀다가 증기에 의해 2도 화상
- 충남에 거주하는 18개월 여아가 계단에서 넘어져 이마가 찢어져 15바늘 꿰맴
- 광주에서 20개월 남아가 베란다 난간에 머리가 끼여 질식 위기에서 119구급대에 의해 구조
- 서울에 거주하는 2세 남아가 방에서 피복이 벗겨진 전기선을 콘센트에 꽂아 감전으로 사망

- 대구에서 2세 여아가 방안에서 빙초산을 엎어 얼굴에 2도 화상
- 울산에 거주하는 2세 남아가 경첩 사이에 손이 끼여 손가락 손상 입고 병원 치료
- 서울에 거주하는 2세 남아가 어린이집에서 코에 머리끈을 넣어 이물감 발생으로 병원 치료
- 만 1세 영아가 밥솥 증기에 데어 손가락에 화상

출처: 어린이집 안전공제회(2014), 한국생활안전연합(2010), 한국소비자원(2015a, 2019) 등.

3) 걸음마기 안전수칙

걸음마기는 스스로 이동할 수 있고 호기심이 높아 안전사고 발생률이 가장 높은 시기이다. 2016~2020년에 접수된 0~14세 어린이 안전사고를 연령대별로 살펴보았을 때, 1~2세(걸음마기)가 절반(3만 7,273건)을 차지해 다른 연령에 비해 사고 발생 비율이 가장 높았고, 사망이나 장애에 이를 수 있는 심각한 안전사고 발생 비율도 가장 많았다(한국소비자원, 2021). 또한 영아기와 마찬가지로 가정에서의 안전사고가 가장 많이 발생하여 보호자의 많은 주의가 필요하다.

걸음마기의 안전수칙은 다음과 같다.

① 걸음마기 아이들은 방이나 거실에서 넘어지거나 미끄러지는 사고가 많이 발생하므로 미끄러지지 않도록 저항력이 높은 바닥재를 사용한다. 또한 화장실 바닥의 경우 더 잘 미끄러질 수 있기 때문에 미끄럼 방지 스티커나 타일을 사용한다.

② 걸음마기에는 특히 침대 · 소파 · 의자에서의 추락 사고, 유모차 추락 사고 및 놀이터에서의 추락 사고 등 추락 사고가 많다. 따라서 침대에는 안전바를 설치하고 유모차를 탔을 때는 반드시 안전띠를 맨 후 이동하도록 한다. 또한 놀이터 시설 바닥에는 쿠션이 있는 완충 바닥재를 설치한다.

③ 창문 · 방문 등에 손 끼임 방지 및 경첩 끼임 방지 장치 등을 설치하여 아이들의 끼임 사고를 예방한다. 또한 베란다나 계단 난간에 유아의 끼임 사고가 발생하지 않도록 베란다와 난간의 폭이 유아의 머리보다 크지 않도록 좁게 설치한다.

④ 작은 부품이 있는 완구나 물건 등을 삼키지 않도록 주의한다. 이를 위해서 장난감의 지름이 3.5cm 이상의 것을 구입하여 입에 넣어도 질식의 위험이 없도록 한다. 또한 걸음마기에는 작은 조각을 자신의 입 외에 귀와 코에도 넣으며, 동생의 얼굴에도 넣을 수 있으므로 작은 완구나 물건을 주변에 두지 않는다. 세제나 의약품 등은 아이의 손에 닿지 않고 눈에 보이지 않는 곳에 보관한다.

⑤ 정수기 · 다리미 · 세팅기 등 가정용 전기제품으로 인한 화상 사고가 급격히 늘어나므로 이러한 제품들을 사용하거나 사용한 후에는 반드시 아이들의 손이 닿지 않도록 보관, 관리한다.

⑥ 걸음마기에는 가정뿐만 아니라 어린이집 · 유치원 등 보육시설과 쇼핑센터, 엘리베이터 등 가정 밖에

서의 사고가 늘어나므로 외출 시 보호자들의 주의가 필요하다. 특히 엘리베이터와 자동문 이용 시 손이 끼이거나 문에 부딪히는 사고가 많이 나타나므로 반드시 보호자와 함께 이용한다.

⑦ 걸음마기는 블라인드 끈으로 인한 질식과 완구 등 삼킴, 전열제품으로 인한 화상, 세제 등 삼킴으로 인한 중독, 실내 문 등으로 인한 절단 등 사망이나 심각한 장애로 연결되는 안전사고의 발생이 가장 높은 시기이다. 이는 걸음마기의 경우 이동 능력이 발달하면서 움직임이 많아지는 시기인 동시에, 호기심이 많고 위험에 대한 대처 능력은 떨어지기 때문이다. 따라서 걸음마기는 다른 시기보다 심각한 안전사고가 발생할 가능성이 가장 높으므로 보호자와 교사의 각별한 관심과 주의가 필요하다.

3. 유아기

1) 유아기(3~5세) 발달적 특성

유아기는 몸통과 다리가 빠르게 성장하고 대근육과 소근육의 운동기능이 정교해져 더욱 많은 활동을 할 수 있다. 균형감각이 발달하여 인라인스케이트, 자전거 타기와 같은 새로운 운동기술을 익히고, 가위질을 익숙하게 사용할 수 있으며, 그림 그리기, 쓰기 등과 같은 소근육기술이 발달한다. 또한 영아기나 걸음마기보다 놀이터와 밖에서 지내는 시간이 많아지고 친구들과 어울려 노는 것을 좋아해 충돌사고도 많아지기 시작한다.

남아의 경우 모험적이고 거친 놀이를 좋아하고 TV 만화영화의 주인공과 성인의 행동을 모방하는 것을 좋아하는 시기이다. 이와 같이 유아기는 활동범위가 넓어지고 모험적인 행동을 하는 것을 좋아하여 사고를 겪는 경우가 많다. 실제로 유아기 연령에서 바닥재 및 놀이기구로 인한 사고 발생 비율이 급격하게 증가하였으며, 유아기 연령에서 2016~2020년까지 최근 5년간 발생한 안전사고 발생품목에서는 바닥재, 킥보드, 자전거 등으로 인한 미끄러짐, 넘어짐 사고가 8,314건(31.3%)으로 가장

높았다(한국소비자원, 2021).

또한 이 시기의 아이는 호기심이 많고 통제가 잘 되지 않아 침대, 의자, 식탁, 소파, 놀이터 등 다양한 곳에서 추락하는 사고가 많이 나타나며 베란다 추락 사고나 세탁기 잠금 사고와 같은 실내에서의 사고 발생이 높다. 추락 사고와 놀이터 및 놀이기구를 이용하다 발생한 사고는 대부분의 경우 뇌진탕과 같은 심각한 상해로 이어질 수 있기 때문에 아이들이 가구에 올라가서 놀지 못하도록 하고 안전한 시설물 이용을 위한 안전교육을 실시할 필요가 있다.

유아기는 피아제(Piaget)의 인지발달 4단계(① 감각운동기, ② 전조작기, ③ 구체적 조작기, ④ 형식적 조작기) 중 두 번째 단계인 전조작기이다. 전조작기의 대표적 특징은 자기중심성(egocentration)과 중심화경향(centration), 비가역적 사고(irreversibility) 등이다. 유아기에는 자기중심성 사고가 강해 유아가 도로에서 길을 건널 때 자신이 손을 들면 모든 차가 멈출 것이라 생각한다. 또한, 타인의 관점에서 생각하기 어렵고 모든 사람이 자신처럼 생각한다고 믿는다. 중심화경향은 자신이 지각한 한 가지에만 주의를 기울이고 다른 요소는 지각하지 못하는 유아기의 인지적 특성이다. 예를 들어, 골목길에서 공놀이를 하다가 공을 좇아 무작정 도로로 뛰어나가거나, 자동차 뒤편에서 놀이하는 경우 자동차가 시동을 걸고 움직여도 전혀 이를 알아차리지 못하는 경우이다. 마지막으로 비가역적 사고는 원래의 상태로 되돌려 생각하는 능력이 부족한 것으로, 유아는 비슷한 상황들에 대한 행동의 유연성을 기대하기 어렵다. 예를 들어, 매일 똑같은 곳에서 어린이집 차에서 하차하는 경우라 할지라도 차가 조금만 앞이나 뒷쪽에 내려줘도 유아는 혼자서 자기 집으로 찾아가지 못한다.

이와 같이 유아기는 신체적으로 균형이 잡히고 자세가 안정되지만, 높은 호기심과 자기중심적 사고로 사고에 취약한 시기이다. 특히 많은 유아가 동시에 하나의 시설물을 이용할 때도 사고가 일어나기 쉽기 때문에 어린이집과 유치원에서는 유아를 대상으로 안전사고를 예방하기 위해 체계적인 안전교육을 실시한다. 아울러 안전한 환경을 위해 정기적으로 실내외의 위험을 살펴야 한다. 이를 위해 한 달에 1회씩 어린이집의 교실과 전반적인 시설물을 안전 점검하는 것이 필요하다. 또한 보육시설에서 일어났던 안전사고들을 기록하여 안전사고를 예방하고, 안전한 놀이기구 이용법과 함께 인라인스케이트나 자전거타기 활동 시 보호장구를 착용하도록 꾸준히 지도한다.

2) 유아기 안전사고

4~6세 유아기에서도 여전히 주택에서 다치는 사고가 가장 많았다. 2020년 한 해 동안 접수된 어린이 안전사고를 연령대별로 살펴보았을 때 주택, 즉 가정에서 발생한 안전사고는 영아기 89.3%(9,312건), 걸음마기 79.2%(43,055건), 유아기는 62.7%(16,618건)로 연령이 높아짐에 따라 비율은 낮아졌지만, 주택에서의 안전사고가 유아기 사고 전체의 절반 이상을 차지하였으며 사고 건수도 여전히 높았다(표 2-6 참조). 한편 주택 외에 유아기 안전사고 장소는 여가 및 문화놀이시설 8.4%(2,286건)와 교육시설 6.4%(1,685건)를 차지하였다(한국소비자원, 2021).

표 2-6 발달단계별 아동 안전사고 발생장소(2020년)

(단위: 건, %)

구분	영아기(0세)	걸음마기(1~3세)	유아기(4~6세)	학령기(7~14세)
주택	9,312 (89.3)	43,055 (79.2)	16,618 (62.7)	10,766 (44.0)
교육시설	25 (0.2)	1,667 (3.1)	1,685 (6.4)	2,861 (11.7)
여가, 문화 및 놀이시설	47 (0.5)	1,932 (3.6)	2,236 (8.4)	1,954 (8.0)
도로 및 인도	130 (1.2)	1,172 (2.2)	1493 (5.6)	2,669 (10.9)

2020년 한 해 동안 유아기 안전사고가 어떤 물건에 의해 발생했는지를 살펴본 결과, 안전사고 품목으로는 바닥재가 699건(15.8%)으로 가장 높게 나타났다. 그러나 침실가구 242건(5.5%)보다 놀이터 시설 418건(9.4%)이 높게 나타났다. 이는 유아기의 경우 영아기, 걸음마기 연령보다 놀이터에서 보내는 시간이 점차 늘어났기 때문인 것으로 여겨진다. 또한 놀이장비 및 액세서리로 인한 안전사고가 505건(11.4%)으로 급증했다(표 2-7).

최근 5년 동안 유아기에 발생하는 안전사고 유형을 살펴본 결과로는 킥보드 · 바닥재 · 마루재 등에서 미끄러지고 넘어지는 사고(31.3%)가 가장 높았다(표 2-8 참조). 특히 유아기에는 킥보드 관련사고 비중이 가장 높았다. 킥보드에 팔과 다리 보다 머리와 얼굴을 가장 많이 다쳤고, 타박상과 골절, 열상(찢어짐)과 함께 뇌진탕이 발생하였다(사례: 2019년 11월 5세 남아가 킥보드를 타다 뒤로 넘어져 머리를 부딪힌 후 뇌진탕이 발생하여 치료. 한국소비자원 2020). 그리고 책상 · 침대 · 식탁 · 문 등에 부딪히는 사고(21.5%)와 침대 · 소파 · 놀이터시설 등에서의 추락 사고(16.1%)가 많이 발생하였다. 1세 미만 영아기에서도 침대 · 소파 · 의자 등에서의 추락 사고가 가장 많이 나타났지만, 영아기의 경우에는 보호자의 부주의에 의한 추락사고가 많은 반면, 유아기에서는 유아가 활동적으로 침대 · 소파 · 의자 등에서 뛰거나 놀다가 추락해 다치는 것으로 분석되었다. 방 · 거실에서 넘어지거나 미끄러지는 사고는 모든 연령에서 높게 나타나 특별한 주의가 필요하다. 한편, 유아기 연령부터 외부 활동이 활발해지면서 놀이터 및 놀이기구에서의 사고 발생이 걸음마기보다 2배 이상 급증한 것과 동시에 자전거 추락 사고와 어린이집, 유치원에서의 미끄러짐 사고들도 걸음마기와 비교해 2배 이상씩 발생하였다.

표 2-7 4~6세 유아기 위해발생 다발 품목(2016~2020년)

(단위: 건, %)

순위	구분	2016년	2017년	2018년	2019년	2020년
1	바닥재	502 (10.2)	592 (10.0)	651 (11.7)	621 (11.0)	699 (15.8)
2	놀이터 시설	496 (10.1)	575 (9.7)	508 (9.1)	630 (11.1)	418 (9.4)
3	침실가구	372 (7.6)	451 (7.6)	397 (7.1)	366 (6.5)	242 (5.5)
4	놀이장비 및 액세서리	176 (3.6)	313 (5.3)	272 (4.9)	441 (7.8)	505 (11.4)
5	완구	249 (5.1)	329 (5.6)	311 (5.6)	418 (7.4)	394 (8.9)
6	문	350 (7.1)	332 (5.6)	319 (5.7)	320 (5.6)	223 (5)
7	거실가구	251 (5.1)	311 (5.3)	259 (4.6)	231 (4.1)	120 (2.7)
8	학생용 및 서재용 가구	168 (3.4)	200 (3.4)	210 (3.8)	175 (3.1)	50 (1.1)
9	여행, 문화, 놀이시설 및 서비스	158 (3.2)	164 (2.8)	175 (3.1)	155 (2.7)	94 (2.1)
10	기타 승용물	139 (2.8)	139 (2.4)	164 (2.9)	176 (3.1)	99 (2.2)
11	자전거	158 (3.2)	131 (2.2)	95 (1.7)	112 (2)	155 (3.5)
12	주방가구	153 (3.1)	137 (2.3)	155 (2.8)	118 (2.1)	55 (1.2)
13	교육, 연구기관 시설 및 서비스	101 (2.1)	159 (2.7)	124 (2.2)	127 (2.2)	68 (1.5)
14	유아용 가구	109 (2.2)	129 (2.2)	117 (2.1)	121 (2.1)	60 (1.4)

순위	구분	2016년	2017년	2018년	2019년	2020년
15	위생도기 및 욕실가구	110 (2.2)	106 (1.8)	117 (2.1)	98 (1.7)	93 (2.1)
16	문구용품 및 학습용품	77 (1.6)	138 (2.3)	68 (1.2)	91 (1.6)	113 (2.6)
17	기타가구 및 가구부품	101 (2.1)	99 (1.7)	83 (1.5)	82 (1.4)	55 (1.2)
18	기타 스포츠 장비 및 용품	50 (1.0)	60 (1.0)	47 (0.8)	65 (1.1)	40 (0.9)
19	스포츠 레저시설 및 서비스	59 (1.2)	59 (1.0)	43 (0.8)	40 (0.7)	23 (0.5)
20	주방 가전	36 (0.7)	40 (0.7)	40 (0.7)	40 (0.7)	27 (0.6)

표 2-8 유아기 주요 사고 유형(2016~2020년)

(단위: 건, %)

순위	사고 유형	주요 원인품목(소분류)	합계	비율
1	미끄러짐/넘어짐	킥보드, 바닥재, 마루재 등	8,314	31.3
2	부딪힘	책상, 침대, 식탁, 문 등	5,706	21.5
3	추락	침대, 소파, 미끄럼틀, 놀이시설 등	4,264	16.1
4	눌림/끼임	문, 승용물, 어린이 자전거 등	2,105	7.9
5	이물질 삼킴/흡인	구슬, 완구, 블록, 동전 및 화폐 등	2,006	7.6
6	베임/찔림	가위, 칼 등	1,240	4.7
7	식품 섭취에 의한 위해	치킨, 고기류, 조리식품 등	1,108	4.2
8	물리적 충격	승용물, 시소, 문, 완구 등	538	2.0
9	고온물질에 의한 위해	화로, 글루건, 정수기, 고데기 등	414	1.6
10	파열·파손·꺾여짐	세면대, 유리병, 유리컵, 유리창 등	212	0.8
11	기타		617	2.3
합계			26,524	100.0

다음은 유아기에 발생한 안전사고 사례이다.

유아기에 발생한 안전사고 사례들

- 경기에 거주하는 4세 여아가 수은건전지를 삼켜 위의 이물 발생으로 병원 치료
- 천안에 거주하는 5세 남아가 유치원에서 놀다 넘어지며 소파에 부딪혀 눈 주변의 열상으로 병원 치료
- 서울에 거주하는 5세 남아가 다용도실의 드럼세탁기에 갇혀 질식 사망
- 충주에 거주하는 5세 여아가 계단에서 미끄러져 넘어지면서 이가 빠지고 턱이 찢어져 응급실에서 치료
- 경기에 거주하는 5세 여아가 놀이터 2m 높이의 미끄럼틀에서 떨어지며 팔뼈의 골절 입고 병원 치료를 받음
- 용인에서 5세 남아가 베란다에서 놀던 중 3층에서 방충망과 함께 추락하여 골절로 입원
- 서울에서 5세 남아가 바람 때문에 닫힌 현관문에 끼어 검지손가락 피부이식, 또한 성장판이 손상되어 해당 손가락 성장불가 진단을 받음
- 안산에서 5세 남아가 이웃집 어린이와 미니컵 젤리를 먹던 중 기도가 막혀 질식, 중태
- 4세 여아가 달궈진 다리미에 데어 팔에 화상
- 5세 여아가 커피포트 온수에 데어 손가락과 복부, 생식기, 다리에 화상

출처: 어린이집 안전공제회(2014), 한국생활안전연합(2010), 한국소비자원(2015a, 2019) 등

3) 유아기 안전수칙

유아기에는 대근육과 소근육의 운동기능이 발달하여 여러 영역에서 정교한 활동이 가능해지는 동시에 이로 인한 안전사고의 위험성이 높아지는 시기이다. 또한 영아기, 걸음마기 연령보다 가정 밖에서 보내는 시간이 늘어나 가정 외의 여러 환경(어린이집, 유치원, 놀이터, 수영장, 문화놀이시설 등)에서 안전사고가 발생하고 안전사고를 일으키는 품목들도 다양한 특징들이 있다.

유아기의 안전수칙은 다음과 같다.

① 유아기에는 놀이터와 놀이기구에서의 안전사고가 급증하므로 어린이집과 유치원 및 가정에서 안전한 바깥놀이와 놀이기구 사용을 위한 교육을 실시한다. 또한 어린이집 및 유치원 등 보육시설에서 생활하는 시간이 많기 때문에 이들 기관들에서의 안전한 환경 구성과 함께 유아를 대상으로 한 안전사고 예방교육이 집중적으로 필요하다.

② 유아기에는 호기심이 많고 활동적인 동시에 자기 중심적 사고가 높아 통제가 잘 되지 않으므로 침대, 의자, 식탁, 소파 등에서의 추락하는 사고가 많이 발생한다. 따라서 유아들이 가구에 올라가서 뛰거나 놀지 못하도록 주의를 주고 안전교육을 반복하여 실시한다.

기기 문제로 인한 사고입니다.

기술이 발달하면서 가전제품의 성능도 훨씬 좋아지고 있어요. 하지만 간혹 개발과정에서 어린이 안전 문제를 생각하지 않아 안전사고를 일으키는 경우가 있어요!

사고 사례

만 7세 남아가 세탁기 속에 들어갔다가 나오지 못하고 질식사한 사고가 발생했어요.

(사진은 이해를 돕기 위한 이미지 컷입니다)

세탁기

어린이들이 드럼세탁기에 들어갔다가 나오지 못하고 질식하는 경우가 많이 발생했어요. 특히 어린이가 들어갈 수 있는 10kg 이상의 드럼 세탁기에서 많이 발생하였는데요. 갈고리 방식을 사용하는 이전 드럼세탁기의 경우 안에서 열리지 않는 문제점이 여전히 남아 있습니다.

안전 실천 사항

- 갈고리 방식의 경우 세탁기 문이 완전히 닫히지 않는 손잡이 안전캡을 사용하세요.
- 어린이들이 호기심이나 숨바꼭질과 같은 놀이를 하면서 세탁기 안에 들어가는 경우가 많으므로 안전 교육을 통해 사전에 사고를 예방하세요.

출처: 한국소비자원(2012).

③ 부모교육을 통해 부모 스스로 가정에서의 안전한 환경을 구성하도록 한다. 앞서 살펴본 것과 같이 가정에서 창가, 베란다에서의 추락 사고와 세탁기 잠금으로 인한 질식 사고 및 정수기로 인한 화상 사고가 많이 일어난다. 또한 드럼 세탁기로 인한 유아의 질식 사고가 가정에서 일어나고 있다. 아이들의 질식 사고로 최근 판매되는 럼 세탁기는 문이 세탁기 안에서도 열리도록 하였지만, 이전에 생산된 드럼 세탁기는 안에서 문이 열리지 않는다. 아이들의 경우 숨바꼭질 놀이나 호기심으로 세탁기에 들어가 문을 닫는데, 문이 닫히면 당황해서 문을 열지 못한다. 따라서 아이들에게 세탁기 관련 안전교육을 실시하고 가정에서도 세탁실과 세탁기의 문을 늘 닫아놓는다. 아울러 정수기는 유아의 손이 닿지 않는 곳에 위치하며, 가급적 뜨거운 물의 사용을 자제한다. 특히 유아들의 경우 방충망에 기대어 추락하는 사고도 발생하기 때문에, 베란다나 창가에 가구나 발판 등 유아가 딛고 올라갈 수 있는 물건을 놓지 않고 방충망에 기대지 않도록 지도가 필요하다.

④ 자전거나 인라인스케이트 이용 시 안전모와 무릎보호대, 팔꿈치 보호대 등 보호장구를 착용하도록 지도하고, 보호장구 착용이 어릴 때부터 습관이 되도록 교육한다.

⑤ 최근 가정에서 수은건전지의 사용 증가로 수은건전지 중독 사고가 유아기에도 빈번히 발생하고 있다. 수은건전지는 동전과 달리 장기를 녹이기 때문에 유아의 생명을 앗아갈 수 있는 매우 위험한 물건이다. 따라서 OECD(2012)에서는 전 세계 13개 국가 및 기관과 협력해 수은건전지(단추형 건전지) 삼킴 사고에 대한 경각심을 높이고 안전한 사용을 촉진하기 위한 안전 캠페인을 벌였다(한국소비자원, 2012 재인용).

단추형 건전지 삼킴 사고, 자칫 사망에 이를 수 있습니다

- 어린이가 단추형 건전지를 삼키거나 코·귀 등의 신체 일부에 집어넣을 경우, 타액과 전류가 만나 화학 반응을 일으켜 2시간 이내에 심각한 체내 화상을 입을 수 있습니다.

- 화학 반응이 발생할 경우, 식도나 성대를 손상시켜 목소리를 잃거나 음식물 섭취에 어려움을 겪는 등 후유증이 발생할 수 있습니다. 심각한 경우, 합병증으로 인해 사망에 이를 수도 있어 매우 위험합니다.

〈한국〉

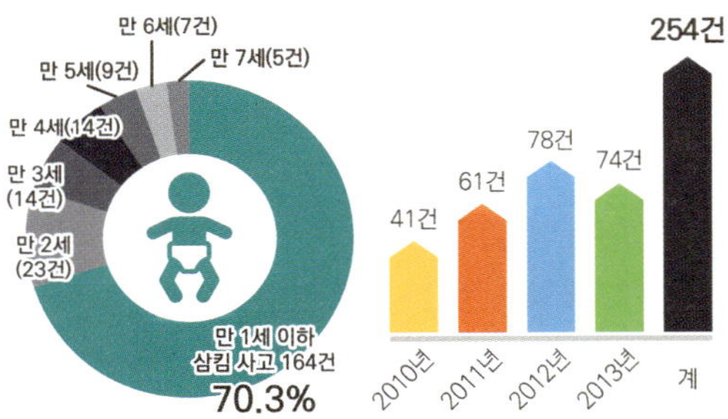

해외동향

〈미국〉
- 미국국립유독물센터에 제보되는 단추형 건전지 삼킴사고 사망자수는 35명에 달함.

〈호주〉
- 매주 5명의 어린이가 단추형 건전지 관련 사고로 응급실에 방문하는 것으로 추산됨.

〈일본〉
- 최근 3년간 연평균 약 28건의 단추형 건전지 사고가 소비자청에 접수됨.

* 단추형 건전지 안전 의식 개선 캠페인

출처: 한국소비자원(2012).

동전·구슬을 꿀꺽! 어린이 '삼킴·중독사고' 주의

- 서울에 거주하는 이 모(1) 군은 가정 내 거실에서 바퀴벌레 약을 먹어 응급실을 찾았다.
- 경북에 거주하는 배 모(1) 양은 아버지가 장난감에 들어가는 수은건전지를 교체하려고 빼놓았던 차에 건전지를 입에 삼켜 응급내시경을 받아야 했다.
- 청주에 거주하는 두살 유아가 수은 건전지를 삼켜 응급실로 들어왔다.

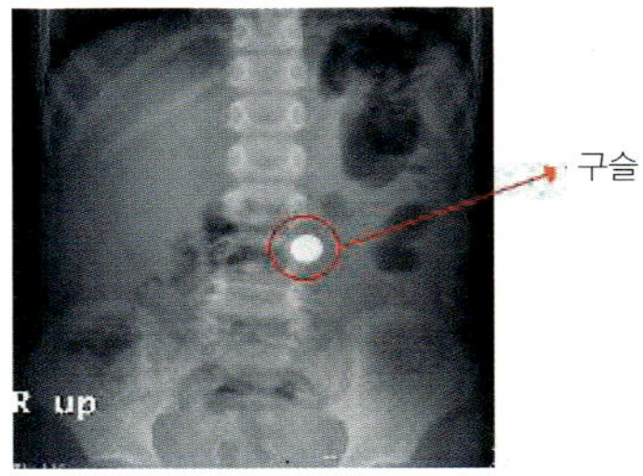

자석은 2개 이상 동시에 삼키면 장내에서 자석끼리 끌어당겨 장 천공과 패혈증을 유발할 수 있기 때문에 상당히 위험하다. 해외에서는 자석으로 인한 어린이 사망사례가 보고된 바 있다. 특히 단추형 전지의 경우, 삼킨 후 장시간이 경과하면 체내 조직에 심각한 화상을 입힐 수 있으므로 사고 발생 즉시 응급실로 방문하여 적절한 처치를 받아야 한다.(중략)

최근 3년간 소비자원에 접수된 어린이 중독 사고는 총 551건으로 이 중 중독사고 다발 상위 10개 품목으로는 의약품(20.1%)이 가장 많았으며 살충제(9.1%), 표백제(6.4%), 담배(2.7%) 등이 뒤를 이었다. **해마다 적게는 50여건, 많게는 80여건의 영유아 수은 건전지 삼킴 사고가 접수되고 있다. 또한, 수은 건전지를 삼켰을 경우, 억지로 토하게 하면 건전지가 소하기를 통해 올라오다가 2차 피해를 줄 수 있기 때문에, 가급적 빨리 병원으로 간다.** 특히 바퀴벌레나 개미 퇴치를 위해 가정 내 바닥에 붙이는 겔형 또는 과립 형태의 살충제로 인한 어린이 중독 사고도 상당수 발생하고 있는 것으로 조사되었다. 이들 제품이 어린이의 호기심을 자극할 수 있는 데다 일부 제품은 표면에 과일 모양의 식품 도안이나 어린이가 좋아하는 방향성분을 포함하고 있어 제품 개선이 시급하다.(하략)

참고: KBS 뉴스 2021년 3월 23일자.

3장

영유아교육기관 안전*

아동안전사고는 영유아의 부주의로 인한 사고도 있지만 시설 자체의 안전성 결여로 인한 사고도 많이 발생한다. 따라서 영유아가 안전하게 생활할 수 있도록 영유아교육기관은 안전을 우선적으로 고려하여 설치되어야 한다.

1. 시설 안전관리

1) 현관

사고 사례

- 하원시간에 유아가 신발을 신고 있던 중 뒤따라 오던 친구에게 밀림. 신발장에 부딪혀 이마가 찢어짐
- 유아가 실외활동 후 어린이집으로 들어오던 중 현관문이 열려 있는 것으로 착각하여 현관의 유리문에 부딪힘. 이로 인해 치아가 손상됨
- 실외놀이터에서 어린이집으로 들어오던 중 서로 먼저 들어가려고 경쟁하다가 뒤에 있던 친구에게 밀려 넘어져 치아가 손상됨
- 현관 문턱에 발이 걸려 넘어지면서 치아가 손상됨

* '3. 영유아교육기관 안전'에 제시된 사고 사례는 2013~2019년 보건복지부, 어린이집안전공제회, 중앙육아종합지원센터에서 공동으로 출간한 『어린이집 보육교직원 안전교육 자료』를 참고하였다.
* '3. 영유아교육기관 안전'에 제시된 어린이집 사진은 대전과학기술대학교에서 위탁 운영하였던 자운대직장어린이집의 시설 사진이다.

현관은 영유아가 부모와 함께 등원, 하원하는 장소이기 때문에 무엇보다 충분한 공간이 확보되어야 한다. 또한 영유아가 혼자서 신발을 신고 벗을 수 있도록 바닥을 설치하고, 신발장은 영유아의 눈높이에 맞추어 가로로 낮게 설치한다. 현관에서 일시에 많은 영유아가 있으면 서로 밀려 넘어지는 사고가 발생한다. 따라서 교사는 야외로 나가거나 하원할 때 적정 인원이 현관에 있도록 지도하며, 사전에 영유아들과 현관에서 친구를 밀지 않도록 약속을 정하고 자주 반복 교육한다. 또한 부모님들이 영유아의 등·하원을 위해 유모차를 가지고 오는 경우가 있으므로 유모차는 현관 밖에 보관할 수 있도록 유모차 보관 장소를 별도로 설치한다.

현관문은 화재 시 빨리 대피할 수 있도록 안에서 밖으로 열린다. 현관문의 유리는 두꺼운 안전유리를 사용하며, 영유아와 유리의 충돌을 피할 수 있도록 반투명이나 그림으로 표시한다. 또한 영유아가 걸려 넘어지지 않도록 문턱이 없는 것이 좋다. 특히 비오는 날 현관 바닥에서 미끄러져 넘어지는 사고가 많이 발생하므로, 현관 바닥은 미끄럼 방지가 되어 있는 자재로 시공한다.

넓은 어린이집 현관

신발장은 개방형으로 가로로 넓게 설치하여 유아들이 꺼내기 편하게 한다. 앉아서 갈아 신을 수 있는 마루바닥이 설치되어 있으며, 바깥 현관 바닥은 미끄럼 방지 재질의 바닥재로 되어 있다. 또한 마루바닥과 바닥 경계면의 턱이 거의 없다.

현관문과 유모차 보관장소

현관문의 유리에 그림이 붙어 있어 유아의 충돌 사고를 방지하였다. 현관 밖에 유모차 보관장소가 별도로 설치되어 있다.

2) 보육실(교실)

사고 사례

- 간식시간, 교사가 간식을 가지러 간 사이에 유아가 보육실 문 사이에 손을 넣고 기다림. 친구가 보육실 문을 닫아 손가락이 끼임
- 보육실 문턱에 발이 걸려 넘어지면서 의자에 부딪혀 눈 주위가 찢어짐
- 교실문 앞에 설치된 안전 울타리를 들어 밑으로 나갔다가 다시 들어오려던 중 손을 빼지 못하였는데 안전울타리가 내려가 손가락이 골절됨

보육실(교실)은 영유아가 어린이집에서 대부분의 시간을 보내는 곳으로, 교실 크기가 작을 경우 공격적인 행동이 발생한다. 어린이집안전공제회(2020)에 의하면 어린이집 내 사고 장소 중 12,081건(64.3%)이 보육실에서 발생하였다. 잘 구성된 환경은 영유아의 문제행동을 줄이고 더욱 놀이에 집중할 수 있게 도와준다. 따라서 넓고 깨끗하며 쾌적한 보육실 환경은 중요하다.

보육실의 바닥은 난방시설이 설치되어 있어야 한다. 영유아가 넘어질 수 있으므로 바

블라인드 끈 보관함
블라인드 끈은 유아가 잡아당기거나 목에 걸어 질식할 수 있는 위험이 높아 사진에서와 같이 블라인드 옆에 끈 보관함을 설치한다.

닥재는 탄력성이 좋아 충격과 소리를 흡수하는 재질로 설치한다. 보육실의 냉난방 시설은 영유아의 손이 닫지 않게 설치되어 있어야 한다. 교실의 벽지와 커튼은 방염재질로 설치하며, 교실 안에 반드시 소화기를 비치한다.

출입문은 외부에서 교실 안이 보일 수 있는 것이 좋으며, 출입문에서 손끼임 사고가 많이 일어나므로 출입문 안쪽과 바깥쪽에 손끼임 방지 장치를 설치한다. 문턱에서 넘어

보육실(교실)문
교실 출입문에 손끼임 방지 장치와 울타리문이 설치되어 있다.

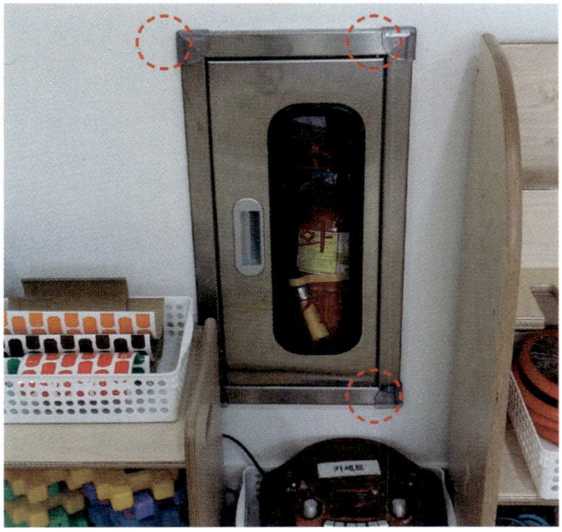

교실 안에 설치된 소화기와 방염처리된 마감재

교실 내 소화기 보관함에도 안전장치가 되어 유아가 다치는 것을 방지하였으며, 어린이집 실내 마감재는 방염처리된 것을 사용하였다.

짐 사고가 많이 발생하므로 문턱을 낮추거나 없애는 것이 좋다. 영아반의 경우 안전 울타리를 설치했을 때 교사는 영아가 울타리문을 열지 못하도록 잠근다. 최근 설치한 보육실은 보육실 안에 화장실과 교사준비실이 함께 설치되어 있는 경우가 있다. 영아들이 화장실과 교사준비실에 혼자 들어가 사고가 날 수 있으므로 문을 닫아 놓고 주의깊게 감독한다.

창문에는 완전히 열리지 않도록 안전장치를 설치하고, 교실 창문 쪽 아래에 영유아가 올라갈 수 있는 가구들을 치워서 추락 사고를 예방한다. 벌레가 외부에서 들어오는 것을 막을 수 있도록 방충망을 설치한다. 또한 창문에 커튼이나 블라인드를 설치하였을 경우 조절 끈이 유아의 손에 닿지 않도록 관리한다.

3) 유희실(실내놀이실)

사고 사례

- 유아가 볼풀장에 누워 있던 중 친구가 뛰어들어 밟아 복부 장기 손상됨
- 유아가 유희실 미끄럼틀에서 내려오면서 얼굴을 바닥에 부딪힘. 이로 인해 오른쪽 눈썹 부분이 찢어짐
- 유아가 유희실에서 뛰어다니던 중 넘어져 벽에 부딪혀 이마가 찢어짐

유희실 출입문과 유희실 안

유희실 문에 손끼임 방지 장치와 손가락 보호대가 설치되어 있으며, 밖에서 안을 확인할 수 있도록 유리문이 되어 있다. 유희실 안에는 원활한 대근육활동을 위해 바닥과 벽면에 충격을 흡수할 수 있는 쿠션 마감재로 설치되어 있다. 놀이기구는 창문이 없는 벽면 쪽에 설치하는 것이 바람직하다.

영유아 50인 이상을 보육하는 시설에서는 의무적으로 옥외 놀이터를 설치하여야 한다. 그러나 지역적 특수성에 의해 옥외 놀이터 설치가 불가능한 경우 어린이집 내에 유희실(실내놀이실)을 설치하는데, 지하나 옥상에는 설치가 불가하다.

놀이시설물은 영유아가 추락할 가능성이 있는 시설물 아래와 뛰다가 부딪힐 수 있는 기둥 및 벽에는 충격을 흡수할 수 있는 안전장치와 바닥재를 설치한다. 놀이시설물의 어떠한 부분에도 영유아가 찔릴 수 있는 날카로운 부분이 없어야 하며, 시설물의 연결장치인 볼트와 너트도 위로 튀어나와서는 안 된다. 대근육활동 기구는 서로 충분한 공간을 두고 비치하여 유아들의 부딪힘 사고를 막는다. 또한 놀이기구는 창문이 없는 쪽에 배치하여 창문 밖으로의 추락사고를 예방한다.

유희실은 대근육활동을 위주로 활동하기에 옥외 놀이터와 마찬가지로 안전사고가 많이 일어나는 장소이다. 어린이집안전공제회(2020) 자료에 의하면 어린이집 내에서 발생한 안전사고 중 유희실에서의 사고는 2,842건(15.1%)으로 보육실 다음으로 많이 발생하였다. 따라서 유아들에게 안전하게 놀이시설물을 사용하여 놀이할 수 있도록 교육하고 유아와 함께 안전 규칙을 세워 자주 반복한다.

4) 화장실

사고 사례

- 어린이집 화장실에서 양치하던 중 바닥에 있던 물기에 미끄러져 넘어져 턱 부위를 다침
- 실외활동 후 손을 씻기 위해 가다가 화장실에서 넘어져 머리를 바닥에 부딪힘. 혹만 나오고 특별한 외상이 없어 병원에 가지 않음. 그러나 1주일 후 혹이 심해져 병원을 내원한 결과 유아의 두피 내 낭종이 터져 낭종 주위 농양으로 병원에 입원함
- 화장실에서 손을 씻던 중 뜨거운 물이 나와 손에 화상을 입음
- 교사가 영아를 안고 세수시키던 중 영아가 발버둥을 쳐 수도꼭지가 냉수에서 온수 방향으로 바뀌어져 다리에 화상을 입음

화장실

화장실 바닥이 미끄럼 방지 타일과 매트로 설치되어 있어 바닥에 물기가 있어도 넘어지지 않도록 하였다. 화장실 칸막이를 낮게 설치하여 교사가 유아를 확인할 수 있게 하였다. 또한 화장실 사용법에 대한 그림이 벽면에 부착되어 있다.

화장실 온수 조절기와 샤워기 안전 보관함

화장실은 어린이집과 유치원에서 안전사고가 많이 발생하는 장소 중의 하나이다. 화장실의 문은 유아가 혼자 열고 닫을 수 있도록 되어 있으며, 문의 잠금장치가 없어 유아 혼자 화장실 안에 갇히지 않도록 한다. 또한 교사가 유아가 화장실 안에 있는지 확인할 수 있도록 문과 칸막이를 낮게 설치한다.

세면대와 변기는 영유아의 키와 눈높이에 맞게 설치하고, 교실과 동일한 층이나 가급적 교실과 인접한 곳에 위치한다. 최근에는 교실 내에 화장실이 설치된 곳도 증가하고 있다. 화장실에는 늘 물기가 있어 넘어짐 사고가 자주 발생한다. 미끄럼 방지 장치가 되어있어야 하며 교사는 화장실 바닥에 물기가 떨어지지 않도록 주의 깊게 관리한다. 또한 수도꼭지에는 온수 조절장치를 설치하여 갑작스럽게 뜨거운 물이 나오지 않도록 한다.

화장실은 유아들의 건강 및 청결과 관련된 기본생활습관을 익히는 곳이다. 따라서 손 씻는 순서의 그림을 화장실 벽면에 게시하고 여러 유아가 함께 사용하는 곳이므로 서로 질서를 지킬 수 있도록 교육한다.

5) 조리실 및 식당

사고 사례

- 교사가 국그릇을 놓쳐 유아의 오른쪽 어깨, 팔, 다리, 복부에 화상 입음
- 식당에서 밥을 먹고 정리하던 중 국물이 여아의 얼굴에 튀어 화상 입음
- 영아에게 줄 분유를 타기 위해 영아를 업고 주방으로 가던 중 배식용 끌차에 식히고 있던 삶은 감자를 영아가 잡아 손에 화상 입음
- 유아가 조리실 문이 열려 있어 안으로 들어가 음식이 있는 그릇을 잡아 화상 입음
- 영아가 열린 조리실 문으로 들어가 뜨거운 물이 들어 있던 컵을 장난감으로 쳐서 떨어뜨려 화상 입음
- 영아가 주방의 전기밥솥 주위에 있다가 증기로 얼굴에 2도 화상을 입음

조리실 입구에 설치된 손소독기와 조리원

조리실 입구에 조리원의 청결과 위생을 위해 손소독기가 설치되어 있다. 그리고 조리원은 항시 위생모자와 앞치마를 착용한다.

조리실에는 칼과 불의 사용으로 영유아에게는 위험한 공간이다. 따라서 영유아들이 들어가지 못하도록 상시 조리실 문을 닫아 놓거나 안전문을 설치하여 영유아의 출입을 통제한다. 어린이집에서 제공하는 국물 음식은 미리 온도를 적절하게 낮추어 제공함으로써 영유아가 국을 쏟아도 화상을 입지 않도록 해야 한다. 조리실에는 교실과 마찬가지로 비상용 소화기를 비치하고 조리원들은 위생복과 위생모를 착용하여 청결하게 요리를 준비한다.

식당에 설치한 정수기는 뜨거운 물이 나오지 않도록 조절하거나 영유아의 손이 닫지 않는 곳에 설치한다. 또한 전자렌지나 컵 소독기 같은 설비가 있을 경우 기기의 전선이 영유아의 손에 닿지 않도록 전선 보호대로 설치한다.

6) 계단

사고 사례

- 등원 시 계단을 올라가다 헛디뎌 계단에서 미끄러져 입 안이 찢어짐
- 계단 난간을 잡고 내려오던 중 스테인리스의 용접한 부분이 살짝 들려 있어 손을 베임
- 계단 난간 봉에 매달려 있다가 친구가 잡아당겨 봉과 함께 밑으로 떨어짐

어린이집은 1층에 설치하는 것이 원칙이지만, 현실적으로 대다수의 어린이집과 유치원들이 2, 3층의 건물에 위치하여 건물 내부에 실내 계단이 있다. 계단은 매일 등하원과 야외 놀이터를 이용하면서 수시로 많은 유아들이 이용하기 때문에 안전사고가 많이 발생하는 장소 중 하나이다.

계단에는 난간이 설치되어 있어야 하고 난간의 반대쪽 벽면에는 벽을 따라 손잡이를 설치하여 유아가 계단을 오를 때는 손잡이를, 내려올 때는 난간을 잡고 통행할 수 있어야 한다. 난간의 세로봉은 10cm 미만의 간격으로 설치되어 유아의 몸이 난간 사이로 빠져나가지 못하도록 하고 계단에는 미끄럼 방지를 위한 설비를 설치한다. 그런데 일부 어린이집에서는 난간이 부서져 있거나 미끄럼 방지를 한 계단의 틈새가 벌어져 오히려 유아의 안전을 위협하는 경우도 있으므로, 수시로 계단의 난간과 손잡이 및 미끄럼 방지 설비 상태를 살펴서 유아가 다치는 일이 없도록 관리한다.

유아들이 계단의 난간을 붙잡고 올라가면서 소방대피훈련을 하고 있다(리틀빌리지어린이집).

계단에서는 설비의 안전과 함께 유아 스스로의 안전관리가 필요하다. 유아와 함께 계단에서 지켜야 할 규칙을 정하고 이를 반복하여 상기시켜서 무엇보다 유아 자신이 안전을 실행할 수 있도록 한다. 또한 계단에 유아의 발자국 모양 색지를 붙여 오른쪽 통행을 알려주는 것도 좋다.

계단에서 지켜야 할 안전규칙

√ 계단에서는 절대 뛰지 않는다.
√ 오른쪽 방향으로 난간과 손잡이를 잡고 이동한다.
√ 한 줄로 서서 이동한다.
√ 앞에 있는 친구와 일정 간격을 유지한다.
√ 계단에서는 앞을 보고 걸어가며, 친구와 장난하거나 이야기하지 않는다.

7) 바깥놀이

사고 사례

- 유아가 그네를 타는 친구를 밀어주고 옆으로 이동하던 중 다른 친구가 타는 그네에 부딪혀 입술이 찢어짐
- 유아가 시소를 타다가 옆으로 떨어져 골절상
- 친구와 함께 시소를 타던 중에 친구가 갑자기 내려 반동으로 인해 잡고 있던 시소 손잡이에 얼굴이 부딪혀 찢어짐

영유아에게 신선한 공기를 마시고 마음껏 뛰어놀 수 있는 바깥놀이, 즉 실외놀이는 매우 중요하다. 어린이집 평가인증지표에서도 매일 바깥놀이와 대근육 활동을 하도록 명시하고 있다. 하지만 많은 경우 바깥놀이 시설에서 안전사고가 발생하고 있어 주의가 필요하다.

행정안전부(2016)가 발표한 '2015년 하반기 어린이놀이시설 안전사고 분석결과'에 의하면 2015년 하반기 동안 전국 6만 6,311곳에 설치된 어린이놀이시설에서 총 156건의 안전사고가 발생해 160명이 골절 등 부상을 입었다. 사고 형태는 추락이 94명(58.8%)으로 가장 많았고, 넘어짐 24명(15.0%), 충돌 24명(15.05) 등이었다. 부상 내용은 골절이 106명(66.3%)이었고, 베임 상처와 열상 22명(13.8%), 치아 손상 7명(4.4%) 등이었다. 이를 분석하면 추락, 넘어짐 및 충돌로 인한 골절 사고가 가장 많은 것을 알 수 있다.

바깥놀이
충격을 완화할 수 있는 부드러운 소재의 고무바닥재로 바닥이 깔려 있다.

따라서 시설물 아래나 주변의 바닥재는 충격을 완화할 수 있는 자재로 사용하는 것이 필요하다. 일반적으로 콘크리트, 땅, 아스팔트보다는 톱밥, 모래, 고무바닥재 등이 적절하다. 모래와 톱밥은 1년에 한 번 씩은 보충해주고 고무바닥재는 안전검사를 받은 제품이어야 한다. 또한 시설물들 간의 간격을 넓게 설치하여 놀이 중에 친구들끼리 충돌하지 않도록 미연에 방지한다. 특히 더운 여름철에는 쇠로 된 미끄럼틀의 경우 화상의 위험이 있으므로 주의한다.

그러나 바깥놀이의 안전사고는 시설 자체의 문제보다는 사용자의 부주의에 의한 사고가 대부분이다. 실제로 행정안전부(2015)의 자료에 의하면 이용자 부주의가 156건(97.5%)으로 거의 대부분을 차지했으며 놀이시설 결함은 3건에 불과했다(국민일보, 2016년 2월 17일자 기사). 따라서 유아들과 함께 안전한 바깥놀이를 위한 규칙을 세우는 것이 중요하다. 안전규칙은 유아가 지키기 쉽게 간단한 문장으로 만들고 규칙을 적은 약속판을 놀이 시설물 가까이에 게시하여 유아들이 늘 인식할 수 있도록 한다. 또한 학기 초에는 위험도가 낮은 놀이시설을 사용하고 점차 놀이기구의 사용을 늘려가는 것도 바람직하다.

교사는 바깥놀이 전에 놀이기구와 바닥에 유아가 걸려 넘어질 수 있는 것들이 없는지 점검한다. 오래된 건물과 놀이시설일수록, 자동차 주차장과 가까울수록 바닥에 떨어진 페인트조각과 자동차 매연으로 인해 유아가 납에 쉽게 노출될 수 있다. 따라서 유아가 놀이라면서 손을 입에 넣지 않도록 주의하고, 바깥놀이 후에는 반드시 손을 깨끗이 씻도록 지도한다. 또한 유아가 입은 옷이나 운동화 끈이 놀이시설물에 끼일 수 있으므로 늘 주의 깊게 유아를 관찰한다.

2. 생활용품 안전관리

1) 침대 및 침구

침대 난간의 세로폭은 영유아의 머리가 끼지 않도록 7cm 이하로 구입한다. 특히 침대 표면은 원목이나 무독성 페인트로 칠해져 있는 제품을 선택한다. 침대 매트리스는 침대 아랫면과 같은 크기이어야 유아의 몸이 매트리스와 침대 사이의 틈에 끼지 않는다.

침대 안쪽에는 유아가 발판으로 짚고 올라갈 수 있는 큰 장난감이나 물건을 놓지 않는다. 침대에 함께 설치된 모빌은 유아가 손으로 잡지 못하도록 설치되어야 하고 유아가 침대 안에 있을 때는 항상 침대 문을 잠가놓아 유아가 떨어지지 않도록 주의한다. 또한 침대는 창문이나 커튼, 블라인드 줄에서 안전하게 충분한 거리를 두고 배치한다.

이불, 요, 베게 등의 침구류는 너무 푹신한 것은 질식의 위험이 있으므로 피한다. 비닐로 된 방수 커버 역시 질식의 위험이 있으므로 사용하지 않는다. 그리고 유아가 사용하는 개별 침구류에는 낮잠 시 유아의 머리를 두는 곳에 표시를 하고, 매주 세탁할 수 있도록 한다.

2) 기저귀 갈이대 및 이동식 변기

교사가 영아의 기저귀를 갈아준 후 기저귀 갈이대를 소독하고 있다.

어린이집 영아반의 경우 기저귀 갈이대 및 이동식 변기가 있는 기저귀 가는 공간이 필요하다. 기저귀를 가는 공간은 영아의 건강과 위생에 직결되는 곳이기에 늘 청결하게 유지하여야 한다. 따라서 영아에게 기저귀를 갈 때마다 소독하여 오물이나 균으로 인한 감염이 없도록 한다.

또한 사용한 기저귀와 물휴지 등은 위생적으로 처리한 후 뚜껑이 있는 페달식 쓰레기통에 버린다. 이는 손으로 쓰레기통을 만질 경우 교사의 손에 다시 오염될 수 있기 때문에 페달식 쓰레기통을 사용하고 또한 자주 비워서 교실에 악취가 나지 않도록 관리한다. 이동식 변기를 사용하는 경우에도 영아의 대소변을 바로 처리하고 변기를 세척하여 항상 청결한 상태를 유지한다. 기저귀를 가는 공간에는 기저귀, 옷가지, 물휴지 등의 비품이 구비되어 있는 것이 편리하다.

영아의 기저귀를 갈거나 변기를 사용한 후에는 무엇보다 교사가 자신의 손을 깨끗이 씻는 것이 중요하다. 수시로 영아를 보살펴주고 먹을 것을 챙겨주기에 교사의 손에 균이 묻어 있으면 바로 다른 영아에게 감염됨을 명심하여, 기저귀를 간 후에는 항상 손소독제를 이용하여 손씻기를 한다.

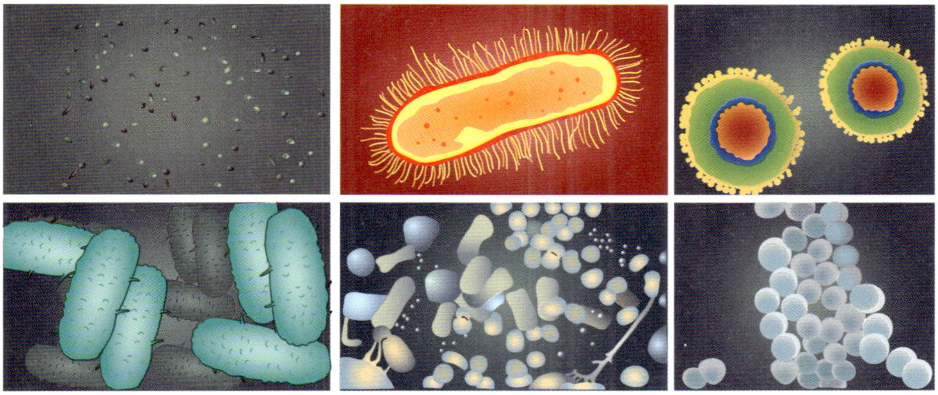

손에서 발견되는 160여 가지의 세균들 중 대표 세균

사람의 몸 중에서 세균이 가장 많이 모여 있는 곳이 대장이며 대변 무게의 1/8이 세균이다. 따라서 우리 손의 세균은 화장실에서 오염되는 경우가 많으므로 화장실을 사용한 후에 그리고 영유아의 대소변을 도와 준 후에는 반드시 손을 씻어야 한다.

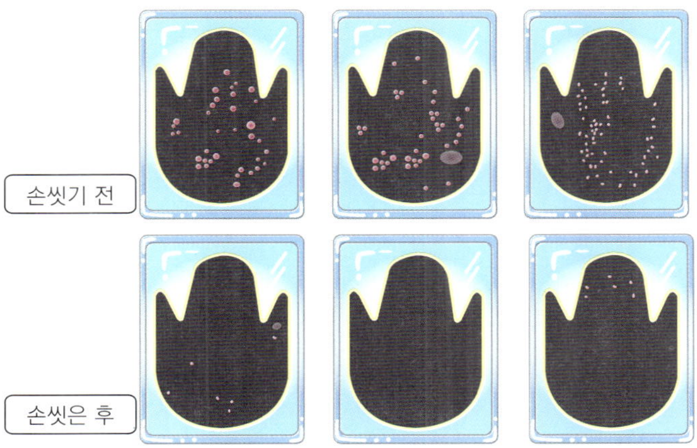

손씻기 전과 손씻은 후 세균배양 실험

손을 깨끗이 씻은 것만으로도 대부분의 세균이 없어지며, 평소 우리 손에 많은 세균이 존재함을 알 수 있다.

출처: 30분 다큐 손씻기, KBS 2009년 9월 4일자 방송

3) 가전 및 전기제품

사고 사례

- 교실에서 혼자 놀던 영아가 기어 나와 원장실에 들어옴. 원장실 책상 위에 놓여져 있던 커피잔을 만져 커피가 쏟아지면서 영아의 몸통에 화상을 입음
- 교사가 교실 문을 닫지 않아 영아가 사무실로 들어옴. 선반 위에 놓여 있던 커피포트를 만져 뜨거운 물이 영아의 발등으로 쏟아져 화상을 입음
- 교사가 글루건을 사용한 뒤 아동 사물함 위에 올려놓음. 유아가 가방을 사물함에 넣으면서 올려져있던 글루건의 전기줄이 당겨져 유아 얼굴에 떨어져 화상을 입음

어린이집과 유치원에서 가장 많이 발생하는 가전 및 전기제품 관련 사고는 교사가 사용하는 커피포트와 글루건 사고이다. 다음의 사고 사례에 나와 있듯이 유아가 교실을 나와 교사실이나 원장실에 들어가 커피나 커피포트를 만져 발생한 화상사고가 빈번하다. 따라서 교사는 평소에 교실문을 닫아야 하고 유아가 혼자 교실 밖으로 나가지 않도록 철저히 감독해야 한다. 또한 뜨거운 차와 커피에 대한 위험성을 인식하여 유아가 등원한 이후에는 마시지 않는 것이 필요하고 뜨거운 물은 보온병에 담아 보관하는 것이 좋다. 특히 탁자에 깔린 테이블보는 유아가 잡아당길 위험이 있으므로 깔지 않는다.

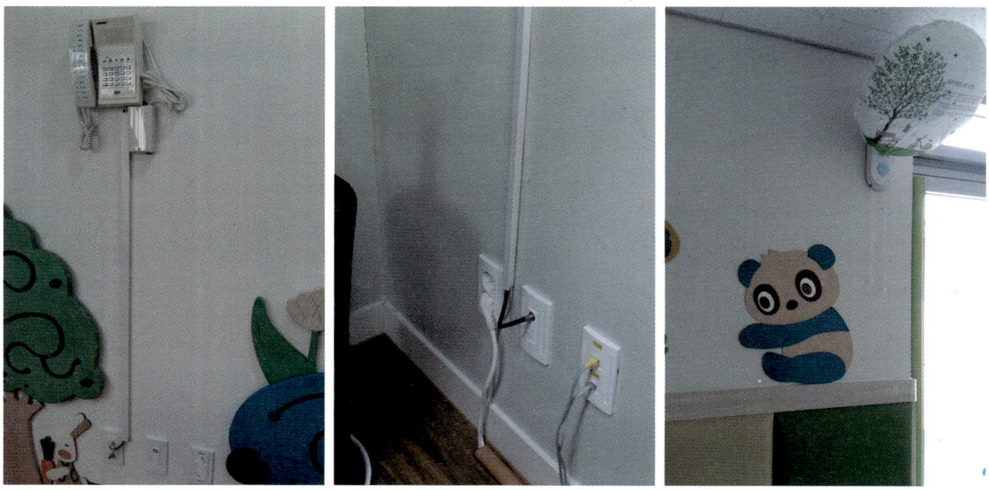

전선보호대와 선풍기

어린이집의 전선은 전선보호대 안에 설치되어 있으며 선풍기는 유아의 손이 닿지 않게 높이 설치한다. 또한 사용하지 않는 콘센트는 안전덮개로 막아 놓는다.

교사가 자주 사용하는 글루건의 경우 유아가 어린이집에 있을 때는 교실에서 절대 사용하지 않도록 교사 내규를 정하여 사고를 미연에 방지하도록 한다. 유아는 끈이 있을 경우 본능적으로 잡아 당기는 습성이 있으므로 가전제품에 달려있는 전선줄에 대한 관리가 필요하다. 모든 가전제품의 전선줄은 유아의 손이 닿지 않아야 하고 발에 걸려 넘어지지 않도록 벽쪽에 붙여 고정한다. 유아가 콘센트에 젓가락과 같은 이물질을 넣어 감전사고가 발생하므로 사용하지 않는 콘센트에는 반드시 안전덮개로 가려 놓는다.

4) 유모차 및 탈것

유모차에는 1인용, 2인용 등이 있으며, 최근에는 산책 시 여러 명의 유아가 함께 탈 수 있는 탈것을 구비한 어린이집이 증가하고 있다. 유모차 사고는 유아에게 안전띠를 매지 않아 유아가 몸을 움직이다가 아래로 떨어지는 사고와 브레이크 사고가 많이 발생한다. 따라서 잠깐 이동할 경우에도 유모차와 탈것의 안전띠를 꼭 매고, 유모차를 잠시 세울 경우 브레이크가 잘 작동되는지 꼭 확인한다. 또한 유아를 유모차에 태운 채 절대 혼자 두지 않는다.

5) CCTV 설치

어린이집에서는 영유아보육법 시행령 개정(2016.1.1)에 의해 CCTV 설치가 의무화되었다. 그래서 최근 모든 어린이집 교실과 놀이실 및 아이들이 있는 곳에는 CCTV가 설치되어 있다. 이제는 아동학대를 의심하여 CCTV를 보여달라는 부모의 요구가 있을 때는 CCTV를 보여주어야 한다. 실제로 영유아의 안전사고가 발생하였을 때 많은 부모가 CCTV 열람을 요구하고 있다.

CCTV 설치 의무화

「영유아보육법」 시행령 개정[시행 2016.1.1.]에 의해 모든 어린이집에서는 CCTV 설치가 의무화되었다.

CCTV설치 의무화 주요내용

가. 폐쇄회로 텔레비전 미설치 등에 관한 동의 등(안 제9조의2 신설)

1) 어린이집을 설치·운영하는 자는 폐쇄회로 텔레비전을 설치하지 아니하려는 경우 및 설치된 폐쇄회로 텔레비전을 관리하지 아니하려는 경우에 보호자 전원으로부터 받은 동의서를 첨부하여 지방자치단체의 장에게 신고하도록 함.

2) 신고를 받은 지방자치단체의 장은 1년의 범위에서 미설치기간 또는 미관리기간을 정하여 어린이집을 설치·운영하는 자에게 통보하도록 함.

나. 영상정보의 보관기준 및 보관기간 등(안 제9조의3 신설)

1) 폐쇄회로 텔레비전을 설치·관리하는 자는 **60일 이상 보관**하고 있는 폐쇄회로 텔레비전에 기록된 영상정보를 영상정보의 안전한 처리를 위하여 수립한 내부 관리계획에서 정한 주기에 따라 삭제하도록 함.

2) 폐쇄회로 텔레비전을 설치·관리하는 자는 영상정보를 보관하고 있는 기간이 60일이 되기 전에 보호자가 자녀 또는 보호아동이 아동 학대 등으로 정신적 피해 등을 입었다고 의심되어 **영상정보에 대한 열람을 요청하는 경우 등에 해당하면 보관기간이 지나더라도 해당 영상을 삭제해서는 아니되도록 함.**

다. 보호자의 영상정보의 열람시기·절차 및 방법 등(안 제9조의4 신설)

1) 보호자가 자녀 등이 신체적·정신적 피해를 입었다고 의심되어 폐쇄회로 텔레비전을 설치·관리하는 자에게 **영상정보의 열람을 요청하면, 폐쇄회로 텔레비전을 설치·관리하는 자는 열람 요청을 거부할 수 있는 경우가 아니면 열람 요청을 받은 날부터 10일 이내에 열람 장소 등을 정하여 보호자에게 통지하도록 함.**

2) 폐쇄회로 텔레비전을 설치·관리하는 자는 열람조치를 하는 경우에 가족관계증명서 등 열람을 요청한 보호자와 자녀 또는 보호아동과의 관계를 알 수 있는 서류 등을 제출받아 확인하도록 함.

출처: 보건복지부(2016).

3. 실내 공기질 관리

최근 미세먼지 증가로 인해 실내 공기에 대한 관심이 높다. 어린이집과 유치원은 아직 면역력이 약한 유아들이 밀폐되어 있는 공간에서 오랫동안 머물러 있기에 이들 시설의 실내 공기는 특히 중요하다. 영유아는 어릴수록 해독능력과 면역체계가 덜 발달하여 화학물질과 같은 독성물질에 치명적인 영향을 받는다. 따라서 정부에서도 실내 공기질의 중요성을 인식하여 이에 대해 적극적인 관리를 시작하였다.

1) 석면

과거에 건축자재로 많이 사용하였던 석면의 심각성이 알려지면서 환경부에서는 〈석면으로부터 안전한 어린이집 만들기〉 캠페인을 시행하고 있다. 석면은 국제암연구기구(IARC)가 정한 1급 인체 발암물질이다. 공기 중에 석면 분자가 떠다니다가 호흡을 통해 우리 몸에 들어와 10~40년의 잠복기를 거친 후 악성중피종, 석면폐증, 폐암 등을 유발하고 있으며 연간 9만 명이 석면으로 인한 질병으로 사망한다(환경부 · 한국환경공단, 2011). 따라서 2014년부터 「석면안전관리법」이 시행되어 연면적 430m^2 이상인 어린이집은 의무적으로 석면 조사를 실시하도록 되어 있으며, 석면 조사를 실시하지 않을 경우 2천만 원 이하의 과태료가 부과된다. 또한 환경부와 국립환경과학원(2011)에서는 어린이집 실내 공기질 관리매뉴얼을 통해 실내공기질을 청결하게 유지할 수 있는 정보를 제공하고 있다.

석면의 유해성

- 호흡을 통해 석면이 폐 깊숙이 침투하면 석면섬유를 없애기 위해 면역기능을 담당하는 대식세포가 석면 섬유에 모여들지만 오히려 석면섬유는 대식세포를 사멸시키고 염증과 흉터를 만들어 질병을 유발합니다.
- 석면은 흡연, 결정질 실리카와 함께 WHO에 속하는 IARC(국제암 연구기구)가 정하는 'Group 1의 인체발암물질'로 규정되며, 호흡기를 통하여 노출되면 10년~40년의 잠복기를 거쳐 악성중피종, 석면폐증, 폐암 등을 유발합니다.
- 세계적으로도 1억2천5백만명이 석면에 노출되어 있으며, 연간 9만명이 석면으로 인한 질병으로 사망하는 것으로 보고되고 있습니다.

[석면관련 질병]

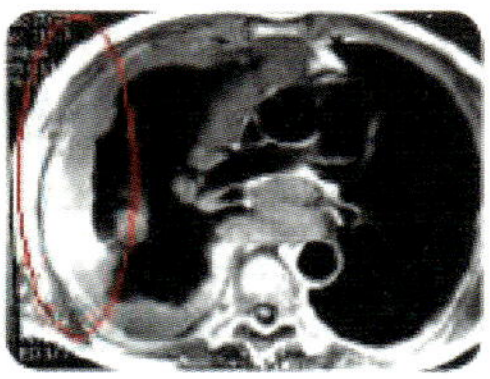

악성중피종

잠복기
약 20~40년

석면에 의한 특징적 질환으로 흉막이나 복막 등에 발생하는 암의 일종입니다.

※ 흉막중피종 : 흉막이 중피종으로 두꺼워져 폐의 부피가 감소하는 질병입니다.

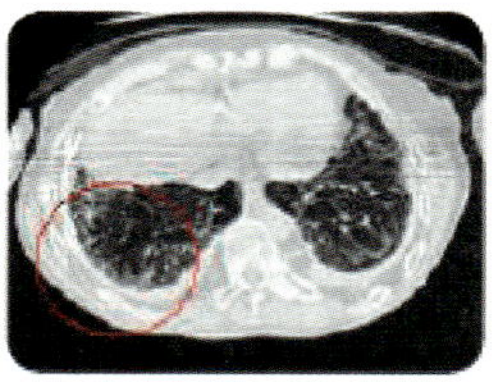

석면폐증

잠복기
약 10~20년

석면으로 인한 폐 조직의 상처로 폐가 섬유화되는 질병입니다.

폐의 섬유화로 희게 나타나며 공기집이 생겨 벌집모양으로 나타납니다.

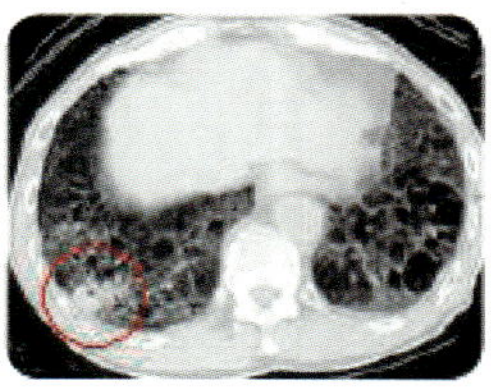

폐암

잠복기
약 10~30년

석면노출로 인한 폐암 발생 위험도는 비노출자의 5배에 이릅니다.

석면에 의한 폐암은 석면폐증 및 흉막반 등을 동반합니다.

출처: 환경부 · 한국환경공단(2011).

어린이 실내활동공간에 사용된 석면건축자재

텍스(천장재)

- 주로 백석면 또는 갈석면이 포함되어 있으며, 보육실, 화장실, 주방, 자료실 등의 천장재로 어린이집 전반에 걸쳐 가장 많이 쓰인 석면건축자재입니다.
- 보통 표면이 백색으로 벌레무늬, 일자무늬, 갈매기무늬 등을 띠고 있으며, 충격에 쉽게 부서져 석면비산 가능성이 높으므로 관리 및 제거 시 주의가 필요합니다.
- 리모델링 시 기존 텍스를 제거하지 않고 석고보드 해 놓는 경우가 많아 육안으로 구별이 힘든 경우가 많습니다.

[천장텍스]

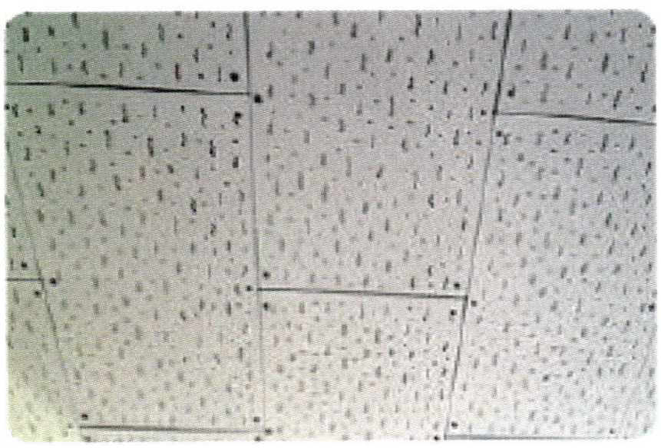

[손상된 천장텍스]

출처: 환경부 · 한국환경공단(2011).

2) 환경호르몬

환경호르몬이란 호르몬을 분비하는 내분비계에 혼란을 주어 정상적인 대사기능을 방해하는 물질로, 인체 외부에서 들어와 호르몬의 생리 작용을 교란시키는 화합물질이다. 지금까지 밝혀진 환경호르몬은 100여종에 달한다. 이 중 대표적인 환경호르몬으로는 합성세제 원료인 노닐페놀, 플라스틱 원료인 비스페놀A, 플라스틱을 부드럽게 하기 위한 첨가제로 사용된 프탈레이트, 소각장에서 발생하는 다이옥신, 담배연기에서 나오는 벤조피렌 등이 있다.

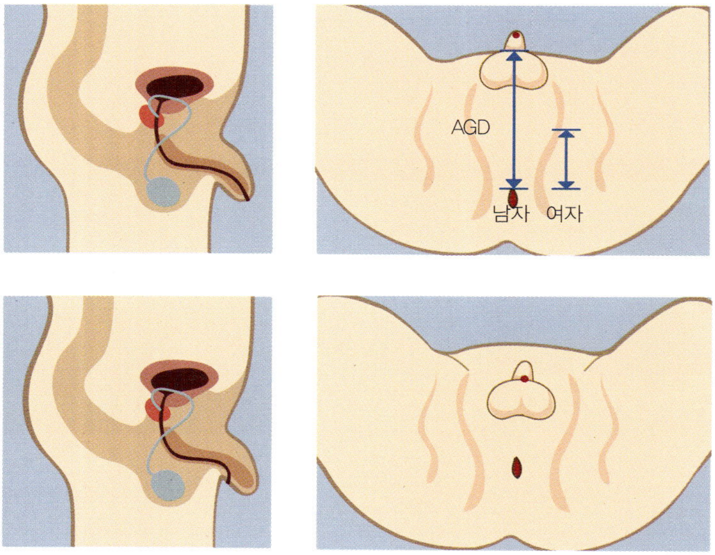

요도하열(왼쪽)과 점차 여성화되고 있는 남아(오른쪽)

요도하열은 소변이 나오는 요도가 성기끝이 아닌 성기의 뒤쪽에 있는 질병으로 최근 전세계적으로 급증하고 있다. AGD는 항문에서 성기까지의 길이로 남아는 여아의 2배가 정상이지만 최근 AGD의 길이가 짧아지고 있으며 이 길이가 짧을수록 남성이 여성화되고 있음을 나타낸다.

노닐페놀은 주방용, 욕실용 세제에 들어 있다. 또한 식품용 랩으로 포장한 식품을 전자레인지로 가열할 경우 식품 내에 노닐페놀이 검출된다는 점에서 인체에 미칠 악영향이 염려되고 있다. 비스페놀A는 일회용 플라스틱과 통조림 캔, 일부 젖병 등에 함유되어 있다. 프탈레이트의 경우 화장품 · 장난감 · 세제 등 각종 PVC 제품과 목재 가공 및 향수의 용매, 가정용 바닥재 등에 이르기까지 아주 광범위한 용도로 쓰인다. 벤조피렌은 1급 발암물질로 담배연기뿐만 아니라 고기를 숯불에 구울 때 발생하는 연기, 가스레인지에서 요리할 때 발생하는 가스, 자동차의 매연 등에서 많이 나타난다. 흡연한 적이 없는 여성들이 폐암에 걸리는 경우 환기 되지 않은 주방 환경에서 요리를 하기 때문인 것으로 추정하고 있다.

이들 환경호르몬이 임산모의 몸에 쌓일 경우 태아의 생식기에 영향을 미쳐 남자아이는 요도하열 및 잠복고환과 같은 질병이, 여자아이는 성조숙증을 야기시킨다(SBS스페셜, 2007년 4월 17일). 또한 환경호르몬은 남성호르몬과 여성호르몬의 불균형을 가져와 남성호르몬을 억제하고 남성을 여성화시킨다. 여성의 경우 심각한 생리통을 유발하는 자궁내막증과 유방암과 같은 질병의 원인으로 밝혀지고 있다. 따라서 환경호르몬은 전 세계적으로 생물종에 위협이 될 수 있는 대표 물질로 오존층 파괴, 지구 온난화와 함께 세계 3대 환경문제 중의 하나로 대두되고 있다.

다음은 생활 속에서 환경호르몬을 피할 수 있는 방법들이다.

① 플라스틱 용기를 모두 버리거나 가급적 사용하지 않으며 유리와 도자기, 스테인리스와 같은 제품을 사용한다.

어린이집과 유치원의 경우 아이들의 식사용 그릇인 식판을 플라스틱에서 스테인리스로 바꾼 것도 모두 환경호르몬의 영향 때문이다. 그러나 식판뿐만 아니라 아이들이 자주 사용하는 컵과 수저, 젓가락 등도 플라스틱 제품을 사용하지 않도록 한다.

② 농약과 비료를 사용하지 않는 친환경 농산물로 음식을 만든다.

점차 많은 어린이집과 유치원에서 식자재를 친환경 농산물로 바꾸고 있는 추세이다. 기관뿐만 아니라 가정에서도 친환경 식자재를 사용하도록 부모교육이 필요하다. 또한 주말 농장과 같이 직접 농산물을 재배하는 것도 좋은 방법이다.

③ 세제사용을 줄이고 이를 친환경세제로 바꾼다.

주방에서 매일 사용하는 주방세제와 목욕세제, 세탁세제의 사용을 가급적 줄이고 이를 친환경세제로 바꾼다.

④ 매일 깨끗한 물을 많이 마시고 운동으로 땀을 배출한다.

물은 우리 몸에 가장 좋은 음료이다. 시중에서 판매하는 주스나 탄산음료 대신 물을 자주 마시고, 매일 운동하여 땀을 통해 우리 몸의 독성 물질을 배출한다.

⑤ 주방과 교실을 자주, 규칙적으로 환기한다.

실내에는 다양한 가구와 플라스틱 제품으로 인해 환경호르몬과 독성물질들이 공기 중에 많이 존재한다. 따라서 미세먼지가 심하지 않을 경우 매일 규칙적으로 환기하는 것은 매우 중요하다. 또한 요리를 하는 주방의 경우 많은 환경호르몬이 발생하므로 요리 시 렌지후드를 사용하고 또한 자주 환기시킨다.

⑥ 공기정화식물을 사용한다.

실내의 유해물질을 없애기 위해서는 자연환기가 가장 좋은 방법이지만 최근 미세먼지의 발생으로 인해 자연환기가 어려운 경우가 점차 증가하고 있다. 다음은 국내 환경전문가와 식물전문가가 추천한 공기정화식물이다.

보육실: 아레카야자, 행운목 | 주방: 스킨답서스 | 화장실: 관음죽, 벤자민 고무나무

⑦ 미술재료는 '무독성', 'AP', 'CP'가 표시된 제품을 사용한다.

미술재료에도 많은 환경호르몬이 포함되어 있다. 유성펜보다는 수성펜 제품을 사용하고 향기가 진한 제품은 가급적 사용을 자제한다. 미술재료는 '무독성'이나 'AP(Approved Product)', 'CP(Certified Product)'로 표시된 제품을 사용한다.

⑧ 손을 자주 씻는다.

우리도 모르는 사이에 손에 오염물질과 환경호르몬이 묻어 있는 경우가 많다. 따라서 활동 후와 간식(식사) 전에는 꼭 손을 씻도록 한다.

⑨ 교실을 리모델링하였거나 새 가구를 구입하였을 경우 Bake Out을 실시한다.

실내 공기의 질을 저해하는 가장 큰 요인으로는 건축자재와 가구, 교육용품 등에서 나오는 휘발성 유기화합물이다. 특히 일부 건축자재와 접착제와 페인트에선 다량의 오염물질이 나오기 때문에 환경마크를 인증받은 제품인지를 확인하고 벽지와 장판을 교체하였거나 가구를 구입하였을 때는 휴일에 교실의 창문을 모두 닫고 난방을 한 후 다음날 일제히 창문과 출입문을 열고 환기를 하여 실내의 오염물질을 밖으로 배출시킨다(Bake Out).

어린이 안전, 건강 관련 정보제공 웹사이트

교통안전, 응급처치, 화재 및 재난
어린이경찰청(http://kid.police.go.kr)
한국어린이안전재단(www.childsafe.or.kr)
어린이안전넷(www.isafe.go.kr)
어린이안전교육관(www.isafeschool.com)
케미스토리, 어린이환경과 건강교육
(www.chemistory.go.kr)
소방방재청
(http://www.nema.go.kr/nema_cms_iba/main)
한국생활안전연합(www.safia.org)
키즈오토파크, 어린이교통안전체험관
(www.kidsautopark.org)
중앙119구조본부(www.rescue.go.kr)
어린이안전교육캠페인(www.academysafe.com)
재난안전교육포털(http://portal.dci.go.kr)

급간식 및 영양, 건강
어린이급식관리지원센터(http://ccfsm.foodnara.go.kr)
보건복지부 영양플러스사업
(http://www.mohw.go.kr/react/policy/
index.jsp?PAR_MENU_ID=06&MENU_
ID=06330203&PAGE=3&topTitle=)
국민건강보험 건강검진(www.nhis.or.kr)
식품의약품안전처(www.mfda.go.kr)
케미스토리, 어린이환경과 건강교육
(www.chemistory.go.kr)
질병관리청(www.kdca.go.kr)
예방접종도우미(http://nip.cdc.go.kr)

실종유괴, 성폭력 및 아동학대
어린이경찰청(http://kid.police.go.kr)
평등어린이세상(http://kids.mogef.go.kr)
굿네이버스 아동학대문제연구소
(www.goodneighbours.kr/child_abuse/main.asp)
어린이안전넷(www.isafe.go.kr)
한국생활안전연합(www.safia.org)

*아동안전 사이버교육센터(https://childsafe.kohi.or.kr)
서울해바라기아동센터(www.child1375.or.kr)

기타
학교안전공제중앙회(www.ssif.or.kr)
법제처(www.moleg.go.kr)
찾기 쉬운 생활법령정보(http://oneclicklaw.go.kr)

아동안전 사이버교육센터(https://childsafe.kohi.or.kr)를 소개합니다.

교육 대상	유아교사, 초등교사, 중등교사, 아동안전교육에 관심 있는 사람 누구나
교육 일정	상시
교육 내용	1. 영유아 안전의 이해 2. 성폭력 및 아동학대 예방교육 3. 실종 · 유괴 예방방지 교육 4. 보건 · 위생관리 교육 5. 재난대비 안전교육 6. 교통안전 교육 7. 응급처치 및 생활안전 교육 8. 화상안전/인식개선 교육

동영상, 아동용 그림동화 및 다양한 활동, PPT 교육자료, 학습지 제공

출처: 아동안전사이버교육센터.

제2부

유형별 안전교육

II부에서는 영유아와 실생활에서 직접적으로 경험할 수 있는 주제를 중심으로 안전교육의 내용을 구성하였다.

먼저 4, 5, 6장에서는 유치원과 어린이집, 가정의 일상생활 중 영유아에게 발생될 수 있는 안전사고인 놀이안전, 교통안전, 화재 및 소방안전을 주제로 다루었다. 구체적으로 4장 놀이안전에서는 일과의 대부분을 놀이를 하며 지내는 영유아에게 발생할 수 있는 놀이 안전사고를 미연에 방지하고 대처할 수 있도록 실내외 놀이안전과 물놀이 안전에 대해 살펴보았다. 5장 교통안전에서는 교통안전의 현황과 유형, 교통사고에 취약한 영유아의 행동특성을 살펴보고 이를 기초로 영유아교육기관에서 차량운행을 할 때의 주의해야 할 안전수칙과 대처방법, 교통안전교육의 내용과 실제 활동을 제시하였다. 6장 화재 및 소방안전에서는 화재의 개념, 유형 등 기초적인 이해부터 화재발생의 원인과 현황을 살펴보고 이에 따른 예방법을 중심으로 영유아, 교사, 부모를 위한 안전수칙과 대처방법을 제시하였다.

한편, 7, 8, 9, 10장에서는 최근 영유아의 생존을 위협하는 사회적인 문제로 부각되고 있는 성폭력, 아동학대, 유괴 및 미아 등 대인관계에 대한 안전과 환경안전에 대해 다루었다. 이에 7장 성폭력과 8장 아동학대에 대한 안전교육에서는 각각의 개념과 원인, 안전사고 발생 영유아에게 나타나는 징후와 후유증, 유형, 현황 등을 구체적으로 살펴보고 이를 기초로 성폭력과 학대의 위험으로부터 영유아를 보호하고 사고 시 적절히 대처할 수 있는 영유아, 교사, 부모를 위한 실천방법을 제시하였다. 또한 9장 유괴 및 미아에 대한 안전에서는 유괴와 미아 사고의 특징과 발생 현황을 살펴보고 유괴와 안전으로부터 영유아를 보호하고 위험에서 대처할 수 있도록 안전교육의 방안을 제시하였다. 10장 환경안전에서는 유아교육현장에서의 환경안전교육의 현황과 함께 식품, 약물, 재난 안전 중심으로 안전교육의 내용을 제시하였다.

4장

놀이안전

1. 놀이안전교육의 이해

영유아는 생활 자체가 놀이로서 하루 일과의 많은 시간을 영유아교육기관에서 놀이하면서 보내지만 이러한 놀이를 통한 안전사고가 빈번히 발생한다. 교사는 영유아의 놀이 안전사고를 예방하고 안전한 놀이환경 관리와 안전교육에 대한 지식과 기술을 익히는 것이 중요하다. 따라서 이 장에서는 영유아의 안전한 놀이를 위해 놀이안전교육의 개념과 필요성을 먼저 살펴보고자 한다.

1) 놀이안전교육의 개념

영유아는 성인과는 다르게 하루의 대부분을 놀이하면서 보낸다. 영유아에게 놀이는 생활 자체이며 영유아가 경험하고 배우는 것들이 놀이를 통해 이루어진다. 영유아는 놀이를 통해 건강한 신체발달과 기본운동능력을 기르며, 다양한 상호작용을 통한 의사소통과 언어발달을 도와주고, 창의적인 표현과 문제해결력 등을 통한 인지발달 및 자신의 생각과 느낌을 표현하고 다른 사람과의 관계를 통한 정서발달을 돕는다. 영유아들은 자신의 관심과 흥미를 놀이를 통해 나타내며 이러한 자발적 행위의 놀이 도구가 되는 것이 놀잇감이다. 영유아는 다양한 놀잇감을 사용하고 놀이의 확장을 이루며 성장과 발달에 영향을 미치지만 자신의 신체적, 인지적 미숙함으로 자신의 몸을 보호하거나 위험으로 대처할 수 있는 능력이 부족하여 놀이 및 놀잇감 사용에 대한 다양한 안전사고가 발생하기도 한다. 특히 영유아의 발달적 특징과 관련하여 안전사고가 빈번히 발생하는데 한국소비자원(2021)에 의하면 최근 2016년~2020년까지 영유아들의 이물질을 삼키거나 흡인한 사고는 2016년 1,293건, 2017년 1,498건, 2018년 1,548건, 2019년 1,915건, 2020년 2,011건으로 지속적으로 증가하는 추세를 보인다.

발달 단계별로 살펴보면 '걸음마기'가 4,917건(59.5%)으로 가장 큰 비중을 차지하였고, 다음으로 '유아'가 2,006건(24.3%), '학령기' 789건(9.5%) '영아기'는 553건(6.7%) 순으로 나타났다. 성별에 나타난 결과는 '남아'가 4,357건으로 52.7%, '여아'가 3,898건으로 47.2%로 나타났다. 어린이 이물질 삼킴/흡인의 주요 위해 품목으로는 완구가 3,725건으로 45.1%를 차지해 가장 많았고, 문구용품 및 학습용품 544건(6.6%), 동전 등 기타 생활용품 344건(4.2%), 배터리, 전지 및 액세서리 328건(4.0%) 순으로 나타났다. 어린이가 호기심에 작은 완구, 부품, 동전, 콩 등을 삼키거나 코나 귀에 넣어 발생한 사례들이 많이 나타났다.

어린이 이물질 삼킴/흡인 사고분석

표 1. 연도별 이물 삼킴/흡인 사고 현황

(단위 : 건, %)

구분	2016년	2017년	2018년	2019년	2020년
이물 삼킴/흡입	1,293	1,498	1,548	1,915	2,011

표 2. 발달단계별 이물 삼킴/흡인 현황

(단위 : 건, %)

구분	영아기(0세)	걸음마기(1~3세)	유아기(4~6세)	학령기(7~14세)	합계
남아	266	2,404	1,184	503	4,357 (52.7)
여아	286	2,507	821	284	3,898 (47.2)
미상	1	6	1	2	10 (0.1)
합계	553 (6.7)	4,917 (59.5)	2,006 (24.3)	789 (9.5)	8,265 (100.0)

출처: 한국소비자원(2021).

최근 영유아에게 제공되는 놀잇감이나 놀이환경의 안전성 문제가 심각하게 제기되고 있으며 놀이로 인한 안전사고율이 높아지고 있다. 놀잇감에 환경호르몬의 배출이 기준치를 넘는 경우와 놀잇감의 파손으로 인한 안전사고가 5년 동안 2,500건이 접수되었다고 한다(YTN뉴스, 2016년 1월 26일자). 영유아들은 주변 세계나 사물에 대한 호기심이나 탐구심이 매우 높아 위험한 요인에 노출될 수 있는 가능성이 매우 높다. 블록뿐만 아니라 영유아의 놀잇감이 위해물질이 되는 사례들이 빈번하게 나타남으로 놀이에 대한 안전교육을 제공해야 한다. 놀이안전교육이란 영유아에게 안전한 놀잇감과 놀이환경을 제공하여 안전사고를 예방하고 나아가 영유아가 안전하게 놀이할 수 있는 안전에 대한 올바른 지식과 태도 및 기술을 익혀 다양한 놀이상황에서 안전수칙을 지킬 수 있도록 하는 것이다. 구체적으로 안전한 놀잇감 선택 및 올바른 사용법, 놀이규칙 준수, 비상시 대처법에 대한 인식 및 실천력, 놀이 위험 예측 및 예방법 등이 놀이안전교육의 내용에 포함되며 이러한 내용은 가능한 실제와 유사한 상황에서 경험중심으로 접근되어야 한다(김영실, 윤진주, 김정주, 2013). 따라서 영유아의 놀잇감이나 놀이환경에 안전성을 고려하는 것은 매우 중요하므로 영유아교육기관에서는 영유아에게 놀이환경이나 놀잇감으로 인한 안전사고에 관심을 가져야 한다.

특히, 실외놀이는 실내에서 경험할 수 없는 자연적 경험을 가능하게 하므로 영유아에게 좀 더 확장된 자유를 제공해 주어서 활발한 신체활동뿐만 아니라 이를 통해 긴장과 격한 감정을 해소시켜 주기 때문에 그만큼 안전한 공간으로 구성되어야 한다(신동주 외, 2015). 또한 영유아에게 실외놀이에서 안전하게 놀이할 수 있도록 다양한 놀잇감과 놀이기구에 대한 안전수칙을 아는 지식과 다른 영유아들과 실외놀이공간에서 함께 놀이할 때 안전하게 놀이하는 사회적 기술과 규칙을 알고 지켜서 타인의 안전을 고려할 줄 아는 태도를 길러 주어야 한다(김영실, 윤진주, 김정주, 2013). 영유아가 놀이 상황에서 발생할 수 있는 안전사고를 사전에 예방하고 안전하게 놀이하기 위해서는 무엇보다도 교사나 부모가 안전한 놀이환경과 놀잇감 및 안전한 시설 등을 제공하고 유지해 주어야 하며 지속적으로 놀이안전교육을 실시하는 것이 중요하다.

2) 놀이안전교육의 필요성

놀이가 삶 자체인 영유아들은 놀이상황에서 놀잇감 사용의 미숙이나 파손된 놀잇감 사용 및 놀잇감의 위험한 사용 등으로 인해 안전사고가 발생한다. 또한 영유아는 발달 특성 상 충동적이고 호기심이 많아 놀이에 대한 위험요인을 인지하지 못해 일어나는 안전사고 등이 있다. 따라서 영유아교육기관의 다양한 놀잇감 및 놀이환경은 영유아에게 사고를 일으킬 수 있는 잠재적 요인들이 될 수 있다고 볼 수 있다. 최근에는 생활 수준의 향상과 과학의 발달로 영유아 놀잇감의 종류가 다양해지고 있으며 영유아의 스포츠 활동과 관련된 인라인스케이트, 킥보드, 자전거 등의 안전사고가 높게 발생하며 사고 발생 시 상해 정도와 부위도 매우 심각한 수준으로 발생한다(구경선 외, 2013).

어린이집안전공제회(2019)에서는 2017년 어린이집에서 일어나는 안전사고에 대해 안전사고 유형별 특성과 영유아의 발달수준과의 관계를 살펴보았다. 2017년도 말 기준, 어린이집 보육 아동의 전체 인원은 1,450,243명이었으며, 이 중 남아 749,266명(51.7%), 여아 700,977명(48.3%)의 분포를 보였다. 어린이집 재원 비중이 가장 높은 연령은 2세(391,715명, 27%)였으며, 다음으로 1세(330,868명, 22.8%), 3세(236,665명, 16.3%) 순으로 나타났다. 재원아동에게 발생한 안전사고로 공제회로 보상 청구(접수)된 총 19,897건의 연령별 현황은 2세가 5,807건(29.2%)로 가장 많았고 다음으로는 5세 4,782건(24.0%)로 나타났다(표 4-1).

어린이집안전공제회(2019)에서는 어린이집에서 일어나는 안전사고에 대해 연령별 발달특성에 따른 안전사고 현황분석을 위해 각 사고별 비중 및 사고원인 등에 따라 총 6개 유형으로 분류하여 제시하였다.

안전사고별 발달적 특성을 보면 신체조절능력이 능숙하지 못하여 스스로 넘어짐/떨어짐/미끄러짐 사고(6,786건, 34.1%)나 물체에 부딪힘/사람에 부딪힘(6,098건, 30.7%) 등이 많은 비율을 나타냈으며, 신체활동이 높아지고 활동영역 및 공간이 늘어남에 따라 끼임/눌림/당김/찔림/베임/ 및 기타 사고(4,698건, 23.6%), 자기조절능력이 미약한 상황에서 또래간 의사소통이 수월하지 않아 꼬집음/할큄/물림 사고(1,559건, 7.8%)가 자주 일어나는 것을 알 수 있다(표 4-1).

표 4-1 어린이집 연령별 사고건수 및 안전사고 유형

연령별 사고건수 및 사고비율 (단위 : 건, %)

구분	계	0세	1세	2세	3세	4세	5세	6세이상
사고건수	19,897[1)]	282	1,908	5,807	3,971	2,911	4,782	224
비율	100	1.4	9.6	29.2	20.0	14.6	24.0	1.1

주 1) : 연령 미상 12건 포함

안전사고별 유형군과 사고건수 비율

구분	1군	2군	3군	4군	5군	6군(기타)
세부 사고유형	넘어짐 떨어짐 미끄러짐	물체에 부딪힘 사람에 부딪힘	꼬집음/물림/ 할큄	화상	이물질 삼킴(삽입) 및 흡입/ 음식물 섭취	끼임/눌림/할큄/ 당김/찔림/ 베임,기타
비율	6,786건 (34.1%)	6,098건 (30.7%)	1,559건 (7.8%)	379건 (1.9%)	365건 (1.8%)	4,698건 (23.6%)
0~1세	739	587	293	100	33	438
2세	1,974	1,696	684	119	71	1,263
3세 이상	4,073	3,815	582	160	261	2,997

출처: 어린이집안전공제회(2019).

영유아 놀이안전사고의 원인을 살펴보면 다음과 같다.

첫째, 영유아가 놀잇감의 올바른 사용법을 모르거나 놀이규칙에 대해 익숙하지 않아 발생할 수 있다.

둘째, 영유아 스스로 사물에 대한 호기심이나 탐구심으로 위험한 상황에서 신체를 조절하는 능력의 부족이나 위험한 상황을 판단하고 행동하는 것에 대한 미성숙으로 놀이안전사고가 발생할 수 있다.

셋째, 교사의 부주의나 안전하지 못한 놀이환경으로 인해 발생할 수 있다.

이렇듯 다양한 원인으로 영유아의 놀이안전사고가 일어날 수 있는데 이러한 안전사고는 영유아에게 신체적·정신적으로 상해를 입히게 된다. 아울러 교사에게도 많은 심리적 갈등과 정서적 어려움을 유발하게 되므로 안전사고가 일어나지 않도록 사전에 예방하는 것이 무엇보다 중요하다. 따라서 교사는 안전한 놀이 환경과 놀잇감을 제공하고 영유아

가 위험한 상황 속에서 자신을 보호할 수 있는 안전규칙을 이해하고 이를 준수할 수 있는 지식과 태도를 형성할 수 있도록 놀이안전교육을 계획하고 실행하는 것이 필요하다.

2. 놀이안전교육의 내용

놀이를 즐기는 영유아는 실·내외 환경에서 다양한 놀이 활동을 즐기지만 안전사고도 자주 발생하며 심각한 부상을 입기도 한다. 이 장에서는 하루일과의 대부분을 보내는 실내놀이와 영유아가 가장 좋아하는 놀이 공간 중의 하나인 실외놀이 안전교육에 대해 살펴보고자 한다.

1) 실내놀이 안전사고

(1) 원인

하루 일과 중 대부분을 놀이 활동으로 보내는 영유아는 실내 환경에서 가장 많은 시간을 보낸다. 따라서 영유아의 안전사고 발생 장소 중 보육실에서 안전사고가 가장 높게 나타난다는 결과는 이를 뒷받침해 준다. 특히 실내 활동 중 영유아의 자유놀이시간에 놀이안전사고가 가장 높게 나타났는데 이러한 실내환경에서의 안전사고가 일어나는 원인을 살펴보고 이를 예방할 수 있는 안전교육이 이루어져야 한다. 영유아가 실내환경, 즉 자유놀이시간에 다양한 놀잇감을 가지고 놀이하는 가운데 안전사고가 일어나는 원인과 안전수칙에 대해서 살펴보면 다음과 같다.

① 영유아의 특성

영유아의 실내놀이 안전사고의 원인 중 하나는 영유아의 특성이 사고의 원인이 된다. 이는 놀이안전사고의 결과를 분석할 때 연령별, 성별 등을 고려하여 분석하는 것을 통해 알 수 있으며 각 영유아의 특성에 따라 발생하는 사고의 유형이나 원인 등을 살펴보면 영유아의 특성에 따라 다르게 나타나는 것을 알 수 있다. 이러한 사고의 원인이 되는 영유아의 발달적 특성을 살펴보면 다음과 같다(박은혜 외, 2011).

- 영유아의 신체는 점차 균형이 잡히고 안정되어가지만, 자신의 입장에서만 상황을 판단하기 때문에 다가올 위험을 알아차리지 못한다.
- 영유아는 호기심이 많고 탐색적이며 활동 범위가 점차 넓어지기 때문에 사고를 당하기 쉽다.
- 영유아는 또래의 행동을 따라 하거나 자신의 능력을 시험하며 모험적인 행동을 즐긴다.
- 겁이 없고 충동적으로 생각하고 행동하는 영유아일수록 사고가 발생할 위험이 높은 반면, 규칙을 따르고 질서를 지키며 조심성이 많은 영유아일수록 사고가 발생할 위험이 낮다.

이러한 영유아의 발달적 특성은 안전사고의 원인이 되므로 교사는 영유아의 특성을 인지하고 사고의 원인을 파악하여 안전사고를 예방할 수 있어야 한다.

② 놀잇감의 유해성

영유아의 놀이안전사고의 원인 중 하나는 놀잇감의 형태나, 재질 및 소재의 유해성을 들 수 있다. 영유아가 사용하는 다양한 놀잇감은 손으로 조작하고 움직이면서 놀이하고 영아의 경우에는 입에 넣는 경우도 자주 일어난다. 이물질로 인한 질식사고나 유해물질로 인한 안전사고가 발생하므로 영유아에게 제공되는 놀잇감은 안전검사를 필한 제품으로 제공되어야 하며 놀잇감에 파손된 부분이 없도록 관리되어야 한다.

한국소비자원(2015b)의 통계에 따르면 최근 4년 10개월간 접수된 완구관련 위해사례는 총 2,582건으로 매년 다발하고 있는 실정으로 보고하고 있는데 어린이제품안전특별법(2015.6.4.시행)에서 어린이 완구는 '안전확인대상 어린이제품'으로 분류되며, 유해물질 안전요건과 물리적 안전요건을 준수하도록 규정하고 있다. 따라서 영유아교육기관에서는 이러한 안전요건을 갖춘 안전한 놀잇감을 제공해 주어야 한다.

어린이제품 안전 특별법

- (구분) 교구는 완구의 일종으로 교육용 완구에 해당하여 '안전확인대상' 어린이제품으로 관리됨. (어린이제품안전특별법 제2조제11호 및 같은 법 시행규칙 제2조제2항 별표 2)
  - 교육용 완구의 구분 기준이 명확하지 않고 실제 미술공예 완구, 학습완구, 퍼즐 완구, 봉제인형, 기능성 완구, 역할놀이 완구, 악기완구 등도 교구에 포함되어 공급되고 있음.
    - ＊ 교육용 완구(교구): 교육을 주된 목적으로 제작 설계된 완구류로 학습 완구, 기능성 완구, 미술공예완구를 제외한 교구용 완구(자율확인 안전기준 부속서6 완구 분류)
    - ＊ 어린이제품 안전특별법 시행(2015.6.4.) 전에는 품질경영 및 공산품안전관리법에 따라 자율안전확인 대상 공산품으로 관리됨.
- (안전검사 및 신고)교구 제조업자 및 수입업자는 모델별로 지정된 시험·검사기관으로부터 안전성에 대한 시험·검사를 받아 해당 제품이 안전기준에 적합한 것임을 확인한 후, 산업통상자원부장관에게 신고하여야 함. (어린이제품 안전 특별법 제22조제1항 전단 및 같은 법 시행규칙 제29조제1항)
- (안전확인 표시)교구 제조업자 또는 수입업자는 도형 또는 기호를 이용하여 소비자가 쉽게 알 수 있도록 안전확인의 표시를 하여야 함.
- (연령에 따른 판매)어린이제품은 삼킴, 빨기 등 영유아 행동 특성상 사용자의 연령에 따라 안전 위험도가 달라지므로 제품에 따라 사용연령을 정하여 판매하도록 하고 있음. (어린이제품 안전 특별법 제29조 및 제43조)

어린이제품 판매업자는 해당 어린이제품을 사용할 수 있는 어린이의 연령을 안전기준에서 정하고 있는 경우에는 그 기준에 맞지 아니하는 어린이에게 해당 안전관리대상 어린이제품을 판매하여서는 아니된다.

- (안전기준) 교구 관련 안전기준은 어린이제품 공통안전기준(산업통상자원부고시 제2015-0110호)과 안전확인 안전기준 부속서 6 완구에 따름.
  - 유해물질 안전기준 : 중금속, 프탈레이트 가소제 등

교구 안전기준 : 유해물질

항목		적용 대상		기준치
유해 화학 물질	납(Pb)	총 함유량		300 mg/kg 이하
	카드뮴(Cd)	총 함유량		75 mg/kg 이하
	프탈레이트	유아가 입에 넣을 수 있도록 의도된 완구가 아닌 경우		DEHP, DBP, BBP -함유 중량 0.1% 이하
		유아가 입에 넣을 수 있도록 의도된 완구(치발기, 딸랑이, 삑삑이 등)		DEHP, DBP, BBP, DNOP, DINP, DIDP -함유 중량 0.1% 이하
유기화학물질 (폼알데하이드)		3세 미만 어린이 사용 완구	섬유 부분	30 mg/kg 이하
			종이 부분	30 mg/kg 이하
			수지 접착 나무 부분	80 mg/kg 이하

- 물리적 안전기준 : 작은 부품, 날카로운 끝, 도막강도 등

[교구 안전기준 : 물리적 안전]

항목	기준치
작은 부품	• 36개월 미만의 어린이제품 및 분리 가능 부품은 작은 부품 실린더 안에 완전히 들어가서는 안 됨. • 36개월 이상의 어린이제품 및 분리가능 부품은 작은 부품 실린더 안에 완전히 들어가면 경고표시를 해야 함. • 완구의 분리가능 부품뿐만 아니라 합리적으로 예견할 수 있는 오용 시험에 따라 시험한 후에 분리된 부품도 해당
날카로운 끝	• 96개월 미만의 어린이용 완구의 접근할 수 있는 끝에 대하여 '날카로운 끝 시험'에 따라 시험했을 때 위해한 날카로운 끝이 없어야 함. *위해한 날카로운 끝(hazardous sharp point)이란 정상 사용 및 합리적으로 예견할 수 있는 오용으로 인해 불합리한 상해의 위험이 있는 완구의 접근할 수 있는 끝을 말함.
도막 강도	• 플라스틱 및 나무부분은 채색 또는 그림부에 젖은 면포로 가볍게 마찰했을 때 도료가 벗겨지든가 면포가 착색되면 안 됨.

*합리적으로 예견할 수 있는 오용 시험:96개월 미만의 어린이들이 사용하는 완구의 경우 정상 사용뿐만 아니라 충분히 예견할 수 있는 오용에 의한 손상이 발생할 수 있는 상황을 가정하여 '낙하, 비틀림, 인장, 충격 시험' 등을 통하여 안전기준 충족 여부를 확인함.

출처: 소비자안전국(2015).

③ 안전성이 확보되지 않은 놀이 환경

실내놀이에서 안전사고가 발생하는 원인 중 하나는 안전하지 않은 실내환경을 제공하는 것이다. 〈표 4-1〉에서 제시하고 있는 것처럼 어린이집에서 발생한 사고 유형은 '넘어짐, 떨어짐, 미끄러짐'(6,786건, 34.1%)과 '물체나 사람에 부딪힘'(6,098건, 30.7%)이 가장 많이 나타났고, '꼬집음, 물림,할퀴'(1,559건, 7.8%)등의 사고도 빈번히 나타남을 알 수 있다. 이는 영유아에게 안전성이 확보되지 않은 놀이 환경에서 발생되는 현상이라고 볼 수 있다.

안전성이 확보되지 않은 실내 놀이환경을 살펴보면 다음과 같다.

- 영유아의 실내놀이 환경의 바닥이 미끄럽다.
- 영유아가 이동하는 데 방해가 되도록 책상이나 교구장이 배치되어 있다.
- 영유아의 신체크기에 맞지 않는 교구장이 배치되어 있다.
- 영유아의 연령이나 발달에 적합한 놀잇감의 수를 충분하게 제공하지 않는다.
- 교구장이나 책상의 모서리에 모서리 보호대가 설치되어 있지 않다.
- 위험한 장소에 교재교구가 배치되어 있다.

영유아는 위험한 환경요인을 인지하고 대응하는 능력이나 자신의 신체를 조절하고 균형을 잡는 것에 미숙함을 보이므로 안전사고 예방을 위해서 교사는 안전한 실내놀이환경을 제공해 주어야 한다. 이를 위해 교사가 숙지해야 할 안전수칙을 살펴보면 다음과 같다.

- 교실의 놀잇감은 매일 정기점검을 하고 파손된 놀잇감은 즉시 수리하거나 폐기한다.
- 놀잇감을 정기적으로 소독하여 관리한다.
- 교구장의 놀잇감은 무거운 것은 아래 칸에 가벼운 것은 위에 배치될 수 있도록 한다.
- 교구장의 모서리에 모서리 보호대를 설치한다.
- 블라인드선이나 전기선이 늘어져 있지 않도록 처리한다.
- 교구와 교구장은 영유아의 이동거리를 확보하여 배치한다.
- 놀이유형에 따라 카펫 등을 이용하여 미끄러짐을 방지한다.

표 4-2 보육실 시설설비 · 놀잇감 안전점검표

	점검 내용	/	/	/	/	/
보육실 안전관리	1. 의자나 책상 등의 설비 중 부서지거나 날카로운 부분이 없고 못이나 부품 등이 빠져 나와 있지 않다.					
	2. 문이 부드럽게 열리고 닫히며 손끼임 방지장치가 있다.					
	3. 벽면에 돌출된 부위가 없다.					
	4. 비가 올 때 천장이나 벽에서 누수되는 곳이 없다.					
	5. 깨진 유리창이 없고 창틀에 파손된 부분이 없다.					
	6. 교구장, 수납장, 벽의 선풍기, 창문, 형광등, 게시판 등이 흔들리지 않는다.					
	7. 교구장, 수납장 등은 안전을 위해 아래쪽에 무거운 물건을 보관하고, 선반에는 물건이 떨어지지 않도록 지지대를 설치한다.					
	8. 바닥이 미끄럽거나 돌출된 부분이 없고 압핀이나 못 등이 떨어져 있지 않다.					
	9. 창문에 안전장치와 방충망이 되어 있다.					
	10. 손상된 전선이 없다.					
	11. 콘센트에 안전뚜껑이 덮여 있다.					
	12. 약품이나 교사용 가위, 세척제 등의 위험한 물건은 영유아의 손이 닿지 않는 곳에 보관되어 있다.					
	13. 칠판 · 융판 등이 견고하게 부착되어 있다.					
놀잇감 안전관리	1. 망가져 날카롭고 위험한 놀잇감이 없다.					
	2. 놀잇감이 부서지거나 날카로운 모서리가 없다.					
	3. 놀잇감에 유해색소가 칠해져 있거나 칠이 벗겨져 있는 부분이 없다.					
	4. 영아가 삼킬 만한 작은 놀잇감 · 부품이 없다.					
	5. 움직이는 놀잇감의 바닥에는 충격을 흡수할 수 있는 매트 등을 깔아 두었다.					
	6. 뾰족한 모서리나 날카로운 부분, 깨진 부분이 있는 놀잇감이 없으며, 칠이 벗겨져 있거나 나사가 헐거운 놀잇감이 없다.					
	7. 놀잇감 및 놀이기구의 수납 상태는 양호하다.					
	8. 영유아가 삼킬 만한 작은 놀잇감(3.5cm 이내)이 없다.					

출처: 중앙육아종합지원센터.

(2) 놀잇감 사용의 안전수칙

실내놀이 안전사고는 영유아가 놀잇감을 올바르게 사용하지 않아 발생되기도 한다. 놀잇감을 입에 삼키거나 던지기 등으로 안전사고가 발생하기도 하고 놀잇감의 사용법을 제대로 알지 못하거나 올바르지 않은 방법으로 사용함으로 안전사고가 일어날 수 있다. 따라서 교사는 영유아가 놀잇감을 올바른 방법으로 사용할 수 있는 안전수칙을 지속적이고 반복적으로 교육해야 한다. 놀잇감 사용의 안전수칙을 살펴보면 다음과 같다.

- 놀잇감을 입에 넣지 않는다.
- 놀잇감을 던지지 않는다.
- 놀잇감을 사용할 때 올바른 사용방법을 알고 사용한다.
- 놀잇감 사용 후 바르게 정리한다.
- 놀잇감을 정해진 장소에서 사용한다.

안전한 실내놀이를 위해 영유아가 안전한 장소에서 놀이하고 실내에서 가지고 놀이하는 놀잇감을 안전하게 사용하는데 필요한 지식과 기술 및 태도를 기르는 데 목표를 두고 안전교육이 이루어지기 위해 먼저 교사가 안전한 놀이지도를 위해 놀잇감 선택 시 알고 있으면 도움이 되는 사항은 다음과 같다(정정옥, 임미혜, 2012)

- 영유아를 위한 놀잇감 선택의 첫 번째 기준은 안전이다. 따라서 놀잇감 구입 시 '안전' 마크나 '검' 마크가 있는지 반드시 확인한다.
- 사용 설명서나 겉포장 등에 적혀 있는 표시사항(제품명, 모델명, 제조연년월, 제조사명, 수입품일 경우 수입자명, 주소 및 전화번호, 안전표시, 사용연령, 크기 및 한계체중, 제조국 등)을 확인한다.
- 발달수준에 적절한지 생각한다.
- 유해성이 허용치 이하인지 확인한다.
- 영아에게 제공하는 놀잇감은 질식사 예방을 위해 놀잇감의 지름이 3.5cm 이상의 크기인지 확인한다.
- 모서리가 날카롭지 않은지 확인한다.

- 건전지를 이용한 놀잇감 구입은 자제한다.
- 놀잇감 소개 시 또는 사용 전에 안전 관련 주의사항을 알려준다.

2) 실외놀이 안전사고

영유아가 많은 시간 실내환경에서 생활하지만 영유아의 건강과 신체발달을 도와주는 실외놀이는 영유아가 가장 좋아하는 활동 중의 하나이며 영유아의 신체발달뿐만 아니라 사회, 인지, 정서, 언어발달을 도와 전인발달을 위해 꼭 필요한 반면, 안전사고가 자주 발생하기도 한다. 따라서 영유아에게 자주 발생하는 실외놀이 안전사고의 현황을 살펴봄으로써 실외놀이 안전사고의 특성을 파악하고 영유아를 위한 안전한 실외놀이에 대한 안전교육을 계획하고 지속적으로 실행하는 것이 필요하다.

(1) 현황

영유아에게 자주 발생하는 실외놀이 안전사고의 현황을 살펴봄으로써 실외놀이의 안전사고 특성을 파악하는 것이 중요하다. 따라서 교사는 영유아의 실외놀이 안전사고의 원인이나 유형, 사고 형태 등을 분석하여 영유아의 실외놀이를 안전하게 관리하는 것이 필요하다. 이를 위해 행정안전부(2019)에서 2018년 어린이 실외놀이시설 안전사고 분석 결과를 참고하여 실외놀이 안전사고의 특성을 살펴보면 다음과 같다.

① 성별

전체 부상자 중 활동량이 많은 남자 어린이가 56.1%로 여자 어린이 43.9%보다 사고 비율이 약 1.3배 높게 나타났다.

구분	부상자 수	비율
계	294	100.0
남자	165	56.1
여자	129	43.9

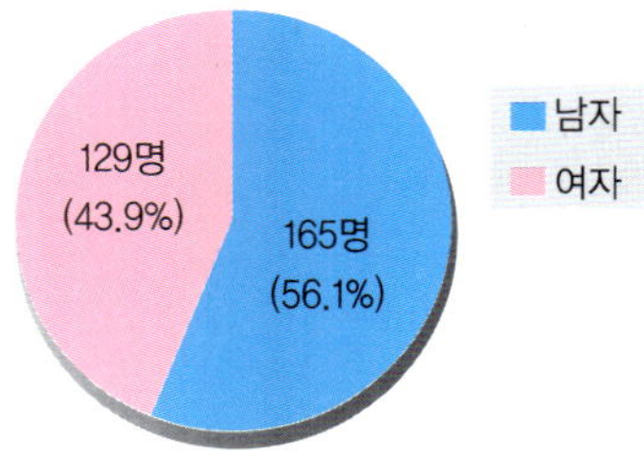

성별 사고 현황

② 연령별

취학 전(0~6세)과 학령기(만 7~14세)로 나눌 때 운동량이 많은 학령기 어린이가 79.6%로 취학 전 어린이 19.4%보다 약 4.1배 높은 것으로 나타났다.

구분	부상자 수	비율
계	294	100.0
1~6세(취학 전)	57	19.4
7~14세(학령기)	234	79.6
15세 이상	3	1.0

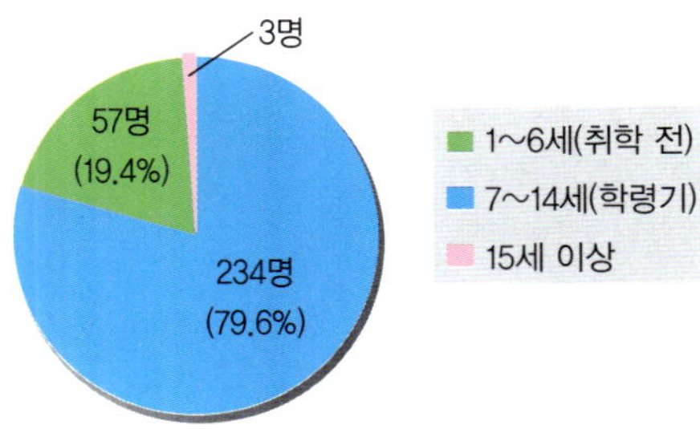

연령대별 사고 현황

③ 놀이기구별

놀이시설에 설치된 놀이기구별 사고 건수는 조합놀이대가 101건(35.3%)으로 가장 많았으며, 다음으로는 건너는 기구 61건(21.3%), 오르는 기구 41건(14.3%), 그네 25건(8.7%), 흔들놀이기구 23건(8.0%), 미끄럼틀 16건(5.6%) 순이었으며, 그 외 바닥재로 인한 사고도 9건(3.1%)으로 나타났다.

설치된 놀이기구 수 대비 사고가 가장 많이 발생한 기구는 건너는 기구(1.25%)와 공중 놀이기구(1.23%) 순으로 조사되었다.

구분	흔들 놀이기구	조합 놀이대	그네	오르는 기구	미끄럼틀	건너는 기구	기타 놀이기구	물놀이 기구	회전 놀이기구	공중 놀이기구	바닥재
개수	135,259	65,485	30,926	15,599	5,639	5,534	7,552	1,650	2,382	244	79,428
사고 건수	23	101	25	41	16	61	3	3	1	3	9
전체 사고 건수 대비	8.0	35.3	8.7	14.3	5.6	21.3	1.0	1.0	0.3	1.0	3.1
개수 대비	0.02	0.15	0.08	0.26	0.28	1.25	0.04	0.18	0.04	1.23	0.01

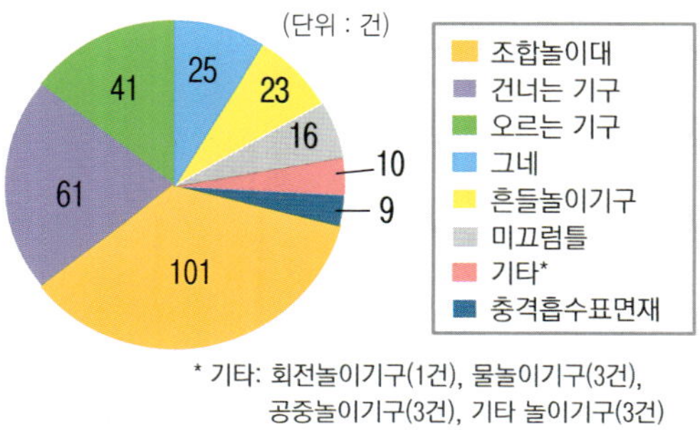

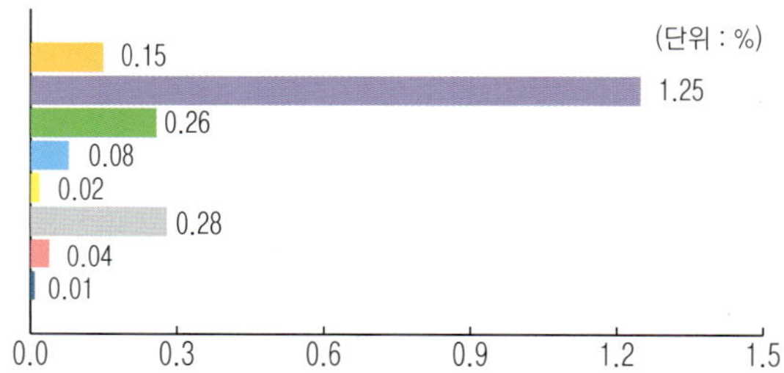

놀이기구별 사고 현황

④ 사고 형태별

사고 형태로는 추락이 74.1%으로 가장 높았고, 충돌 11.2%, 넘어짐 9.1%, 접질림 2.1%, 미끄러짐 1.7%, 얽매임 1.0%, 긁힘/찔림 0.3%, 기타 0.3% 등의 순으로 나타났다.

사고 유형	사고 건수	비율
계	286	100.0
추락	212	74.1
충돌	32	11.2
넘어짐	26	9.1
접질림	6	2.1
미끄러짐	5	1.7
얽매임	3	1.0
긁힘/찔림	1	0.3
기타	1	0.3

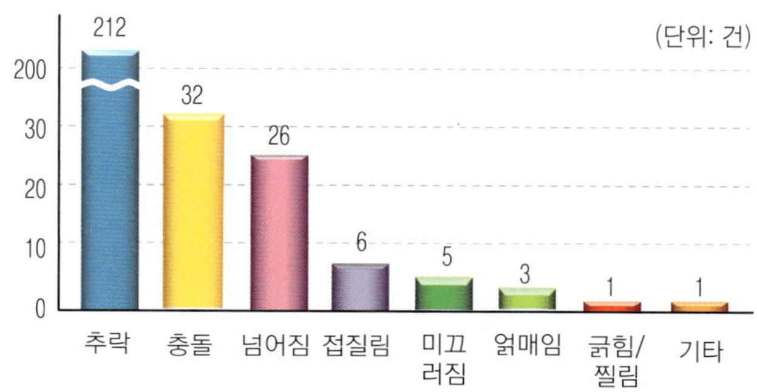

사고 형태별 사고 현황

⑤ 손상부위별

부상자의 손상 부위를 보면, 팔/손 부위가 57.5%로 가장 높은 비율을 보였으며, 그다음으로 다리/발 부위 12.4%, 얼굴 부위가 7.5% 등의 순으로 나타났다.

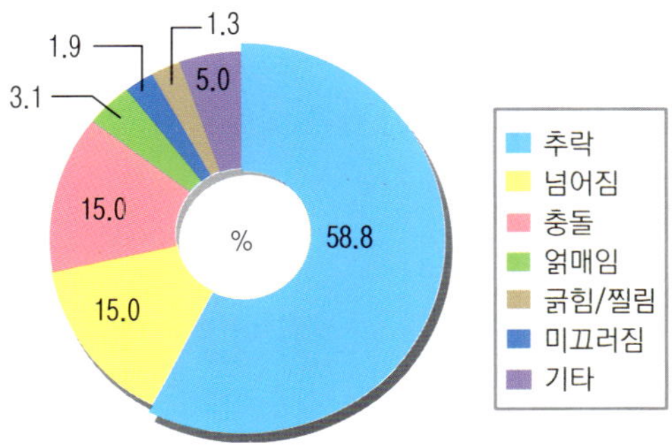

사고 형태별 사고 현황

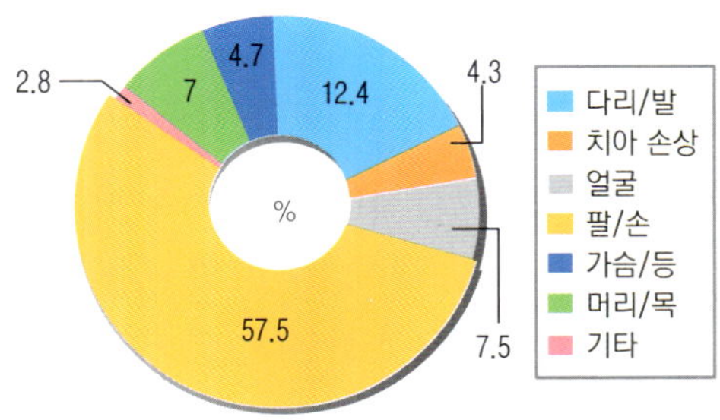

손상부위별 사고 현황

(2) 원인 및 필요성

영유아는 실외놀이를 통해 자신의 신체를 마음껏 움직이고 다양한 놀이기구 및 실외환경과의 상호작용을 통해 건전한 발달을 이루어 간다. 확 트인 공간에서 신체의 다양한 움직임은 긴장이나 스트레스를 해소시켜 줄 뿐만 아니라 또래와의 역동적인 상호작용을 통한 사회성발달을 도와주며 다양한 상호작용을 통한 언어발달 등 전인적 발달을 돕는 의미를 가진다. 그러나 실외놀이는 다양한 신체움직임과 놀이기구를 이용하면서 이로 인한 안전사고의 위험이 크고 해마다 실외놀이에서의 안전사고 발생률도 늘어가고 있다. 실외놀이에서 발생하는 안전사고의 원인을 살펴보면 다음과 같다.

① 영유아의 특성

실내놀이에서와 마찬가지로 영유아의 발달적 특성은 실외놀이에서도 안전사고의 원인이 되는데 구체적인 특성을 보면 다음과 같다.

- 인지발달의 미성숙으로 사고의 위험을 인지하지 못하고 충동적으로 행동한다.
- 주변 환경에 대한 호기심과 탐구해 보고 싶은 충동성이 강하다.

- 대근육활동의 발달로 다양한 놀이기구를 적극적으로 이용한다.
- 아직 신체 중심이 머리에 있어 신체균형을 잃기가 쉽고 신체조절 능력이 미숙하다.
- 확 트인 실외공간으로 나가면 규칙이나 교사 지시보다는 활동적인 행동이 먼저 시작된다.

② 부적절한 실외놀이기구 이용

다양한 실외놀이기구는 각 기구의 특성에 따라 안전하게 사용하는 사용법이 있음에도 불구하고 영유아는 이를 지키지 못하는 충동적 행동이 실외놀이 안전사고의 원인이 되는데 구체적인 예를 들어 살펴보면 다음과 같다.

- 그네에서 떨어질 위험이 많은데 그네 줄을 잡지 않고 타거나, 내릴 때 뛰어내리는 행동은 사고의 원인이 되며, 충분한 안전거리 확보가 되지 않는 경우 그네의 앞 뒤 지나가는 영유아와 부딪히는 사고가 발생한다.
- 시소는 타는 도중 갑자기 반대편의 영유아가 내리는 충격으로 사고가 발생하거나 시소의 손잡이를 잡지 않는 경우 추락하는 사고 원인이 된다.
- 미끄럼틀에서는 내려오는 쪽으로 올라가는 것은 내려오는 사람과 부딪히거나, 미끄러지는 사고의 원인이 되며, 바닥에 안전매트를 설치하지 않는 것도 사고의 원인이 된다.
- 회전기구에서는 돌고 있는 회전기구를 타거나 내리는 행동이 사고의 원인이 되며 회전기구를 너무 세게 돌리는 경우에 손잡이를 잡지 않는 것도 넘어지는 사고원인이 된다.
- 오르는 기구에 손잡이를 바르게 잡지 않아 추락하거나 밑에 있는 사람을 보지 않고 위에 올라간 사람이 발을 차는 행동 등이 사고의 원인이 된다.
- 자전거나 킥보드 같은 바퀴 있는 놀이기구를 탈 때 정해진 장소나 길 이외에서 타는 것은 충돌이나 넘어짐의 원인이 되고 보호장구를 하지 않는 것도 심한 부상의 원인이 된다.

③ 실외놀이기구의 관리 소홀

영유아가 사용하는 실외놀이터의 다양한 기구에 대해 정기적인 점검을 통해 안전한 관리가 이루어져야 함에도 교사나 성인의 관리 소홀로 안전사고를 일으키기도 한다. 실외놀이기구는 볼트나 너트 등을 이용하여 조립된 부분이 많이 있는데 영유아가 사용하다보면 이러한 볼트와 너트가 풀려서 사고의 원인이 되기도 한다. 또한 파손된 부분이나 날카로운 부분들을 방치하여 사고로 이어지기도 하므로 실외놀이기구의 점검과 관리를 철저히 하여 안전사고를 예방하여야 한다.

표 4-3 어린이 놀이시설 안전점검사항 및 점검주기

구분	점검사항	점검주기	
		권고	의무
부대 시설	울타리, 의자, 가로등의 고장 또는 파손	매일	월간
	화장실의 파손 및 청결한 상태	매일	월간
	식수대, 쓰레기 처리대의 파손 및 청결	매일	월간
	놀이터 표지판의 파손 및 내용물 지워짐	1주	월간
놀이터 공통 사항	모든 놀이기구 및 시설의 낙후, 휘어짐	1주	월간
	움직임이 많은 영역에 밧줄이나 전선의 늘어짐	매일	월간
	놀이터내에 전기, 고압선, 유독물질, 유리조각, 돌부리 등의 위험물질 존재	매일	월간
	유실모래의 보충	2주	월간
	놀이터의 배수, 쓰레기 및 입구 주차 상태	매일	월간
	기둥의 고정 및 조임장치의 조임 상태	매일	월간
	기구 및 베어링의 윤활	매일	월간
	기구 및 시설의 도장 상태	2주	월간
그네	그네고리(S 훅)의 풀림 및 파손	매일	월간
	그네 좌석판의 파손	매일	월간
	그네 회동구 베어링의 윤활유 주입상태	매일	월간
	그네줄의 꼬임	매일	월간
	그네 체인 모양 변형	1주	월간
	그네 줄의 균형 상태	매일	월간
	그네 추락지대까지 바닥재의 충분상태, 추락 시 상해 가능 장애물의 존재	매일	월간
	신체 부위가 낄 수 있는 틈새의 존재	매일	월간
	금속재질의 녹 발생 상태	1주	월간
	금이 간 곳의 존재	매일	월간

구분	점검사항	점검주기	
		권고	의무
	페인트 칠이 벗겨짐	2주	월간
	돌출부나 거친면의 존재	1주	월간
	볼트나 나사가 풀림 상태	1주	월간
미끄럼틀	미끄럼틀 보호벽(난간)의 파손	1주	월간
	미끄럼틀 계단의 파손	1주	월간
	미끄럼틀 활주판의 요철 및 파손	1주	월간
	착지판의 흙 및 물의 존재	1주	월간
	신체 부위가 낄 수 있는 틈새의 존재	매일	월간
	녹슨 부분은 없는가	매일	월간
	금이 간 곳은 없는가	매일	월간
	페인트 칠이 벗겨진 곳은 없는가	2주	월간
	돌출부나 거친 면은 없는가	1주	월간
	볼트나 나사가 풀리지 않았는가	매일	월간
흔들 놀이 기구	시소의 무게 균형의 정확성(각도가 기준치의 초과)	매일	월간
	충격완화용 타이어의 파손	1주	월간
	지지대와 시소판의 연결 부위 원활성 및 회전성	1주	월간
	시소가 좌우로 흔들림	1주	월간
	손잡이가 흔들림	1주	월간
	신체부위(손, 발, 머리)가 낄 수 있는 틈새	매일	월간
	금속부분의 녹슴, 목재 부분의 부식	1주	월간
	기구의 금이 간 곳	매일	월간
	페인트 칠이 벗겨짐	2주	월간
	돌출부가 거칠음	매일	월간
	볼트나 너트 등의 나사 풀림	매일	월간
회전 놀이 기구	회전상태(베어링 상태)	2주	월간
	손잡이의 파손	매일	월간
	회전판이 정상 기준에서의 기울어짐이나 흔들림	1주	월간
	회전축의 강도	1주	월간
	손잡이가 흔들림	1주	월간
	신체부위(손, 발, 머리)가 낄 수 있는 틈새	매일	월간

구분	점검사항	점검주기	
		권고	의무
	금속 부분의 녹슴, 목재 부분의 부식	1주	월간
	금이 간 곳은 없는가	매일	월간
	페인트 칠이 벗겨짐	2주	월간
	돌출부가 거칠음	1주	월간
	볼트나 너트 등의 나사 풀림	매일	월간
정글짐·건너는 기구	파이프가 휘어짐	1주	월간
	하강지역에 모래 높이 및 양의 적정성	매일	월간
	금속부분의 녹슴	1주	월간
	금이 간 곳은 없는가	매일	월간
	페인트 칠이 벗겨짐	2주	월간
	돌출부가 거칠음	1주	월간
	볼트나 너트 등의 나사 풀림	매일	월간
오르는 기구	그물망(체인, 타이어) 사이의 연결 부위 고정성	매일	월간
	손잡이(파이트, 체인, 타이어)의 파손(갈라짐, 휘어짐, 엉킴, 벗겨짐)	매일	월간
	지지대가 느슨해져는지 여부	매일	월간
	신체 부위(손, 발, 머리)가 낄 수 있는 틈새	매일	월간
	금속 부분의 녹슴, 목재 부분의 부식	1주	월간
	금이 간 곳의 존재	매일	월간
	페인트 칠이 벗겨짐	2주	월간
	돌출부가 거칠음	1주	월간
	볼트나 너트 등의 나사 풀림	매일	월간
매달리는 기구·공중놀이 기구	손잡이 파이프(혹은 링)가 파손(갈라짐, 휘어짐)	1주	월간
	신체부위(손, 발 머리)가 낄 수 있는 틈새	매일	월간
	금속부분의 녹슴, 목재부분의 부식	1주	월간
	금이 간 곳의 존재	매일	월간
	페인트 칠이 벗겨짐	2주	월간
	돌출부가 거칠음	1주	월간
	볼트나 너트 등의 나사 풀림	매일	월간

구분	점검사항	점검주기	
		권고	의무
물이용 놀이 기구	급.배수 상태(물 공급 노즐, 오버플로우, 배수구 등)	매일	월간
	매달려 있는 구동구조물 상태(베어링, 이중안전장치 등)	2주	월간
	미끄럼방지 조치 상태(테이프, 매트 등)	1주	월간
	수질오염 상태(부유물질 등)	매일	월간
	기초부, 연결부 등의 물고임 및 부식 상태	매일	월간

출처: 행정안전부 어린이 안전놀이기구 시스템(https://www.cpf.go.kr/front/sub04/sub0402.do)

(3) 안전수칙

영유아의 실외놀이 안전사고를 예방하기 위해 놀이기구에 대한 올바른 안전수칙을 알고 실천하는 일이 중요한다. 실외놀이에 대한 안전교육은 놀이기구의 안전한 이용방법과 안전수칙, 실외놀이 환경에서의 안전한 행동, 안전사고 예방을 위한 안전규칙, 자신과 타인의 안전을 위한 올바른 행동 및 구체적인 지식 습득 등을 계획하여 지속적으로 교육할 필요가 있다. 또한 실외놀이 환경에는 다양한 시설 및 설비 등이 있는데 이들에 관한 안전관리가 소홀하여 사고 발생의 원인이 되기도 하므로 교사는 실외시설물에 대한 안전점검을 일상생활 속에서 지속적으로 실시하여야 한다.

영유아는 실외놀이 시 다양한 놀이기구를 사용하여 놀이하는데 영유아가 사용하는 놀이기구는 어린이가 놀이를 위하여 사용할 수 있도록 제조된 것으로 어린이제품 안전 특별법 제2조 제9호에 따른 안전인증 대상 어린이제품으로 놀이기구 종류는 그네, 미끄럼틀, 공중 놀이기구, 회전 놀이기구(뺑뺑이, 회전목마 등), 흔들놀이기구(시소 등), 정글짐, 구름다리 등이다. 일반적인 어린이 놀이기구의 유형 및 분류기준을 보면 〈표 4-4〉와 같다.

표 4-4 어린이 놀이기구 유형 및 분류기준

유형	분류기준
그네	하중 지지대에 매달려 있는 좌석·받침판이 앞뒤·좌우 등으로 움직이도록 설계될 것
미끄럼틀	경사면을 가진 구조물로서 이용자가 규정된 트랙 내에서 미끄러져 내려갈 수 있도록 설계될 것
정글짐	통나무·파이프·타이어 등으로 구성된 육면체, 둥근 지붕 또는 탑 모양의 구조물로서 자유롭게 매달릴 수 있도록 설계될 것
공중놀이기구	손잡이를 잡고 매달리거나 공중에 매달려 있는 좌석에 앉아서 케이블을 따라 이동할 수 있도록 설계될 것
회전놀이기구	한 개 이상의 좌석·받침판·손잡이가 설치되어 축을 중심으로 회전하도록 설계될 것
흔들놀이기구	아랫부분의 구성체가 좌석이나 자리를 지지하는 형태로서 이용자가 그 좌석이나 자리에서 그 놀이기구를 직접 움직일 수 있도록 설계될 것
오르는 기구	봉·로프·그물 등으로 이루어진 구조물로서 손으로 붙잡고 오르내리도록 설계될 것
건너는 기구	일어서거나 기거나 매달려서 앞뒤· 좌우로 이동할 수 있도록 설계될 것
조합놀이대	위의 놀이기구 종 두 가지 이상의 놀이기구가 결합된 형태일 것
충격흡수용 표면제	어린이가 안전하게 놀 수 있도록 하기 위하여 충격을 흡수할 수 있는 재료가 사용될 것
기타놀이기구	상기 유형 이외의 놀이기구로서 어린이가 놀이에 이용할 수 있도록 설계될 것

출처: 행정안전부 어린이 안전놀이기구 시스템(https://www.cpf.go.kr/front/sub04/sub0402.do)

영유아는 실외놀이 시 다양한 놀이기구를 이용해 놀이하면서도 신체발달상 균형감각의 미숙이나 위험요인에 대한 인지능력의 부족으로 안전사고가 발생하게 되므로 이를 예방하고 안전하게 놀이하기 위해서 기구별 안전수칙을 알고 지켜야 한다. 따라서 영유아가 평소 놀이기구에 대한 안전수칙을 지킬 수 있도록 지속적으로 지도하여야 하며 안전수칙의 내용을 구체적으로 살펴보면 다음과 같다.

① 그네

그네는 앞으로 흔들기, 높이 올라가기 및 빨리 흔들기 등 움직임을 주로 하는 시설물로 사용되는 재료에 따라 나무 그네, 타이어 그네, 철제 그네 등이 있으며, 형태도 외줄 그네, 베니형 그네 등이 있다. 따라서 그네는 유아들의 손과 어깨, 팔과 근육을 발달시키며, 신체 평형감각과 리듬감각을 길러 주며

전신운동을 도와준다(이기숙, 장영희, 정미라, 윤선화, 2011). 하지만 영유아들은 그네에서 떨어지거나, 그네와 부딪히는 사고가 발생하는 경우가 많다.

영유아가 그네를 사용할 때 지켜야 할 안전수칙은 다음과 같다.

그네 사용 시 지켜야 할 안전수칙

√ 그네를 타고 있는 유아가 완전히 정지한 다음 차례를 지켜 바꿔 탄다.
√ 한 사람씩 탄다.
√ 그네의 중앙에 앉아 탄다.
√ 양손으로 그네 줄을 안전하게 잡는다.
√ 그네 줄이 꼬이지 않도록 한다.
√ 그네를 탈 때 배를 깔고 타거나, 한발로 타기, 일어서서 타기 등을 하지 않는다.
√ 그네 주변에 안전거리가 확보된 상태에서 탄다.
√ 그네 주변으로 다닐 땐 그네와 떨어져 안전선 밖으로 다닌다.
√ 그네를 타다가 뛰어내리지 않고 서서히 그네가 완전히 멈춘 뒤 내린다.

② 시소

시소는 양쪽에 마주보고 올라가고 내려오는 움직임을 반복하면서 균형감을 경험하는 놀이기구이다. 2인 이상 함께 이용하는 놀이기구로 양쪽의 균형을 유지하면서 놀이한다. 시소는 타고 내리는 과정, 바닥의 충격 등으로 인한 사고에 유의하여야 한다. 시소를 안전하게 이용하기 위한 안전수칙을 살펴보면 다음과 같다.

시소 사용 시 지켜야 할 안전수칙

√ 함께 타는 사람과 마주보고 탄다.
√ 시소의 손잡이를 꼭 잡고 탄다.
√ 시소 위에 올라서서 타지 않도록 한다.
√ 내릴 때 상대방에게 내릴 것을 말하고 조심하여 내린다. 갑자기 내리면 상대방이 위험한 상황에서 시소가 땅에 닿을 수 있다.
√ 시소에서 내릴 때 발을 시소 밑에 두지 않도록 한다.

③ 미끄럼틀

미끄럼틀은 경사진 판에 미끄러져 내려오는 놀이기구로 속도감이나 평형감각을 길러 준다. 주로 직선형 미끄럼틀을 많이 이용하지만 최근에는 바닥을 곡선으로 처리하거나 원통형으로 만들어진 것도 있다. 미끄럼틀은 내려와 닿는 곳에 충격 흡수를 할 수 있는 바닥재를 설치하여야 한다. 미끄럼틀에서의 사고는 대부분 추락사고가 많은데 손잡이를 잡지 않거나, 거꾸로 올라가거나, 엉덩이로 타지 않고 서서 내려올 때 많이 일어난다.

영유아가 미끄럼틀을 사용할 때 지켜야 할 안전수칙은 다음과 같다.

미끄럼틀 사용 시 지켜야 할 안전수칙

√ 미끄럼틀에 올라갈 때는 양쪽의 손잡이 잡고 한 계단씩 올라간다.
√ 엎드려 타거나 서서 타지 않고 앉아서 탄다.
√ 앞 사람을 밀지 않고 차례를 지켜 탄다.
√ 미끄럼틀의 양쪽 손잡이 꼭 잡고 탄다.
√ 미끄럼틀을 내려올 때 앞에 사람이 없는지 확인하고 내려온다.
√ 내려와서는 뒤에 사람과 부딪히지 않도록 빨리 일어나 자리를 비켜준다.
√ 내려오는 쪽으로 올라가지 않고 반드시 계단을 이용해서 올라간다.

④ 오르기 기구

오르기 기구는 영유아가 높은 곳에 올라가는 놀이를 즐길 수 있는 놀이기구로 영유아의 팔 다리 근육을 길러주며 평형감각을 길러주는 기구이다. 자유롭게 올라가고 매달리기도 하는 오르기 기구는 추락의 위험이 있기 때문에 바닥은 충격 흡수 바닥재를 설치하여야 하며, 날카로운 부분이 없이

매끄럽고 안전한 재료를 사용하여야 한다. 특히 영유아의 손으로 쥘 수 있는 크기여야 한다.

영유아가 오르기 기구를 사용할 때 지켜야 할 안전수칙은 다음과 같다.

오르기 기구 사용 시 지켜야 할 안전수칙

√ 가로대를 양손으로 정확히 잡고 올라간다.

√ 다른 사람과 같은 방향으로 올라가며 다른 사람이 내려오는 방향으로 올라가지 않는다.

√ 내려올 때는 아래를 살펴보면서 내려온다.

√ 위에 있는 사람의 발을 잡거나 흔들지 않는다.

√ 매달려서 다리를 흔들거리지 않는다.

√ 기구가 젖어있을 때는 사용하지 않는다.

⑤ 회전놀이기구

회전놀이기구의 회전판은 구조물과 연결되어 있거나 기동성을 위해 구조물에 부착되어 있어야 한다. 회전놀이 시설은 움직이는 과정에서 사고가 발생할 수 있으므로 움직이는 동안에 내리거나 타지 않지 않은 등 다음과 같은 안전수칙을 잘 지켜야 한다.

회전놀이기구의 안전수칙은 다음과 같다.

회전놀이기구 사용 시 지켜야 할 안전수칙

√ 기구가 회전하는 중에 뛰어내리거나 올라타지 않아야 한다.

√ 기구가 멈춘 후 내린다.

√ 회전 중에 다른 사람과 장난치지 않는다.

√ 회전기구를 타고 내릴 때 영유아가 기구에 걸리지 않도록 한다.

√ 회전기구를 탈 때 손잡이를 꼭 잡고 타야 한다.

√ 회전대를 발로 차지 않도록 한다.

√ 회전대 밑으로 들어가지 않는다.

√ 회전 중인 회전대에 가까이 가지 않으며, 회전 중인 회전대를 멈추기 위해 잡지 않는다.

⑥ 조합놀이대

조합놀이대는 미끄럼틀, 오르기, 흔들 다리 등 2가지 이상의 실외놀이기구가 연결된 놀이기구를 말한다. 복합놀이기구라고도 부르는 조합놀이대는 다양한 놀이기구의 특성과 많은 영유아가 함께 이용하므로 다음과 같은 안전수칙을 잘 지켜야 한다.

조합놀이대의 안전수칙은 다음과 같다.

조합놀이대 사용 시 지켜야 할 안전수칙

- √ 조합놀이대의 놀이기구 안전규칙을 지킨다.
- √ 올라가는 곳에서 위에 있는 사람을 잡아당기거나 흔들지 않는다.
- √ 흔들다리 위를 지나갈 때는 반드시 손잡이 잡고, 뛰지 않는다.
- √ 올라가는 곳과 내려가는 곳의 방향을 지킨다.
- √ 손잡이와 받침대 사이의 공간으로 빠져나가지 않는다.

3) 물놀이안전교육

물놀이는 여름철 해수욕장이나 워터파크, 계곡 등에서 즐길 수 있으며 영유아교육기관에서도 여름철 영유아에게 즐거움을 주는 놀이 중의 하나로 자주 일어나는 놀이이다.

물놀이는 영유아에게 다양한 경험을 제공하고 편안함을 느낄 수 있게 해주지만 매년 일어나는 어린이 안전사고에는 물놀이 시 일어나는 사고가 교통사고 다음으로 빈번히 발생한다. 소방청(2021) 통계에 따르면, 최근 3년간(2018~2020) 수난 구조 소방 구조활동을 분석한 결과 수난구조 총 28,810건 출동에 10,114명 구조하였으며 매년 구조 건수와 인원은 증가하고 있다고 한다. 또한 8월은 가장 많은 수난사고가 발생하고 있다고 보고하고 있다. 사고의 주요 원인으로는 시설물 침수 1,784건(6%), 물놀이 익수 1,433건(5%), 차량 추락 및 침수 1,176(4%), 수상 표류 1,135건(4%) 등으로 나타났다. 최근 수난사고로 인해 사망하는 사례가 늘어남에 수난사고 예방 및 안전수칙이 강조되고 있다. 소방청(2021)

은 수난사고 예방 및 안전수칙을 물놀이 전 반드시 준비운동, 오랜 시간 물놀이 후에는 몸을 따뜻하게 하고 휴식, 구명조끼 및 튜브 등 안전장비를 착용, 수심이 깊거나 유속이 빠른 곳은 피함, 음주 후 물놀이는 금지 등을 제시하고 있다. 이러한 안전수칙을 준수하여 물놀이 안전사고를 예방할 수 있어야 한다. 특히 영유아의 물놀이 안전사고는 성인의 부주의와 관심 소홀로 인해 일어나는 경우가 많다. 영유아는 스스로 몸을 보호하거나 위험으로부터 대처하는 능력이 부족하므로 교사나 성인은 물놀이 안전수칙을 준수하여 영유아의 물놀이 안전사고를 예방할 수 있어야 한다.

(1) 물놀이 안전수칙

다음은 행정안전부에서 제시하고 있는 여름철 물놀이 안전에 관한 내용이다(행정안전부, 2020).

- 물에 들어가기 전에는 반드시 준비운동을 한다.
- 물에 들어가기 전에 심장에서 먼 곳부터 물을 적신다.
- 물놀이는 물 깊이가 배꼽 아래까지 오는 곳에서 한다.
- 물놀이는 보호자의 관찰이나 안전요원이 있는 곳에서 한다.
- 물에 들어가기 전에는 손, 발을 먼저 물에 적셔준다.
- 물놀이 도중 소름이 돋고 피부가 땅기거나 몸이 떨리고 입술이 파래지면 물놀이를 중단하고 옷이나 타월 등으로 몸을 따뜻하게 감싸고 휴식을 취한다.

- 수영 중에 비가 오거나 천둥, 번개가 치면 물에서 즉시 나와야 한다.
- 몸에 맞는 구명조끼를 입고 구명조끼의 끈이나 지퍼를 제대로 채워야 한다.

(2) 영유아교육기관에서의 물놀이 안전수칙

영유아교육기관에서는 최근 무더위가 일찍 시작되는 엘리뇨 현상으로 6월 말부터 8월까지 물놀이를 하게 되는데 주변의 어린이 수영장을 이용하거나 어린이집 실외놀이터에서 물놀이를 하는데 이때 지켜야 할 안전수칙을 살펴보면 다음과 같다.

- 물놀이 할 때는 반드시 교사의 지도하에 한다.
- 물의 온도가 너무 차갑지 않도록 한다.
- 물놀이 하기 전에 팔 다리를 움직이며 준비운동을 한다.
- 물속에 들어가지 전 물을 손, 발, 다리, 얼굴, 가슴에 적신 후에 들어간다.
- 물이 입에 들어가지 않도록 한다.
- 친구에게 물을 뿌리거나 물속에서 위험한 장난을 하지 않는다.
- 물놀이 중에 입술이 파래지거나 몸에 소름이 돋을 때 물놀이 중단하고 큰 타월로 몸을 감싸주며 휴식을 취한다.
- 물놀이 하면서 음식을 먹지 않도록 한다.
- 물놀이 도구를 사용할 때 사용방법을 알고 안전하게 사용한다.

3. 놀이안전교육의 실제

<table>
<tr><td rowspan="2">활동명</td><td rowspan="2">신나는 놀이터! 안전하게 놀이해요</td><td>활동형태</td><td>대집단활동</td></tr>
<tr><td>대상연령</td><td>만 4세</td></tr>
<tr><td>활동목표</td><td colspan="3">• 놀이터에서 일어날 수 있는 위험을 인식한다.
• 놀이기구를 안전하게 사용하는 방법을 알고 이를 실천할 수 있다.</td></tr>
<tr><td>누리과정
관련요소</td><td colspan="3">• 의사소통 > 듣기와 말하기 > 자신의 경험, 느낌, 생각을 말한다.
• 신체운동 · 건강 > 신체활동 즐기기 > 실내외 신체활동에 자발적으로 참여한다.</td></tr>
<tr><td>활동자료</td><td colspan="3">놀이터에서 안전하게 놀이해요(영상), 미끄럼틀, 그네, 시소 사진</td></tr>
<tr><td>활동방법</td><td colspan="3">1. 놀이터에서 재미있게 놀이했던 경험에 대해 이야기 나눈다.
- 놀이터에서 어떤 놀이를 했었니?
- 놀이터에는 어떤 기구들이 있었니?
- 놀이터에서 재미있게 놀았던 경험을 이야기해 보자.

2. 놀이터에서의 일어날 수 있는 안전사고에 대해 알아보고 바르고 안전하게 사용하는 방법을 알아본다.

1) 놀이터에서 일어날 수 있는 안전사고에 대해 이야기 나눈다.
- 미끄럼틀을 거꾸로 올라가면 어떤 일이 일어날까?
- 미끄럼틀을 엎드려 타거나 서서 타면 어떤 일이 일어날까?
- 미끄럼틀에서 내려올 때 어떻게 해야 할까?
- 그네를 서서 타면 어떤 일이 일어나까?
- 그네를 탈 때 손을 어떻게 해야 할까?
- 그네 근처에서 놀이를 하면 어떤 일이 일어날까?
- 시소를 탈 때 앉지 않고 서서 타고 어떤 일이 일어날까?
- 시소에서 내릴 때 발이 시소 밑에 있으면 어떤 일이 일어날까?
- 미끄럼틀, 그네, 시소 외에 놀이터에서 어떤 기구들이 있니?
- 기구들을 안전하게 이용하는 방법에 대해 알아보자.
2) 안전사고가 일어나지 않고 바르고 안전하게 놀이기구를 이용하기 위해 지켜야 할 규칙을 알아본다.
(1) 미끄럼틀
• 미끄럼틀을 올라갈 때는 꼭 계단으로 올라간다.
• 엎드려 타거나 서서 타지 않고 앉아서 탄다.
• 미끄럼틀을 내려올 때 앞에 사람이 없는지 확인하고 내려온다.
(2) 그네
• 그네를 타고 있는 유아가 완전히 정지한 다음 차례를 지켜 바꿔 탄다.
• 그네 중앙에 앉아서 타고 양손으로 그네 줄을 안전하게 잡는다.
• 그네 주변에 안전거리가 확보된 상태에서 타고, 그네 주변으로 다닐 때는 그네와 떨어져 안전선 밖으로 다닌다.</td></tr>
</table>

활동방법	(3) 시소 • 함께 타는 사람과 마주 보고 시소의 손잡이를 꼭 잡고 탄다. • 시소 위에 올라서서 타지 않도록 한다. • 내릴 때 상대방에게 내릴 것을 말하고 조심하여 내린다. • 시소에서 내릴 때 발을 시소 밑에 두지 않도록 한다. 3. 놀이터 기구를 안전하게 타요. - 실제로 경험해 보기 • 놀이터 기구를 바르고 안전하게 타는 방법에 대해 알아본 후, 안전수칙을 지키며 놀이터 기구를 이용한다.
확장활동	놀이터에서 지켜야 할 안전수칙을 알아보고, 조별로 놀이터 안전 포스터를 만들어 본다. - 놀이터 기구를 이용할 때 지켜야 할 규칙을 만들어 본다.

5장

교통안전

현대인들의 교통수단 이용은 생활의 편리함을 주기도 하지만 안전사고 위험률과 교통사고로 인한 인명피해의 결과로 현대인들의 불안한 생활환경을 초래하였다. 특히 우리나라는 OECD 회원국 중 아동 교통사고 사망률이 가장 높다. 영유아의 경우 신체적 능력과 운동기술 부족, 인지적 능력의 미성숙으로 사고 위험 예측능력과 대처할 수 있는 능력이 떨어져 사고 발생 가능성도 크다. 그러므로 영유아 시기부터 교통안전 교육을 통해 교통사고 예방에 대한 관리가 철저히 이루어질 수 있도록 교통안전사고 유형 및 예방법을 살펴보고자 한다.

1. 교통안전교육의 이해

과학의 발달로 교통수단의 이용은 전국이 일일생활권에 들어오게 되는 생활의 편리함을 가져오게 되었으나 교통 규칙과 법규를 준수하지 않음으로 인한 교통사고는 장애나 사망의 형태로 인명 피해가 계속 늘어나는 추세이다. 교통수단과 관련하여 일어날 수 있는 사고나 위험 등과 같이 생활에 부정적인 피해를 막기 위해서는 예방적인 차원에서 교통안전 교육이 절실하다.

교통안전교육이란 교통수단을 안전하게 이용하고 교통사고를 미연에 방지하며, 다양한 위험으로부터 자신을 지킬 수 있는 지식, 기술, 태도 등을 익히도록 하는 의도적이고 체계적인 과정이다. 특히 영유아의 교통안전교육은 영유아 자신에게 발생할 수 있는 교통과 관련된 위험으로부터 스스로 안전하게 지킬 수 있도록 습관화하는 것이 중요하다(이명조 외, 2015).

변정희(2006)도 교통안전 교육을 교통사고를 미리 방지하기 위하여 교통안전에 대한 지식, 기술, 태도, 예방 능력을 형성하려는 의도적이고 체계적인 노력이며, 교통상황에서 유아 스스로 안전하게 행동할 수 있도록 하는 데 있다고 하였다. 이렇듯 영유아가 올바른 교통 행동을 익히는 것은 장차 자신과 타인의 생명을 존중하고 사회적 질서를 존중하는 성숙 하고 바람직한 사회인이 될 수 있는 기본적인 발판을 제공하는 것이다(권덕수 외, 2014).

우리나라는 아동 교통사고 사망률이 OECD 회원국보다 현저히 높다. 도로교통공단(2021)이 조사한 '교통사고 통계'를 보면 만 6세 이하의 영유아가 2020년 한 해에 교통사고로 사망하거나 다친 숫자가 10,000여 명에 이른다. 영유아의 경우 발달 특성상 호기심이 많고 자신의 주변 탐색을 즐기는 과정에서 위험에 대한 주의력, 위험 상황에 대한 판단능력, 대처할 수 있는 신체조절 능력의 미숙함이 교통사고의 주요 요인이 된다. 따라서 영유아의 교통사고를 감소시키기 위해서는 영유아교육기관의 교직원들이 교통안전교육에 대한 정확한 이해를 바탕으로 체계적인 안전교육을 시행할 수 있는 역량을 갖추고 꾸준히 교통안전교육을 실시하는 것이 필요하다. 더불어 교통안전 교육과 관련하여 부모교육 및 지역사회와의 연계로 확장한다면 영유아들이 교통안전에 대한 올바른 지식과 태도를 습득할 수 있는 사회적 분위기를 형성해 갈 수 있다(권덕수 외, 2014).

2. 교통안전사고의 현황

교통사고 실태 파악을 통해 영유아에게 자주 발생하는 사고 유형을 알아보고 이를 근거로 교육내용을 선정하는 것은 영유아 발달 특성에 따른 안전교육에 중요한 자료가 된다. 영유아가 교통사고로부터 안전하게 보호되기 위해서는 영유아들에게 교통 규칙을 지속적으로 숙지시키고 습관화될 수 있도록 교육이 이루어져야 한다.

2021년 도로교통공단 교통사고분석시스템(TAAS)에 따르면 최근 5년간(2016~2020년) 경찰청 교통사고 통계를 분석 결과 매년 평균 12,961명의 어린이(12세 미만)가 교통사고로 다치는 것으로 나타났다. 같은 기간 어린이 교통사고는 매년 평균 10,337건이 발생해 평균 42명이 사망했다.

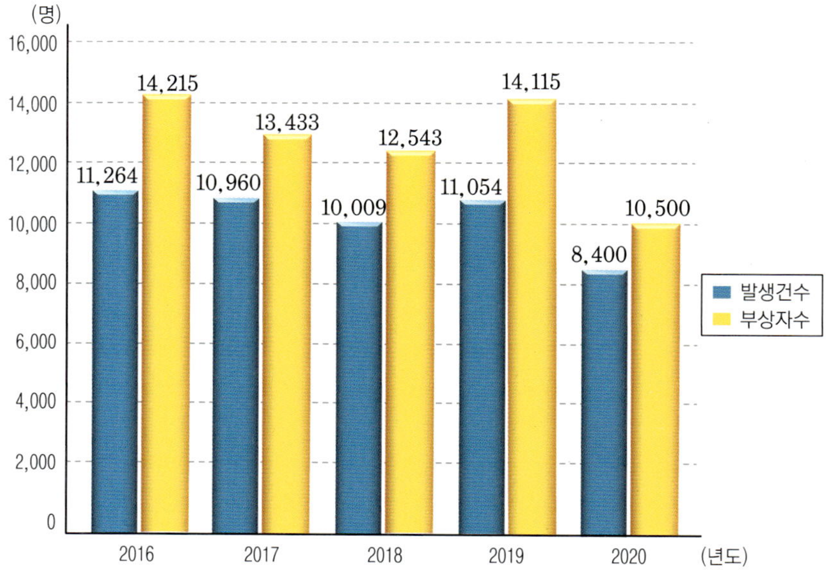

그림 5-1 어린이 교통사고 현황
출처: 도로교통공단(2021).

1) 교통안전사고의 실태

(1) 연령별 12세 이하 어린이 교통사고

2021년 도로교통공단 교통사고분석시스템(TAAS) 통계에서 사상자 현황을 보면, 교통사고로 목숨을 잃은 어린이는 2세, 6세, 7세 순으로 사망률이 높았다.

표 5-1 연령별 12세 이하 어린이 교통사고(2020년 기준)

구분	계	1세	2세	3세	4세	5세	6세	7세	8세	9세	10세	11세	12세
사망자	24	2	5	0	1	0	5	5	1	2	1	1	1
부상자	10,500	811	581	674	783	892	893	1,072	1,063	1,011	894	888	938
사망률	0.2	0.2	0.9	0	0.1	0	0.6	0.5	0.1	0.2	0.1	0.1	0.1

출처: 도로교통공단(2021).

(2) 요일별 12세 이하 어린이 교통사고

2021년 도로교통공단에서 조사한 '요일별 어린이 교통사고 통계'를 살펴보면, 토요일, 금요일, 일요일 순으로 사고율이 높았다.

표 5-2 요일별 12세 이하 어린이 교통사고(2020년 기준)

구분	계	일	월	화	수	목	금	토
발생건수	8,400	1,241	1,114	1,105	1,081	1,118	1,247	1,494
사망자수	24	7	1	3	2	3	6	2
부상자수	10,500	1,648	1,330	1,332	1,303	1,371	1,531	1,985

출처: 도로교통공단(2021).

(3) 시간대별 12세 이하 어린이 교통사고

시간대별로 교통사고가 자주 일어나는 때는 하교 시간대인 16~18시가 가장 높은 비중으로 발생하고 12~20시에 집중적으로 교통사고가 자주 발생하였다. 특히 영유아가 활동량이 많은 오후 시간대와 하교할 때 교사와 보호자의 특별한 관심과 지도가 필요하다.

표 5-3 시간대별 12세 이하 어린이 교통사고(2020년 기준)

구분	계	0시 ~2시	2시 ~4시	4시 ~6시	6시 ~8시	8시 ~10시	10시 ~12시	12시 ~14시	14시 ~16시	16시 ~18시	18시 ~20시	20시 ~22시	22시 ~24시
발생건수	8,400	63	26	22	49	625	738	1,172	1,563	1,860	1,379	679	224
사망자수	24	0	0	0	0	4	0	1	6	8	3	2	0
부상자수	10,500	83	29	30	65	778	930	1,480	1,917	2,253	1,743	894	298

출처: 도로교통공단(2021).

(4) 사고유형별 12세 이하 어린이 교통사고

사고유형별로 살펴보면, 어린이 교통사고 유형 중 전체 발생 건수 36,221건 중 횡단 중 사고 발생 건수는 13,147건으로 나타났으며, 특히 횡단 중 사고로 사망한 어린이는 전체 24명 중 15명으로 가장 높게 나타났다. 따라서 어린이들이 안전한 횡단을 위한 바른 수칙을 익히고 실천할 수 있도록 안전교육이 더욱 요구된다.

표 5-4 사고유형별 12세 이하 어린이 교통사고(2020년 기준)

구분	계	횡단 중	차도통행 중	길가장자리 구역통행 중	보도통행 중	기타
발생건수	36,221	13,147	3,702	2,079	2,015	15,278
사망자수	24	15	2	1	1	5
부상자수	37,180	13,551	3,654	2,122	2,096	15,757

출처: 도로교통공단(2021).

(5) 스쿨존 내 12세 이하 어린이 교통사고

어린이 보호구역으로 제한되는 스쿨존 내 어린이 교통사고 발생 건수는 2018년 435건, 2019년 567건, 2020년 483건으로 2018년에서 2019년에 증가했다가 '민식이법'이 2020년 3월 25일 시행으로 인해 어린이보호구역 교통 사고율이 점차 감소하고 있다고 해석해 볼 수 있다. 하지만 여전히 어린이보호구역에서 교통사고가 근절되지 않고 있으니 모든 운전자가 어린이 보호구역 규정을 준수하고, 영유아에게는 주위를 살피며 안전하게 횡단하는 안전교육이 요구된다.

표 5-5 스쿨존 내 12세 이하 어린이 교통사고

구 분	발생건 수	사망건 수	부상자 수
2018	435	3	473
2019	567	6	589
2020	483	3	507

출처: 도로교통공단(2021).

2) 교통안전사고 상황에서의 영유아 행동특성

영유아의 교통사고는 발달적 특성으로 인해 발생한다. 운전자는 영유아의 발달 특성을 이해하고 차량 운행 시 안전에 대해 특히 유념해야 한다. 영유아 교육 현장에서는 영유아 발달 특성을 이해하고 이를 바탕으로 교통안전교육을 실시해야 한다. 교통사고의 원인이 될 수 있는 영유아의 발달적 특성을 살펴보면 다음과 같다.

- 영유아는 한 가지 일에 몰두하여 차가 오는지 알지 못한다.
- 영유아는 감정에 좌우되어 행동 변화가 일어나기 쉽다.
- 영유아는 자기중심적 사고의 경향이 있다.
- 영유아는 어른을 모방하며, 의존성이 강하다.
- 영유아는 물체의 그늘진 부분이나 구석진 곳에서 노는 것을 좋아한다.
- 영유아의 몸이 작아 운전자에게 잘 보이지 않는다.
- 영유아는 신체적으로 눈높이가 낮다.

3. 교통안전사고의 유형

영유아 교통사고의 60% 이상은 보행 중에 발생한다(도로교통공단, 2021). 영유아의 활동 반경은 집과 영유아교육기관에 한정되어 있기 때문에 보행이 주된 이동수단이라고 볼 수 있다. 그러므로 영유아가 보행 중 교통사고가 빈번하게 발생하기 때문에 가정과 영유아교육기관에서는 반복적이고 실질적인 교통안전교육이 요구된다. 다음은 어린이들에게 빈번히 일어나는 교통사고의 유형이다.

1) 뛰어들기 사고

영유아들이 주거지역의 좁은 도로나 특히 보도가 없는 도로로 뛰어들어 일어나는 사고가 자주 발생한다. 예를 들면, 길가에서 놀다가 공이 도로로 굴러가면 잡으려고 뛰어들 때 사고가 발생한다. 길 건너편에 부모나 친구들이 있으면 쫓아가려고 건너다가 사고가 발생한다. 따라서 찻길을 건널 때는 우선 멈추고 차가 오는지 좌우를 살핀다. 폭이 좁은 도로에서 부모님이나 친구를 만났을 때는 반가워서 큰 소리로 부르거나 무조건 뛰어 건너지 않도록 지도한다.

2) 도로횡단 중의 사고

신호등이 있는 경우 초록 불이 켜지자마자 뛰어가다가 사고가 발생한다. 그러므로 영유아들이 길을 건널 때는 횡단보도의 오른쪽에서 차가 멈추었는지를 확인하고 손을 들고 운전자와 눈을 마주보면서 천천히 건너도록 지도한다.

3) 차량의 바로 앞이나 뒤에서의 횡단 사고

통학버스나 승합차의 바로 앞이나 뒤에서 횡단 시 영유아가 차량에 가려 보이지 않아 발생하는 사고이다. 부모와 함께 차를 타고 온 영유아가 부모보다 먼저 내려 차 앞으로 횡단하거나 통학 차량에서 먼저 내려 차 앞이나 뒤로 횡단하는 경우 같은 방향에서 달려오는 차에 부딪쳐 사고가 발생한다. 그러므로 횡단할 때 차량이 지나간 후 손을 들고 차가 멈춘 후 건너도록 해야 한다. 그러나 가장 안전한 횡단방법은 부모나 교사는 하차 시 먼저 내려 아이들이 안전하게 건널 수 있도록 지도하는 것이다.

4) 차 뒤, 밑에서 놀다가 발생하는 사고

영유아들은 멈춰 있는 차의 뒤나 옆에서 놀이를 즐기는 경우가 많다. 차를 운행하고자 하는 운전자가 운전석에 앉으면 차 뒤쪽에서 놀고 있는 영유아가 보이지 않아 차를 출발 시켜 영유아가 사고를 당하게 된다. 그러므로 차의 옆이나 뒤에서 놀지 않도록 하고, 만약 장난감이 차 밑으로 들어간 경우에는 어른에게 꺼내 달라는 도움을 요청하도록 지도한다.

5) 승·하차 시 사고

차량 승·하차 시 사고를 보면 운전자의 부주의, 영유아의 조급한 행동 등에서 비롯된다. 예를 들면, 차가 완전히 서지 않은 상태에서 문을 열고 내리다가 옆에서 오는 차량 또는 이륜차에 부딪친 사고, 영유아의 옷이 문에 끼어 끌려가다가 옆 차에 머리를 부딪쳐 큰 사고로 연결될 수 있다. 따라서 버스나 승합차에서 내릴 때는 차가 완전히 멈춘 것을 확인하고 내려야 하며, 운전자는 영유아가 안전하게 내렸는지 확인하고 차를 출발시켜야 한다.

6) 차 내에서의 사고

자동차가 주행하다가 급정지를 했을 때 몸이 앞으로 쏠리면서 차 내부의 돌출 부분에 부딪혀 다칠 수 있음으로 반드시 안전띠를 착용해야 한다. 안전띠를 착용했을 경우 사고의 90% 이상을 감소시킬 수 있기 때문에 전 좌석 안전띠를 착용하고 운행해야 한다. 또한, 차 내에서는 장난하거나 몸이나 손을 창밖으로 내밀지 않도록 지도해야 한다.

7) 큰 차가 회전하다가 나는 사고

버스를 기다리거나 횡단할 때 차도로 내려오지 말아야 한다. 큰 차가 급하게 회전을 할 때 앞바퀴보다 뒷바퀴가 안쪽으로 통과하기 때문에 영유아가 차도 가까이에 있으면 뒷바퀴에 치일 수 있다. 따라서 큰 차가 지나갈 때는 차와 멀리 떨어져 있고 길을 건너려고 서 있을 때는 차도로 내려오지 않도록 지도한다.

8) 자전거, 킥보드 사고

영유아의 자전거, 킥보드 사고는 초등학생보다 사고율은 상대적으로 낮다. 영유아가 보호장구를 착용하지 않고 내리막길이나 차도에서 자전거나 킥보드를 탈 경우 자동차와 부딪

쳐 사고가 발생한다. 따라서 영유아는 자전거 안장에 앉았을 때 발끝이 땅에 닿는, 즉 자신의 체격에 맞는 자전거를 타야 한다. 또한, 헬멧과 무릎보호대를 착용하고 차가 다니지 않는 안전한 장소에서 바퀴 달린 놀잇감을 타도록 지도한다.

4. 영유아교육기관에서의 차량운행

많은 영·유아가 어린이집(유치원)에 등·하원하기 위해 차량을 이용한다. 특히 개별적으로 차량을 이용하여 등원하는 경우보다는 어린이집(유치원)에서 운행하는 차량을 이용하여 등·하원하는 영·유아가 많으므로 어린이집(유치원)에서는 차량 운행과 관련한 철저한 안전관리와 지도가 필요하다.

1) 차량운행과 관련한 원칙 수립

어린이집(유치원)에서는 차량 운행과 관련하여 일반적인 원칙을 수립한다. 예를 들면, 영·유아를 차에 태우고 내리게 하는 방법, 차량 관리와 안전점검에 관한 규정, 안전운행을 위한 원칙, 영·유아들의 승차 시간을 최소화하기 위한 운행 코스, 비상사태의 대비와 대처 등을 명확하고 정확하게 설정한다(신동주 외, 2015).

① 영·유아를 차에 태우고 내리게 하는 방법과 관련한 원칙의 예
- 교사는 항상 먼저 차에 내려서 영·유아를 승·하차시킨다.
- 영·유아를 태운 후에는 안전띠를 착용시키고 확인한 후 차를 출발시킨다.
- 하차한 영·유아를 부모 이외에 확인되지 않은 다른 사람에게 인계하지 않는다.

② 차량관리 점검과 관련한 원칙의 예
- 차량 관리와 점검을 하는 담당자를 선정한다.
- 안전점검 매뉴얼을 규정하고 정기적으로 점검한다.
- 안전점검 여부를 확인하는 담당자를 선정한다.

③ 안전운행을 위한 원칙의 예

- 규정된 속도를 반드시 지킨다.
- 위험한 회전, 끼어들기 등을 하지 않고, 후진도 최소화한다.
- 운전 중 휴대전화 사용, DMB 시청 등은 절대로 하지 않는다.

④ 승차시간을 최소화하기 위한 운행 코스 원칙의 예

- 영·유아 승차 시간은 최대 30분이 되어서는 안 된다.

⑤ 비상사태 대비와 대처를 위한 원칙의 예

- 비상사태에 대처하기 위해 차량에 비치해야 하는 물품을 준비한다.
- 비상사태 시 현장에 있는 교사 혹은 운전자의 행동강령을 규정한다.
- 기관에 남아 있는 교직원의 행동강령을 규정한다.
- 비상시를 대비한 훈련을 정기적으로 실시한다.
- 차량과 운전자, 영·유아, 차량에 탑승하는 교직원은 보험에 가입되어 있어야 한다.

차량 운행을 하는 어린이집(유치원)에서 이러한 원칙들을 수립하고 교직원과 담당자는 일관적이고 지속적으로 지켜야 한다.

2) 교사의 차량지도 안전수칙

- 차에 타고 내릴 때 교사가 먼저 내려서 영·유아의 손을 잡아 주거나 직접 몸을 들어 준다.
- 하차 후 길을 건너야 하는 영유아는 끝까지 건네준다.
- 보도나 기타 안전한 장소에서만 승·하차시키고, 귀가 시에는 반드시 기관에 통보된 보호자인지 확인하고 영유아를 인계한다.
- 출입구나 난간에 걸릴 수 있는 옷이나 가방의 끈을 확인하여 정리한다.
- 차량 출발 전에 안전띠 착용 여부를 확인한다. 또한, 하나의 안전띠를 두 사람이 공유하지 않도록 한다.
- 영유아의 인원수를 파악한다.

- 운행 중에 영유아에게 안전규칙을 지도한다(창문으로 고개를 내밀지 않기, 물건 던지지 않기, 차 안에서 일어나거나 돌아다니지 않기, 너무 시끄럽게 떠들지 않기).
- 차가 출발하기 전에 차 안에 떨어지거나 굴러 나올 수 있는 물건이 있는지 확인한다.
- 영유아, 교사 모두 차량의 짐을 두는 공간에 앉지 않는다.
- 차 안에 날카로운 물건, 단단한 물건, 무거운 물건 등이 차 내에, 선반에 없는지 확인한다.
- 창문을 열어야 하는 경우는 약간만 열고, 운전석을 제외한 창문은 모두 잠근다.
- 어떤 경우에라도 차 안에 영유아를 혼자 두지 않는다.

3) 운전자의 안전 수칙

- 차량운행 시작 전 차량 안전설비(안전띠, 소화기, 구급상자, 냉난방 장치 등)를 확인한다.
- 탑승자 모두가 출발 전 안전띠를 착용했는지 확인한다.
- 영유아가 탈 때는 좌석에 앉은 것을 확인하고 내릴 때는 영유아의 위치를 확인한 후에 차량을 출발시킨다.
- 정해진 장소 이외에 영유아를 승·하차시키지 않는다.
- 운전시간 12시간 내 음주, 운전 중 휴대전화 사용과 TV 시청, 흡연 등 운전 판단 능력에 부정적인 영향을 미치는 행위는 하지 않는다.
- 교통법규를 지키고 서행 운전을 한다.

세림이법

2013년 3월, 3살 어린 나이의 세림이가 통학 차량에 치여 세상을 떠났던 사건이다.

1. 어린이 통학 차량 신고 의무

- 도로교통법 제52조에 따르면 어린이집 통학버스의 운전자 및 고용주는 반드시 신고해야 한다. (세림이법이 시행된 2015년 1월29일)
- 9인 이상 탑승 버스는 법이 시행된 일로부터 6개월 이내 신고하지 않으면 과태료 30만 원이 부과됨.

2. 출발 전에 안전띠 착용과 어린이들의 도착 확인!

어린이들의 안전띠 착용은 안전을 위해 반드시 의무적으로 실시함.

- 도로교통법 제53조에서도 반드시 어린이들이 안전띠를 맸는지 확인하고 출발해야 한다. 중요한 안전띠를 하지 않을 경우 과태료 6만 원 부과됨.
- 같은 조항에 어린이들이 안전한 장소에 도착한 것을 꼭 확인하고 출발해야 하며 이를 지키지 않았을 시에는 과태료 13만 원이 부과됨.

3. 어린이 통학 차량, 꼭 보호자 동승 필요!

어린이 통학 차량에 보호자 동승은 필수사항으로 보호자가 타지 않아서 사고가 난 경우가 많으며, 어린이들의 승하차를 확인하며 안전 운행해야 한다. 이를 지키지 않았을 경우 과태료 13만 원이 부과됨.

4. 어린이 통학차량 운전자와 운영자 모두 안전교육 필수!

어린이 통학버스에 대한 안전교육은 운전기사뿐만 아니라 시설을 책임지고 있는 운영자에게도 의무사항이다. 이를 지키지 않았을 경우 과태료 8만 원이 부과됨.

정지표시장치

광각 실외후사경

후방 영상장치

4) 영유아교육기관 차량점검 및 관리사항

차량 관리는 안전과 직결되는 사항으로 안전점검에 대한 기본 내용을 이해하고 구체적인 매뉴얼을 숙지하여 매일 차량 점검이 이루어져야 한다. 또한, 안전점검을 담당하는 책임자를 선정하여 전문성을 가지고 일관적으로 안전점검을 실시하여야 한다. 〈표 5-6〉은 차량의 안전관리와 매일 점검해야 하는 안전점검 내용이다.

표 5-6 차량안전관리의 기본 내용

대상	관리 및 점검내용
차량	• 등록된 차량→관할 경찰서 신고→신고필증→앞 유리 부착 • 어린이 보호차량 표시(차량 앞, 뒤) • 적절한 냉난방 장치, 안전장치 구비, 청결과 안전에 대한 정기검사 • 영·유아, 운전자, 탑승 교직원에 대한 보험 가입
차량 내 구비품목과 내용	• 안전띠와 안전시트, 구급상자, 응급장비, 안전수칙 내용, 차량용 소화기, 휴대용 전화, 비상 연락망, 비상 대피용 줄, 필기도구, 안전지도 교사 탑승
관리	• 정기적 차량 점검, 안전한 승·하차 장소 마련, 여유 있는 운행 시간 계획, 승·하차 시 지도·감독
운전자 및 통학버스 안전담당자	• 책임감 있는 운전 능력, 대형운전 면허 소지자, 법규 위반이나 사고 경력 조회, 교통안전교육 이수, 유사시 대처능력 점검, 일일 안전점검 이행

출처 : 박은혜, 조은혜, 이성희, 황보영(2011).

5) 교통사고에 대한 대처방법

교통사고는 예상치 못하게 일어나기 때문에 교사뿐만 아니라 차량에 동반한 영유아들도 당황하게 된다. 그럴 때일수록 침착하게 대처한다면 부상자 구호 및 피해 상황을 최소화할 수 있다. 따라서 평상시에 교통사고에 대한 대처 방법을 잘 숙지할 필요가 있다. 다음 〈표 5-7〉은 교통사고에 대한 대처 방법의 내용이다(박은혜 외, 2011).

표 5-7 교통사고에 대한 대처방법

즉시 차를 정지시키고 부상자를 살핀다.	• 운전자는 주행을 멈춘다. • 부상자를 확인하고, 적절한 응급조치를 한다. • 부상자를 옮겨야 할 때는 가능한 몸을 수평으로 유지하고 움직이지 않게 하면서 안전한 장소로 옮긴다.
⇣	
119에 신고한다.	• 119와 유아교육기관에 연락하여 필요한 조치를 취한다. • 사고 발생 장소, 상황, 부상 인원 및 정도를 정확하게 알린다. • 기관에서 학부모에게 알린다. • 사고 운전자를 확인하고 증인을 확보한다.
⇣	
영·유아를 안정시킨다.	• 영유아의 의식을 확인한다. • 의식이 없는 경우는 기도를 열어 주고 호흡이나 맥박 상태를 살핀다. 호흡이 멈추었을 때는 응급처치를 하고 출혈 시에는 지혈한다. • 구조대원에게 상황을 정확하게 설명한다. • 의식이 있는 영유아들을 안정시킨다.
⇣	
의료조치를 받는다.	• 가벼운 부상이나 외상이 없을지라도 반드시 의사의 진단을 받는다.
⇣	
의사고 운전자 확인 및 목격자를 확보한다.	• 영유아 상태를 안전하게 유지하며 구급차를 기다리는 한편 교통사고를 일으킨 차 번호, 차종, 색 등을 확인하거나 운전자의 주소, 이름, 전화번호를 확인하고 증인이 되어 줄 것을 부탁하는 것도 중요하다.
⇣	
경찰서에 신고한다.	• 경찰에 신고하고 사건보고서(3부)를 작성한다. • 보험회사(학교안전공제회) 등에 사건을 보고하고 관련 업무를 처리한다. • 보호자와 긴밀히 연락하여 사고의 원만한 해결과 정서적 안정을 위해 노력한다. • 사고의 원인을 파악하여 반복 발생을 예방한다.

스쿨존(School Zone)이란?

스쿨존은 어린이들을 교통사고의 위험으로부터 보호하기 위해 유치원(원생 100인 이상)과 초등학교, 특수학교, 어린이집, 학원 주변에 정문을 중심으로 반경 500m 이내 주변 도로에 설치한 특별보호구역으로 자동차 등의 통행속도를 시속 30km 이내로 제한할 수 있다. 1995년 도로교통법에 의해 도입되어 공식 명칭은 '어린이 보호구역'이다.

스쿨존 도로에는 과속 방지용 턱이 설치되어 있으며 도로에도 '어린이 보호구역'이라고 표기되어 있다. 또한 스쿨존이 시작되는 구역에는 노란 간판으로 어린이 보호구역임을 알리는 표지판이 설치되어 있다.

민식이법

2019년 9월 충남 아산의 한 어린이보호구역(스쿨존)에서 교통사고로 사망한 김민식 군(당시 9세) 사고 이후 발의된 법안으로, 2019년 12월 10일 국회를 통과해 2020년 3월 25일부터 시행됐다.

▷도로교통법 개정안은 어린이보호구역 내에 과속단속카메라, 과속 방지턱, 신호등 설치를 의무화하는 내용을 담고 있다.

▷특정범죄 가중처벌법 개정안은 운전자의 부주의로 어린이보호구역에서 어린이가 사망할 경우 무기 또는 3년 이상의 징역에 처하는 내용을 담고 있다. 또 피해자가 상해를 입으면 1년 이상 15년 이하의 징역이나 500만 원 이상~3,000만 원 이하 벌금을 부과한다.

5. 교통안전교육의 내용

교통안전교육은 영유아가 교통안전의 중요성과 사고 위험을 이해하고 자신의 몸을 보호하기 위하여 교통안전과 관련된 지식, 기술, 태도를 기르는 것이다. 교통기관의 교통신호와 표지를 이해하고, 안전한 보행이나 도로횡단 등의 안전규칙에 관한 내용을 살펴 보겠다.

1) 교통안전 교육내용

영역	안전지식
보행안전	• 유아교육기관까지 안전한 통학로 익히기 • 비 오고 눈 오는 날의 안전한 보행방법 익히기 • 횡단보도, 육교, 지하도 안전하게 건너는 방법 알기 • 보행 시 위험 상황 예측하기 • 신호등이 없는 횡단보도의 안전한 횡단방법 알기 • 안전한 도로 횡단 수칙 • 보호자와 함께 보행하는 것의 중요성 인식
교통일반	• 교통안전을 위해 수고하는 분들에 대한 고마움 • 교통신호와 교통 안전표지판의 의미와 중요성 • 교통사고의 위험성 인식과 대처방법
교통기관 이용안전	• 통학버스를 안전하게 이용하는 방법 • 자동차 안에서의 안전한 행동

영역	안전지식
교통질서와 안전	• 교통신호와 교통안전표지 인식하기 • 횡단보도 건널 때 지켜야 할 안전규칙 알기 • 위험한 횡단보도 알기 • 차도와 보도에서의 규칙과 우측통행 알기 • 길을 걸어갈 때 남에게 피해를 주지 않는 법 알기 • 차도 근처에서 안전하게 노는 법 알기
자동차	• 각종 교통기관의 안전한 이용방법 알기 • 차 안에서 안전한 행동 알기 • 차 밖으로 신체나 물건을 내미는 것이 위험함을 알기 • 통학버스를 타고 내릴 때의 지식 알기 • 대중 교통수단의 이용방법 알기
자전거	• 자전거 표지판 인지하기 • 자전거 타는 장소 선별하기 • 자전거 탈 때의 장비와 옷차림 알기 • 길에서 자전거 타는 규칙 알기 • 횡단보도에서 자전거를 끌고 간다는 것 알기
바퀴 달린 탈것의 안전	• 자전거, 롤러블레이드, 인라인스케이트 등의 안전한 이용방법 • 안전한 놀이 장소 • 내 몸에 맞는 자전거와 장비 알기
환경	• 안전한 교통 환경 인지하기 • 주차장, 차도, 보도 구별하기

출처: 한국산업안전공단(2003), 유선희(2004).

2) 통학버스에서의 안전

- 차례로 줄을 서서 기다리고 승차한다.
- 버스가 완전히 멈춘 후 타고 내린다.
- 차를 타고 내릴 때는 앞사람을 밀어서 재촉하거나 말을 걸지 않는다.
- 창밖에 손을 내밀지 않는다.
- 옷자락이나 신발 끈, 가방 등이 손잡이나 문에 끼지 않도록 조심한다.
- 통학버스 가까이에서 물건을 떨어뜨리면 절대로 줍지 않고 교사나 운전기사에게 도움을 청한다.
- 통학버스 안에서 서 있거나 돌아다니거나 떠들지 않는다. 너무 소란스러우면 운전자에게 방해가 된다.

• 안전띠를 바르게 착용한다.
• 통학버스 주변을 뛰어다니지 않는다.

3) 보행안전

(1) 횡단보도의 보행

• 횡단보도를 건널 때는 다음의 5원칙을 준수한다.

우선 멈춘다. → 차가 오는지 왼쪽, 오른쪽을 번갈아 살펴본다. → 횡단보도의 오른쪽에서 운전자와 눈을 맞추어 손을 든다. → 차가 멈추는지 꼭 확인한다. → 건너는 동안 차를 계속 보며 건넌다.

• 신호등이 있는 횡단보도를 건널 때는 다음의 5원칙을 준수한다.

보도 끝에서 세 걸음 물러나서 기다린다. → 정면에 있는 보행자 신호등을 본다. → 초록불이 들어오면 좌우를 살핀다. → 차가 멈춘 것을 확인한다. → 손을 들고 오른쪽으로 건넌다.

• 신호등이 없는 횡단보도를 건널 때는 가급적이면 어른들을 따라 건넌다.
• 등·하원 시 장난하거나 한눈을 팔지 않는다.
• 좁은 골목길에서 넓은 길로 나갈 때는 반드시 멈추어 서서 차가 오는지 확인한다.
• 차가 다니는 좁은 골목길에서는 차가 지나가기를 기다렸다가 간다.
• 보도를 걸을 때 차도에서 떨어져 건물 쪽으로 걷는다.
• 버스의 앞뒤로 횡단할 때는 그 버스에 가려 달리는 차에 치일 가능성이 높으므로 버스가 지나간 다음에 길을 건넌다.

- 횡단보도를 건너는 자전거나 오토바이를 주의한다.
- 초록불이 깜박이고 있을 때 뛰어드는 것은 위험하므로 다음 신호에 건너간다.
- 횡단 도중 초록불이 깜박거려도 뛰지 말고 차를 보면서 손을 들고 침착하게 건넌다.
- 횡단보도를 건너다 돌아온 방향으로 갑자기 몸을 돌려 뛰지 않도록 한다.
- 횡단보도를 건너다 되돌아올 때는 차가 멈추어 있는지 확인한다.
- 횡단보도에서는 친구들과 장난치거나, 휴대전화를 사용하며 혹은 게임기로 게임을 하며 건너지 않도록 한다.

(2) 비가 올 때의 보행

- 손에 가방을 들지 말고 어깨에 멘다.
- 밝은 색의 옷을 입고 우산과 가방도 눈에 잘 띄는 밝은 색으로 사용한다(우산은 투명 우산이 좋다).

- 바람에 물건이 날아갔을 경우에 그 물건을 줍기 위해 차도에 뛰어들지 않는다.
- 주머니에 손을 넣고 걷지 않는다.
- 몸을 움츠리거나 땅을 보며 걷지 말고 앞을 주시하며 걷는다.
- 초록불이 켜졌더라도 차가 멈춘 것을 확인하고 건넌다.
- 우산을 들고 횡단보도 가까이 서 있을 때, 자동차가 우산을 칠 수 있으므로 한두 걸음 뒤에서 대기한다.

(3) 눈이 올 때 보행

- 눈이 올 때는 길이 미끄러우므로 차에서 멀리 떨어져 걷도록 한다.
- 손을 주머니에 넣지 말고 장갑을 낀다.
- 몸을 움츠린 채 걷지 않도록 한다.

- 털모자, 털목도리는 넘어질 경우 완충 역할을 할 수 있어 좋지만, 두꺼운 귀마개는 차량 경적 소리가 들리지 않을 수 있어 위험할 수 있다.
- 신발은 구두보다는 홈이 파인 운동화를 신는 게 안전하며, 뛰지 말고 차를 보면서 천천히 걸어간다.

4) 교통표지판의 이해

규제표시					
표지의 종류	통행금지 	보행금지 	횡단금지 	자전거통행금지 	이륜자동차 통행금지 
표지의 뜻	보행자 및 차마 등의 통행을 금지하는 것	보행자의 보행을 금지하는 것	보행자의 횡단을 금지하는 것	자전거의 통행을 금지하는 것	이륜자동차 및 원동기 장치 자전거의 통행을 금지하는 것

주의 표시					
	횡단보도	어린이보호	철길건널목	도로공사 중	자전거
표지의 종류					
표지의 뜻	횡단보도가 있음을 알리는 것	어린이 또는 유아의 통로나 횡단보도가 있음을 알리는 것	철길 건널목이 있음을 알리는 것	도로상이나 도로 연변에서 공사나 작업을 하고 있음을 알리는 것	자전거통행이 많은 지점이 있음을 알리는 것
지시표시					
	보행자전용도로	자전거전용도로	횡단보도	어린이보호	버스전용차로
표지의 종류					
표지의 뜻	보행자 전용도로임을 지시하는 것	자전거 전용도로로 또는 전용구간임을 지시하는 것	보행자가 횡단보도로 통행할 것을 지시하는 것	어린이보호구역 안에서 어린이 또는 유아의 보호를 지시하는 것	버스전용차로 통행차만 통행할 수 있음을 알리는 것

1. 어린이 교통사고 예방 '옐로카펫' 시범설치

'옐로카펫'은 건널목의 인도와 벽에 노란색 알루미늄 스티커(그래픽 노면 표시제)를 부착, 운전자가 멀리서도 보행자를 확인할 수 있도록 함으로써 교통사고를 예방할 수 있는 시설이다.

2. ○○기업 '교통사고 방지용 어린이 투명우산 받으세요' 캠페인

2010년부터 시작된 이 이벤트는 비 오는 날 우산이 시야를 가려 어린이 교통사고가 많이 발생한다는 점에 착안한 것이다.

(사진: 현대모비스 제공)

6. 교통안전교육의 실제

<table>
<tr><td rowspan="2">활동명</td><td rowspan="2">차도를 안전하게 건너요.</td><td>활동형태</td><td>대집단활동</td></tr>
<tr><td>대상연령</td><td>만 4세</td></tr>
<tr><td>활동목표</td><td colspan="3">• 차도를 건너는 안전한 보행 방법을 안다.
• 실제상황에 맞게 안전하게 보행 할 수 있다.</td></tr>
<tr><td>누리과정 관련요소</td><td colspan="3">• 신체운동 · 건강 > 안전하게 생활하기 > 교통안전 규칙 지키기
• 사회관계 > 다른 사람과 더불어 생활하기 > 사회적 가치를 알고 지키기</td></tr>
<tr><td>활동자료</td><td colspan="3">• 영상자료(신호등 있는 횡단보도, 신호등 없는 횡단보도, 무단 횡단)
• 사진, ppt 자료
</td></tr>
<tr><td>활동방법</td><td colspan="3">1. 보행 시 위험했던 경험을 이야기 한다.
- 오늘 유치원 오는 길 안전하게 왔나요? 어떻게 왔나요?
- 선생님이 초등학생 때 학교 옆집으로 가는 좁은 골목길을 친구랑 재미있게 이야기하면서 가고 있었어요. 그런데 그 길을 가던 차 백미러에 가방 끈이 걸려서 후문부터 정문까지 끌려 간 적이 있었어요. 다행히 아저씨가 운전을 천천히 하셔서 다치지는 않았는데 정말 무서웠어요.
- 길을 걷다가 위험했던 경험을 해 본 적 있나요?
- 선생님이 처음에 이야기했던 사고가 일어나지 않으려면 어떻게 행동하는 것이 좋을까요?
- 우리 함께 영상을 보면서, 안전하게 보행할 수 있는 방법에 대해 이야기해 보도록 해요.

2. '신호등이 있는 횡단보도' 영상을 보고 이야기 나눈다.
- 이 영상에서는 어떤 일이 일어났나요?
- 영상 속 친구들이 다치지 않으려면 어떻게 행동해야 할까요?
- 횡단보도를 지날 때는 5가지 보행원칙이 있어요. 다 같이 읽어 볼까요?

신호등이 있는 횡단보도 보행법
1. 우선 멈춘다.
2. 신호가 바뀌면 좌우의 차를 본다.
3. 차가 멈추었는지 먼저 확인한다.
4. 횡단보도 오른쪽에서 운전자를 보며 왼손을 든다.
5. 건너는 동안 운전자를 계속 보면서 걷는다.
* 땅을 보고 걷지 않는다.
* 손을 드는 것은 '먼저 갈 테니 멈춰 주세요'라는 표시

3. '신호등이 없는 횡단보도' 사진을 보고 이야기 나눈다.
- 이 사진에서는 어떤 사고가 일어날 수 있을까요?
- 사진 속 친구가 안전하게 횡단보도를 건너려면 어떻게 행동해야 할까요?
- 신호등이 있는 횡단보도와 신호등이 없는 횡단보도 중 어떤 곳이 더 위험할까요?
- 신호등이 없는 횡단보도에서는 어떻게 건너야 하는지 알아봅시다.</td></tr>
</table>

<table>
<tr><td>활동방법</td><td>신호등이 없는 횡단보도 보행법
1. 여유를 가지고 기다린다.
2. 좌우로 차가 지나가지 않는 것을 확인하고, 손을 들고 건넌다.
3. 안전한 횡단보도 보행법(5단계)을 지키며 건넌다.
* 땅을 보며 걷지 않는다.
* 친구가 먼저 건넌다 해도 확인 후에 건넌다.

4. '무단횡단' 영상을 보고 이야기 나눈다.
- 아저씨와 친구가 차도를 어떻게 건넜나요?
- 영상 속 친구가 다치지 않으려면 어떻게 행동해야 할까요?
- 급한 일이 있어도, 멀리서 엄마가 불러도 무단횡단은 절대로 하면 안 돼요.
- 시간이 오래 걸리더라도 횡단보도와 육교, 지하도를 이용하여 길을 건너야 해요.

5. 퀴즈를 맞혀 보며 활동을 마무리한다.
- 이제까지 알아본 횡단보도 보행법에 대해서 퀴즈를 맞혀 보아요.
- 오늘 올바른 보행 방법에 대해 알아보았어요. 어떤 것들을 새롭게 알았나요?
- 앞으로 길을 건널 때는 오늘 배운 것을 기억하고 안전하게 차도를 건너도록 합시다.</td></tr>
<tr><td>활동의 유의점</td><td>• 발표하는 유아의 이야기를 경청하여 듣도록 지도한다.
• 유아들이 흥미를 유지할 수 있도록 유아들이 수업에 참여할 수 있도록 격려한다.</td></tr>
<tr><td>확장 활동</td><td>• 어린이 교통나라를 견학하며 배운 내용을 실천해 본다.
• 역할놀이 영역에서 횡단보도를 만들어 건너는 활동을 해본다.
• 언어영역에 제시된 안전한 보행법 책을 만들어 본다.</td></tr>
</table>

6장

화재안전 및 소방안전*

1. 화재안전교육의 이해

불은 인간의 생활에 많은 도움을 주지만 한순간에 인간의 행복을 앗아갈 수 있는 위험성을 가지고 있다. 따라서 본 절에서는 화재의 개념과 유형, 유형에 따른 소화방법 등 화재안전사고를 예방할 수 있는 화재 관련 기본 상식에 대해 알아보고자 한다.

1) 화재의 개념

화재는 불로 인한 재난을 의미하며, 불이 탄다는 '연소'라는 용어로 표기되기도 한다. 연소란 어떤 물질이 산소와 화합하는 반응 중에 열이 발생하여 온도가 상승하는 것이다. 결국, 불은 연료, 열, 산소의 세 가지 조건이 갖추어질 때 발생하는 것으로 강한 열과 빛을 동반한 산화 반응 현상이라고 할 수 있다. 따라서 이들 세 가지 요소 중 적어도 하나의 요인을 제거해야만 화재의 진압이 가능하다. 불의 3가지 요소를 좀 더 구체적으로 살펴보면 다음과 같다.

* '6. 화재안전 및 소방안전'에 제시된 화재사고 현황 그래프는 소방청(2020)에서 출간한 2019 화재통계연감을 참고하였다.

표 6-1 불의 3요소

분류	내용
연료 (가연물)	• 고체연료 : 연탄, 나무, 종이, 옷, 고무, 플라스틱 등 • 액체연료 : 석유, 휘발유, 알콜, 벙커C유 등 • 기체연료 : 프로판가스, 메탄가스, 부탄가스 등
열 (점화원)	• 물질이 타면서 불이 붙기 위해서 필요한 것 • 높은 열과 적당한 양이 화재를 일으킴.
산소 (공기)	• 물질이 열을 받아서 타는데 반드시 필요한 요소 • 연소하기 위해서 필요로 하는 산소의 양은 가연물질의 종류에 따라 서로 다름. • 대부분의 액체는 공기 중 산소 함량이 15% 이상이 될 때 불이 붙게 됨. • 고체의 경우 공기 중 산소 함량이 6% 이상이 될 때 불은 계속 붙거나 그을면서 타게 됨.

2) 화재의 유형

화재진압은 화재로 인한 피해를 줄이는 데 직접적인 관련이 있는 것으로 발화의 매개체에 따라 진압방법이 달라진다.

화재의 종류는 목재나 섬유, 종이 등과 같이 타고 나면 재를 남기는 일반화재, 석유, 가스 등에 의한 유류화재, 변압기나 다리미 등 전기기구에 의한 전기화재, 가연성 금속에 의한 금속화재 등으로 구분해 볼 수 있다. 화재의 유형에 따른 특징을 살펴보면 다음과 같다.

표 6-2 화재의 종류

유형		매개체	특징 및 유의점
A	보통화재(일반화재)	목재, 섬유류, 종이, 나무 플라스틱	다 타고 난 이후에 재를 남기는 화재
B	유류화재	휘발유, 석유 등의 유류, 프로판 가스	불에 타기 쉬운 가연성 액체, 가연성 가스류 화재, 가스 화재
C	전기화재	변압기, 전기다리미, 두꺼비집 등	전기기구에 전기가 통하고 있는 기계나 기구 등에서 발생하는 화재
D	금속화재	마그네슘, 티타늄, 지르코늄, 나트륨, 칼륨 등	가연성 금속 등에서 발생하는 화재

3) 소화방법

화재로 인한 피해를 최소화하기 위해서는 불이 다른 곳으로 옮겨붙지 않도록 즉각적인 조치를 취해야 한다. 기본적으로 불꽃을 소화하기 위해서는 화재발생 원인을 파악하여 가연물을 제거하는 방법, 불에 타고 있는 물체의 온도를 낮추는 방법, 산소의 공급을 차단하는 방법 등 세 가지의 소화 원리가 적용된다.

표 6-3 소화의 원리

원리	방법
가연물 제거	화재현장 주위의 물체를 치우거나 다른 곳으로 옮기는 방법 [예] 불이 붙을 만한 옷가지 치우기
냉각소화	불타고 있는 물체의 온도를 떨어뜨리는 방법 [예] 물 끼얹기
산소의 차단	화재 시 산소의 공급을 차단하여 불이 꺼지게 하는 방법 [예] 모래, 담요, 소화기 등을 이용하여 산소 공급 차단하기

초기 소화는 위와 같은 기본적인 소화의 원리를 적용하는 것과 함께 화재의 원인이 되는 화재의 매개체를 찾아 적절한 소화 방법을 사용하는 것이 중요하다. 예를 들어 화재의 매개체가 전기인 경우에 물을 사용하면 감전의 위험이 있기 때문에 전기 스위치를 내리고, 담요나 이불을 물에 적셔서 뒤집어씌워 불길을 없애야 한다. 또한 석유난로와 같은 기름 종류의 화재인 경우에는 물을 사용하면 불길이 커질 수 있으므로 전기화재와 마찬가지로 담요나 이불을 물에 적셔서 뒤집어씌우는 것이 바람직하다. 가스화재가 발생했을 때는 우선 용기의 밸브를 잠그는 것이 중요하며 폭발의 위험이 있으므로 갑자기 문을 열거나 전기 스위치 등을 조작하는 것에 주의해야 한다.

화재는 발화 시 서서히 진행되다가 어느 정도 시간이 경과하면 대류와 복사 현상에 의해 공간 안에 열과 가연성 가스가 축적되어 일순간에 전체가 폭발적으로 화염에 휩싸이게 된다. 이러한 현상을 플래시오버(flash over)라고 하는데 플래시오버가 일어나면 사람은 생존할 수가 없기 때문에 무엇보다 초기 소화가 중요하다. 플래시오버가 일어나는 시간은 가연물에 따라 다른데 목재 등 가연성일 경우에는 3~4분, 석고보드와 같은 준불연

표 6-4 화재 종류에 따른 초기 소화방법

유형	초기 소화방법	
일반화재	물로 진화	
전기화재	담요를 덮어 진화	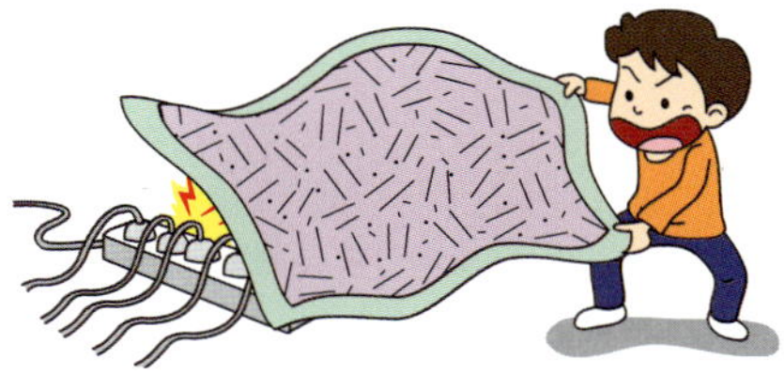
유류화재	젖은 이불을 덮어 진화	
가스화재	밸브를 잠그고 창문을 열어 환기	

재는 5~6분, 불에 타지 않는 콘크리트, 벽돌, 기와, 철강, 알루미늄, 유리 등과 같은 불연재료는 7~8분 정도면 플래시오버가 일어난다. 특히 주택은 3분 이내에 플래시오버가 발생하기 때문에 화재 발생 후 2분 이내에 대피해야만 인명 피해를 막을 수 있다(윤선화 외, 2012).

4) 화재안전교육의 필요성

화재는 인간의 생활 속에서 흔하게 접할 수 있는 사회재난 중 하나로 한 번 일어나면 대형사고로 이어질 수 있기 때문에 인명과 재산에 큰 피해를 가져온다. 대부분의 재난이 그렇듯이 화재 역시 불시에 발생하여 예측하기 어렵기 때문에 화재에 대한 정보와 지식을 미리 알고 대처하는 적극적인 예방교육이 필요하다(윤선화 외, 2012). 특히 유아는 위험에 대한 예측능력과 판단능력이 부족하고 자신의 신체를 조절할 수 있는 능력이 미흡하여 화재안전사고에 취약하다. 그러나 유아기는 건강하고 안전한 습관을 형성할 수 있는 최적의 시기이기도 하다(Cornacchia, Olsen & Nickerson, 1991). 따라서 화재의 위험으로부터 자신의 몸을 보호할 수 있는 지식, 기술, 태도를 습득할 수 있도록 일상생활 속에서 구체적이고, 반복적으로 화재안전교육이 실시되어야 한다.

유아교육기관에서는 자체적으로 월 1회 이상 소방시설 등의 정상 작동을 위해 법령이 정하는 소방시설의 외관 점검을 실시하고 연 1회 이상 소방시설관리사 및 소방기술사에 의해 작동기능점검과 종합정밀점검을 실시해야 한다. 또한 피난구 유도등, 통로 유도등 및 유도표지를 부착해 피난 출구로의 방향을 정확히 표시해야 한다(도남희 외, 2020). 이와 함께 유사시의 인명피해를 방지하기 위해 소방훈련과 교육을 실시하도록 하고 있다(김은영 외, 2015). 유아교육기관에서 소방훈련을 실시할 때는 아동이 화재 관련 지식을 익히고 실천할 수 있는 다양한 시나리오의 가상 화재 상황을 경험하게 해야 한다. 또한 아동이 화재위험에 적절히 대처하고 신속히 대피할 수 있는 기술과 태도를 습득할 수 있도록 소방훈련이 진행되어야 한다. 한편 가정은 화재 위험에 많은 부분이 노출된 장소이기 때문에 가정과 연계한 화재안전 예방교육이 함께 이루어져야 한다.

2. 화재발생의 원인 및 예방법

화재는 성인들의 부주의한 습관과 방심, 안전 불감증에 의해 발생하는 경우가 많다. 성인의 무의식적인 행동은 호기심이 많지만, 화재의 위험성을 예측하고 대처할 수 있는 능력이 부족한 아동들이 발화 물질을 만지게 하여 치명적인 상해를 입게 한다. 이에 본 절에서는 생활 속에서 발생할 수 있는 화재의 원인을 알아보고, 화재 원인에 따른 화재 예방법을 살펴보고자 한다.

1) 화재발생의 원인

(1) 불티

- 성냥, 라이터, 촛불 등을 사용한 불장난
- 폭죽놀이, 화약 등의 장난감에 의한 불장난
- 난롯불, 아궁이불 등을 이용한 불장난
- 담배 불씨를 완전히 끄지 않은 상태에서 자리를 뜨거나 휴지통에 버린 경우
- 무심코 버린 담배꽁초에서 불씨가 발화된 경우
- 모닥불, 소각장 등의 불티가 바람에 날려 발생한 경우

(2) 전기

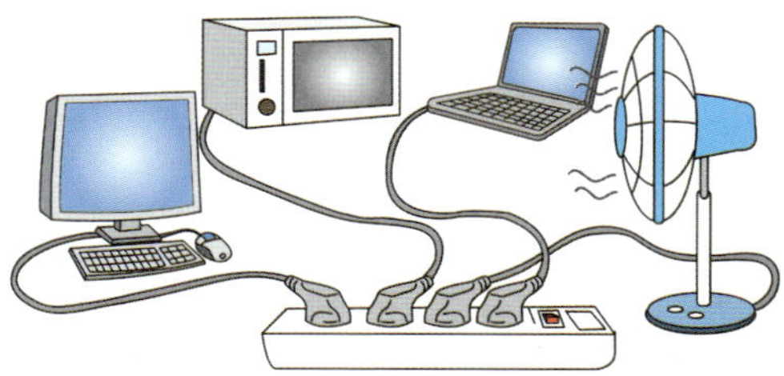

- 전선의 합선이나 절단
- 문어발식 콘센트 이용으로 인한 과부하
- 누전에 의한 발화
- 전선의 허용 전류를 초과한 과전류
- 규격미달의 전선이나 전기 기구의 사용으로 인한 과열
- 전선이나 전기기구 등의 노후로 인한 절연 불량

(3) 가스

- 가스 불 위에 음식물을 장시간 방치하여 발생한 경우
- 장시간 밸브를 잠그지 않아 가스가 누출된 경우
- 점화를 미확인하여 가스가 누출되어 폭발한 경우

- 가스밸브의 연결 관이 노화되어 가스가 새어나온 경우
- 이동식 가스레인지의 부주의한 사용

(4) 유류

- 석유난로에 불을 끄지 않고 주유하는 경우
- 석유난로 등의 유류 기구를 사용 중에 이동하는 경우
- 난로 가까이에 불에 타기 쉬운 물건을 놓아 불이 옮겨 붙은 경우
- 불을 켜놓고 장시간 자리를 비운 경우

2) 원인별 예방법

(1) 불티

① 불장난에 의한 화재 예방

- 성냥, 라이터, 양초 등은 아동의 손이 닿지 않는 곳에 보관한다.
- 아동이 폭죽이나 폭약을 이용한 놀이를 하지 않도록 한다.
- 아동이 화기를 조작하지 않도록 한다.
- 아동이 화재의 위험성을 인식하고 불에 대해 올바른 인식을 갖도록 교육한다.

② 담뱃불에 의한 화재 예방

- 흡연은 '흡연구역'으로 지정된 장소에서만 한다.
- 보행 중에는 흡연을 삼가하고 꽁초는 아무데나 버리지 않는다.
- 잠자리에서 담배를 피우지 않는다.
- 공동주택에서는 담배 불티가 이웃집에 날아가지 않도록 주의한다.
- 불씨가 튀지 않도록 재떨이에 약간의 물을 부어 사용한다.
- 담배를 피우다가 급한 용무로 잠깐 자리를 비울 경우 반드시 담뱃불을 끄고 나간다.

③ 기타 불티에 의한 화재 예방

- 모닥불을 사용한 경우에는 충분히 소화를 하고 재연소의 발화 위험이 없도록 땅속에

완전히 묻는다.

- 용접을 할 때는 부근에 연소위험이 있는 물건을 제거한 후 실시한다.

(2) 전기

- 전기 용량 및 전압에 적합한 규격 전선을 사용한다.
- 오랫동안 안 쓰는 가전제품은 플러그를 뽑아 놓는다.
- 바닥이나 문틀을 통과하는 전선은 손상되지 않도록 보호조치를 한다.
- 한 콘센트에 여러 개의 플러그를 꽂는 문어발식 사용을 금한다.
- 전선에 찢어지거나 벗겨진 부분이 없는지 수시로 점검한다.
- 사용한 전기기구는 반드시 플러그를 뽑고 외출한다.
- 백열전구는 쉽게 뜨거워지므로 열이 잘 발산될 수 있도록 하고 가연물을 가까이 두지 않는다.
- 전기장판은 과열되기 쉬우므로 장시간 켜지 않는다.
- 전열기의 자동 온도조절기 고장 여부를 수시로 확인한다.

(3) 가스

- 비누나 세제로 거품을 내어 배관, 호스 등의 연결 부분을 수시로 점검한다.
- 외출 전이나 취침 전에는 반드시 점화 코크와 중간 밸브가 잠겨 있는지 확인한다.
- 가스 불을 켜기 전에 가스가 누출되지 않았는지 냄새로 확인한다. LPG가스는 바닥쪽에서, 도시가스(LNG)는 위쪽에서 냄새를 맡아본다.
- 가스누설경보기는 공기보다 무거운 LPG 가스의 경우에는 바닥에서 30cm 이내에, 공기보다 가벼운 도시가스(LNG)는 천정에서 30cm 이내에 설치한다.
- 가스 불을 켤 때 불이 붙었는지 꼭 확인한다.
- 가스 기구를 사용할 때는 창문을 열어 실내를 충분히 환기시킨다.
- 가스 연소 시에는 불꽃이 파란색이 되도록 공기 조절기를 조절한다.
- 가스레인지 주위에는 가연성 물질을 두지 않는다.
- 불이 꺼지면 자동으로 가스가 차단되는 제품을 사용한다.

(4) 유류

- 환기가 잘되는 장소에서 사용한다.
- 반드시 전원을 끄고 급유한다.
- 난로 주변에는 소화기나 모래를 준비해 둔다.
- 유류 기구 사용 시 창문을 열어 충분히 환기시킨다.
- 연료는 적당량을 급유하고 흘러내린 기름은 깨끗이 제거한다.
- 유류를 이용한 열기구나 유류통이 넘어지지 않도록 안정된 장소에 고정하여 사용한다.
- 열기구 가까이에 가연성 물질을 두지 않는다.

3. 화재사고의 현황

화재는 매년 끊이지 않고 발생하는 사회재난으로 일상생활에서 많이 접하는 전기, 가스, 담뱃불, 불장난 등이 화재의 주요 원인이 된다. 이 절에서는 주요 화재 장소, 화재의 원인과 시기, 화재로 인한 아동사망자 등의 현황을 살펴봄으로써 화재사고로 인한 위험을 인식하고, 이를 통해 화재안전교육의 방향을 생각해 보고자 한다.

1) 화재 발생장소

화재는 비주거 시설에서 가장 많이 발생하고 있으나 아동이 일상생활에서 많은 시간을

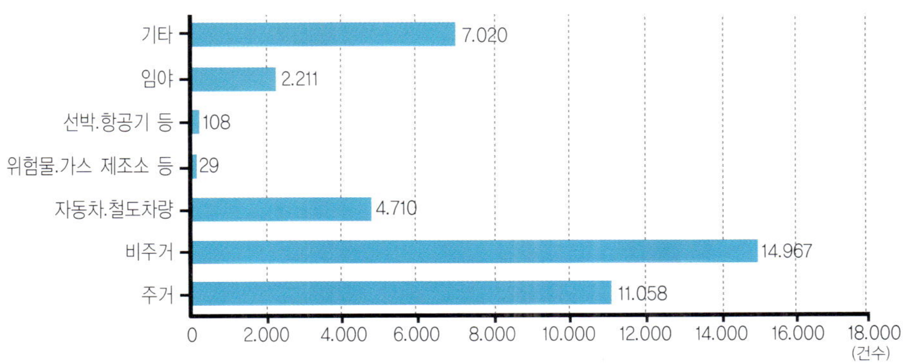

그림 6-1 화재 발생장소

보내는 주거시설을 비롯한 다양한 장소에서 발생하는 것으로 나타났다. 특히 주거 장소에서 발생하는 비율이 높음을 볼 때 아동들의 생활환경이 화재에 노출되어 있으며 화재 발생의 위험으로부터 안전한 장소가 없음을 알 수 있다. 따라서 유아교육기관과 가정이 연계하여 화재안전교육을 철저히 진행해야 할 것이며, 생활 전반에서 화재의 위험으로부터 안전하게 대응할 수 있는 실천적인 안전교육이 이루어져야 한다.

2) 화재 발생원인

2010년부터 2019년까지 10년 간 주요 화재 발생 현황을 살펴보면 부주의에 의한 화재 발생률이 가장 높았으며 다음으로 전기에 의한 화재 발생이 높게 나타났다. 이와 같은 결과는 우리가 수시로 사용하는 불은 안전하게 사용하면 도움이 되지만, 순간의 실수로 우리에게 큰 피해를 줄 수 있으므로 주의를 기울여 불을 실용적이고 안전하게 사용할 수 있도록 교육해야 함을 시사한다. 특히 전기적 요인에 의한 화재 발생률이 높음을 볼 때 전기용품의 안전한 사용 방법을 숙지하여 위험 요소를 민감하게 감지하고 대처할 수 있는 지속적인 안전관리와 교육이 필요하다.

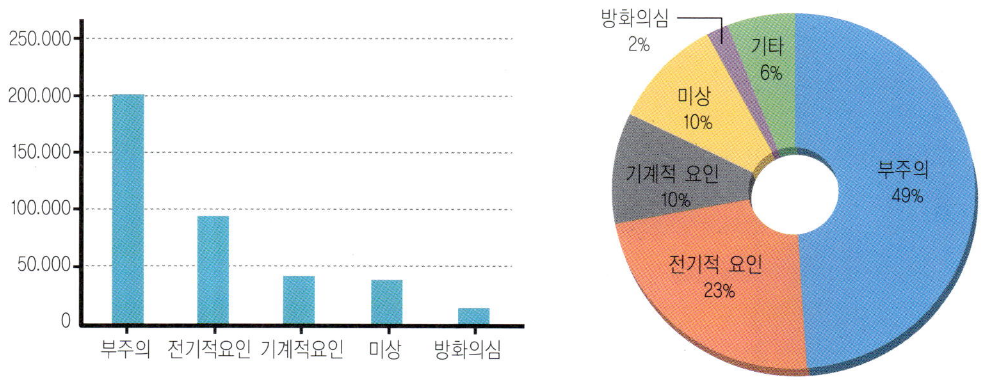

그림 6-2 최근 10년간 주요발화 요인

3) 화재 발생시기

화재 발생시기에 따라 인명피해 여부를 살펴본 결과, 전열 기구의 사용이 많은 12월부터 3월까지의 추운 계절에 화재가 비교적 자주 발생하고 있는 것으로 나타났다. 그러나 나머지 모든 기간에도 비슷한 비율로 화재가 발생하고 있음을 볼 수 있다. 이는 화재안전은 계절에 상관없이 일 년 내내 주의를 기울여야 함을 시사하는 것으로 일상에서 안전불감증이나 부주의에 의해 화재가 발생하지 않도록 철저한 화재안전관리가 요구된다.

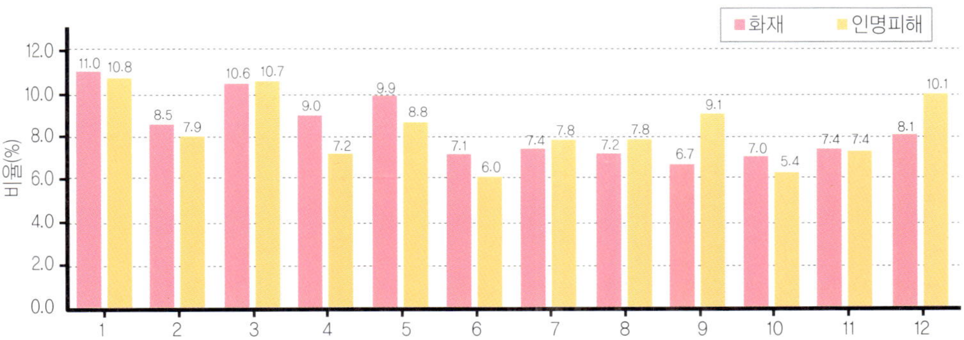

그림 6-3 화재 발생시기

4) 소방기구 사용 및 작동여부

소방기구 사용 여부에 따른 인명피해 정도를 살펴본 결과, 소방기구를 사용했을 때 인명피해가 적은 것으로 나타났다. 특히 효과적으로 소방기구가 작동했을 때보다 소방기구를 적절히 사용하지 못한 경우에 인명피해가 3배 정도 큰 것으로 나타났다. 따라서 소방기구의 올바른 사용법을 알고, 직접 사용해 보는 경험을 통해 유사시 소방기구를 적절히 사용할 수 있도록 대비하는 것이 필요하다. 또한 평상시 소방기구의 정기적인 관리를 통해 정상적으로 작동되는지 확인하고 철저한 소방기구 관리가 이루어져야 할 것이다.

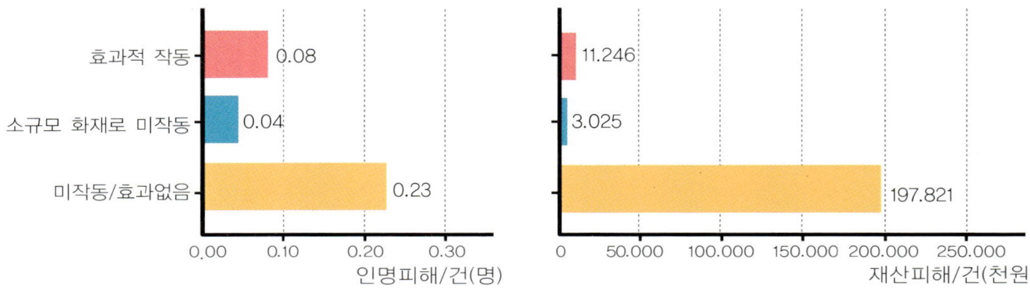

그림 6-4 소방설비 작동 여부 별 화재 현황

5) 화재사고 아동 사망자

2019년 소방청 화재통계(2020)에 따르면 화재사고 시 0-13세 아동 사망자 수는 1명, 부상자 수는 43명으로 조사되었다. 화재사고가 발생하면 유독성 물질로 인해 기도와 폐에 손상을 주어 질식하는 사망자가 많이 발생한다. 따라서 위험 예측과 대처 능력이 부족한 아동이 유해한 연기로부터 자신의 신체를 보호하며 대피할 수 있도록 구체적인 설명과 함께 행동 시연을 통한 반복적인 교육을 실시해야 한다. 특히 아동 화재사고의 인명피해는 주로 가정에서 발생하므로 가족 구성원들이 화재안전의 중요성을 인식하고 화재에 대한 정확한 지식과 대처 기술을 습득할 수 있도록 교육기관에서 실시되는 화재안전교육을 가정과 연계하여 실시해야 할 것이다.

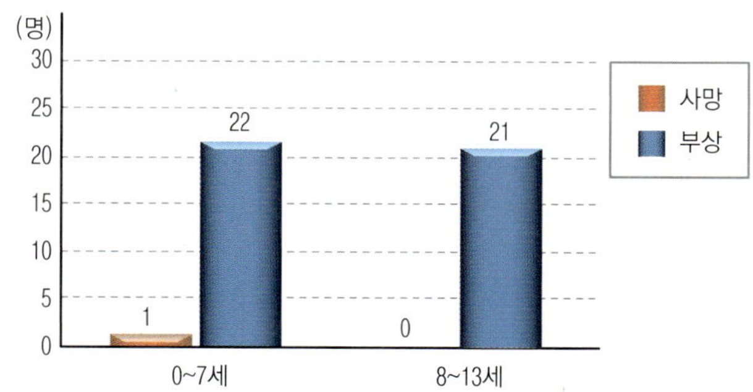

그림 6-5 피해 연령별 인명피해 현황

4. 화재안전을 위한 실천

화재가 발생했을 때 어떻게 대처하는가는 생존과 직결되는 문제이므로 화재안전교육을 실시하는 데 매우 중요한 부분이다. 따라서 본 절에서는 화재예방을 위한 안전수칙을 알아보고, 가정과 유아교육기관에서 화재 발생 시 화마와 연기를 피해 안전하게 대피하고 대응하는 방법과 화상 사고에 신속히 대처할 수 있는 방법을 살펴보고자 한다.

1) 안전수칙

아동은 화재안전에 대한 지속적인 교육을 통해 안전수칙을 숙지하고 생활 속에서 화재안전에 대한 지식, 태도, 기술을 습득해 나갈 때 화재의 위험상황에서 적절히 대처하고 대피할 수 있게 된다. 화재안전사고의 원인과 예방법에 기초하여 아동이 알고 있어야 할 안전수칙을 정리해 보면 다음과 같다.

- 성냥이나 라이터, 촛불, 화약, 폭죽 등은 아동이 사용할 물건이 아니므로 만지거나 장난하지 않는다.
- 화재 위험성 있는 물건(성냥, 라이터, 양초, 화약, 폭죽 등)을 주변에서 발견했을 경우 만지지 말고 어른들에게 알려 안전한 환경이 되도록 도움을 청한다.
- 전기 콘센트에 젓가락이나 물건을 넣지 않는다.
- 전기나 전열기구는 물에 젖은 손으로 만지지 않는다.
- 하나의 콘센트에 여러 개의 가전제품을 연결하지 않는다.
- 사용하지 않는 전기나 전열기구의 전원은 반드시 끄고, 플러그는 뽑아둔다.
- 전깃줄을 잡아당기거나 입에 넣지 않는다.
- 난로, 다리미 등과 같은 전열기구 근처에서 장난치지 않는다.
- 선풍기 가까이서 놀지 않고, 잘 때는 반드시 타이머를 맞춘다.
- 가스레인지의 손잡이나 밸브를 만지지 않고, 옆에서 놀지 않는다.
- 가스 냄새가 날 경우 즉시 어른에게 알린다.

그림 6-6 오감을 통한 화재 인식 방법

출처: 119 서울소방재난본부(https://fire.seoul.go.kr).

2) 아동을 위한 화재안전 대처방법

화재로 인한 인명과 재산 피해를 최소화하기 위해서는 민감하게 화재를 감지하여 불이 났다는 사실을 되도록 빨리 인식하는 것이 중요하다. 따라서 아동이 신체의 오감을 통해 화재를 감지하고 즉각적으로 대처할 수 있도록 한다.

화재 시 신속하고 안전한 대피가 이루어지기 위해서 교사는 아동에게 구체적이고 반복적으로 다음의 행동요령을 지도하여 일상생활에서 실천될 수 있도록 한다.

- 불을 발견하면 "불이야" 하고 큰소리로 외쳐 다른 사람에게 알리고 화재경보 비상벨을 누른다.
- 건물 안에 갇혀 있을 때는 창문을 열고 밖으로 "살려 주세요"라고 외치며 두 손이나 옷을 힘차게 흔들어 사람이 있음을 알린다.
- 옷가지 등의 물건을 챙기거나 다른 사람을 찾지 않고 곧바로 신속하게 대피한다.

• 엘리베이터를 이용하지 않고 비상구가 표시되어 있는 계단을 이용해 탈출한다.

• 아래층으로의 대피가 불가능할 때는 옥상으로 대피한다.

• 불길 속을 통과할 때는 물에 적신 담요나 수건 등으로 몸과 얼굴을 감싼다.

• 연기가 많을 때는 코와 입을 옷이나 젖은 수건으로 막고 낮은 자세로 이동한다.

• 방문을 열기 전에 손가락 두 개 정도를 손잡이에 접촉해 본다. 뜨거우면 방문을 절대로 열지 않고, 뜨겁지 않으면 문을 조심스럽게 열고 밖으로 나간다.

• 출구가 없을 경우에는 연기가 방안에 들어오지 않도록 옷, 수건, 이불 등을 물에 적셔 문틈을 막고 구조를 기다린다.

• 무섭다고 사람들이 보이지 않는 장이나 침대 밑으로 숨지 않는다.

• 옷에 불이 붙었을 때는 그 자리에 멈춘 뒤 바닥에 엎드려 두 손으로 눈과 입을 가리고 불이 꺼질 때까지 계속 뒹군다. 엎드릴 수 없는 사람은 수건이나 담요를 덮어 불을 꺼준다.

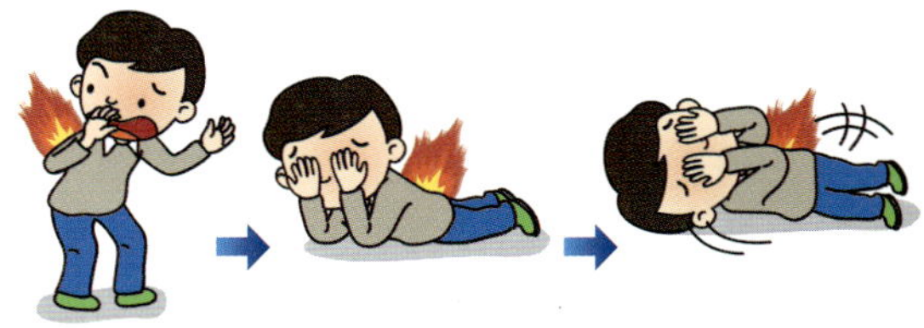

3) 교사를 위한 제언

아동이 생활 속에서 화재를 예방하고 화재 시 적절한 대응을 하기 위해서는 교사가 먼저 화재안전에 대한 명확한 지식과 태도를 가지고 있어야 하며, 이를 기초로 아동에게 대처 방법을 지속적으로 교육해야 한다. 아울러 가정에서도 화재안전을 위한 적절한 대처와 실천이 이루어지도록 화재안전 관련 정보를 전달해야 한다. 화재안전을 위해 교사가 기본적으로 알고 있어야 할 신고방법과 대피방법, 소화기 사용 및 비치 방법, 주요 화재안전표지 등을 살펴보면 다음과 같다.

아동에게 알려주어야 할 화재 신고 방법

• 119에 신고할 때는 불이 난 내용(장소, 원인)을 간단, 명료하게 설명한다.
• 주소를 알려 준다.
☞ 아동이 집 주소를 기억하도록 지도하고, 집 주변의 큰 건물이나 눈에 띄는 곳을 설명할 수 있도록 한다.
• 소방서에서 알았다고 할 때까지 전화를 끊지 않는다.
• 119는 화재, 구조, 구급 등을 요청하는 번호이므로 휴대전화의 사용이 제한되거나 미 개통된 전화도 긴급신고가 가능하다.

화재 시 발생되는 연기의 특성에 따른 대피방법

- 연기를 마시면 유독성 물질로 인해 기도와 폐에 손상을 줄 수 있으므로 입과 코를 젖은 수건으로 막고 대피한다. 단, 급박한 경우에는 손이나 옷으로 막은 상태에서 대피한다.
- 화재 발생 시 연기는 천장에서 내려오거나 바닥에 가라앉는 성질이 있으므로 연기가 많은 곳에서는 바닥에 배를 대고 기지 말고 팔과 무릎을 이용하여 신속히 기어서 밖으로 나간다.
- 깨끗한 공기는 지면에서 30~60cm 사이에 있으므로 연기가 발생할 때는 몸을 숙이고 대피한다.

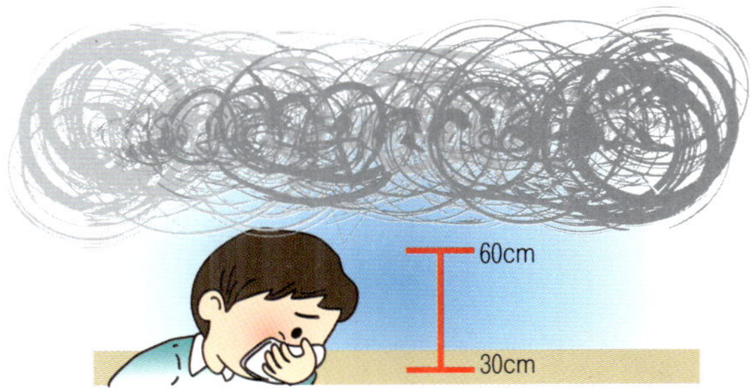

그림 출처: 윤선화 외(2010)

일반 소화기

소화기 사용방법

- 소화기를 불이 난 곳으로 옮긴다.
- 손잡이 부분의 안전핀을 뽑는다.
- 바람을 등지고 서서 호스가 불을 향하게 한다.
- 손잡이를 움켜쥐고 빗자루로 쓸듯이 불이 난 지점에 골고루 넓게 분사한다.

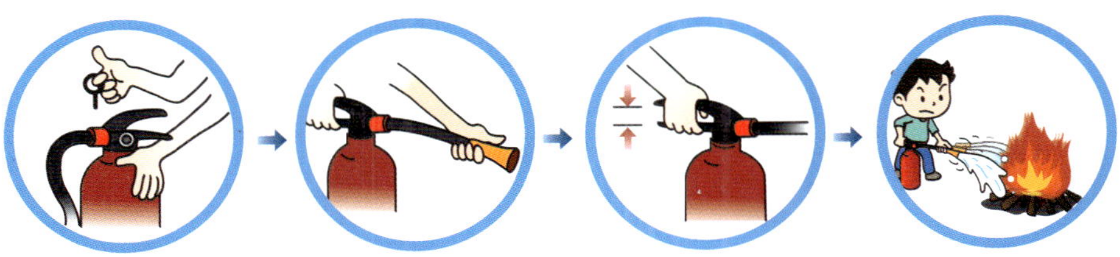

안전핀을 뽑는다. → 노즐을 잡고 불쪽을 향한다. → 손잡이를 움켜쥔다. → 분말을 골고루 쏜다.

소화기 구입 시 확인사항

- 소화기 표면에 표시되어 있는 제조 일자와 제조업체의 연락처를 확인한다.
- 소화기와 소화약제의 검정표시가 부착되어 있는지 확인한다.
- 지시압력계가 녹색 범위에 있는지 확인한다.

소화기 비치요령 및 관리방법

- 소방대상물의 각 부분으로부터 보행거리 20m 이내에 하나씩 비치한다.
- 쓰러지지 않도록 받침대 위에 올려놓거나 벽에 걸어놓아 유사시 신속하게 사용할 수 있도록 한다.
- 눈에 잘 띄고 통행에 지장을 주지 않도록 문 가까운 곳에 비치한다.
- 물이 닿는 곳과 섭씨 30도 이상의 더운 곳에 놓지 않는다.
- 파손, 부식이 없는지 수시로 점검한다.
- 한번 사용한 소화기는 허가업체를 통해 약제를 재충약한다.
- 계기가 붙어 있는 축압식 소화기는 입력계 바늘이 정상인 녹색 위치에 있는지 확인한다.
- 바늘이 노랑, 빨간 선을 표시하면 119로 문의한다.

출처: 소방청 국가화재정보센터 (http://www.nfds.go.kr), 119 안전신고센터 (http://www.119.go.kr)

화재의 위험으로부터 아동을 보호하고 화재를 예방하기 위해서 아동 교육용으로 활용할 수 있는 동영상을 소개하면 다음과 같다.

아동 화재안전을 위한 참고 영상

- 불이 났을 때 어떻게 대처할까요?
  https://youtu.be/KYBcwjZuUgQ (세이프키즈코리아)
- 화재 예방 수칙과 화재발생 시 대피방법
  (https://www.youtube.com/watch?v=0ph69SaSQr8 (세이프키즈코리아)
- 모두가 함께 하는 나침반 안전교육 시리즈1 - 화재안전 편
  https://www.youtube.com/watch?v=Y6BvFIYYRo4 (경기도교육청 TV)
- 실제로 불이나면 어떻게 할까? 온라인 소방안전교육 1편 - 화재 편
  https://www.youtube.com/watch?v=UNg2QyQ7fTY (119 서울소방 유튜브)
- 반드시 알아야 할 화재시 대피요령 우리 꼭 알기!
  https://fire.seoul.go.kr (119 서울소방재난본부)

화재 시 적절한 대피와 대처를 위해 교사가 기본적으로 알고 있어야 주요 화재안전표시를 소개하면 다음과 같다.

주요 화재안전 표지			
비상구		대피소	
비상시 깨고 여시오		소화기	
전기화재용 소화기		소화전(소방호스)	
비상전화		화기 엄금	
물로 소화금지		인화성 물질	

유아교사들은 이상의 내용을 숙지함과 함께 유아교육기관에서 화재가 발생했을 때 다음의 절차에 따라 보고해야 한다.

유아교육기관에서 화재사고 발생 시 보고체계

- 긴급상황발생시 필요한 조치 후에 먼저 유선으로 보고하고, 당일에 서면 보고한다.
- 인명대피, 소방서 신고, 비상연락, 진화 등의 긴급조치를 우선적으로 한 후 상황을 보고한다.
- 교육지원청(관재담당, 당직실)에 보고한 후에 시·도교육청에 보고한다.
- 화재발생 상황보고 후 기관별 화재발생 원인과 화재예방 사전 조치사항 등을 조사한다.

출처: 도남희 외(2020). 행복한 어린이, 안전한 유치원 생활 건강·안전관리 길라잡이. 교육부

4) 가정연계활동

가정에서 아동에게 많이 발생하는 안전사고 중 하나는 화상이다. 화상은 불이나 뜨거운 물, 증기, 다리미나 전열기구 등 달구어진 물건에 의해서 발생한다. 따라서 가정에서는 화상사고를 예방하고 대처의 효과를 극대화할 수 있도록 다음의 대처방안을 숙지하고 있어야 한다.

화상 시 대처방법

가벼운 화상일 경우

화상을 입은 부위를 흐르는 찬물에 15분 정도 대고 있어 화기를 뺀다. → 상처에 화상용 연고를 바른다. → 상처 부위를 소독한 거즈로 덮는다.

화상 부위가 5~10cm 이상으로 넓은 경우

화상을 입은 부위에 흐르는 찬물을 10분 정도 대어 화기를 뺀다. 이때 물줄기가 너무 세면 상처가 심해질 수 있으므로 물줄기를 약하게 한다. → 119에 신고하여 구조를 요청하거나 조속히 병원으로 이송한다.

주의할 사항
- 로션이나 연고, 민간요법에서 사용되는 재료 등을 바르지 않는다.
- 화상 부위에 생긴 물집은 터뜨리지 않는다.
- 2차 감염의 원인이 될 수 있는 더러운 물건이나 먼지가 화상 부위에 닿지 않도록 한다.
- 화상 부위에 옷이나 양말이 밀착되어 있을 때는 억지로 벗기지 않고 병원으로 간다.

화상의 정도에 대한 상식
- 1도: 피부가 빨갛게 되고 통증이 있다.
- 2도: 피부가 부어오르고, 물집이 생긴다.
- 3도: 피부 신경 손상으로 감각과 통증이 없고, 회백색이나 검은색으로 변한다.

출처: 윤선화 외 (2010). 우리는 안전어린이 유아용 화재 재난 안전. 소방방재청.

화재는 가정에서의 발생률이 높기 때문에 교사는 가정에서 화재를 예방할 수 있는 다음과 같은 안전수칙을 제공해 준다.

화재안전을 위해 가정에서 지켜야 할 안전수칙
- 성냥, 라이터, 양초, 유류 등은 성인이 사용하는 물건이지 아동들이 사용해야 할 물건이 아닙니다. 화재 위험이 있는 물건은 아동의 손이 닿지 않는 안전한 곳에 보관해 주세요.
- 아동이 전열기구 주변에서 놀이하지 않도록 주의 깊게 지도해 주세요.
- 아동이 화약이나 폭죽을 가지고 놀이하지 않도록 지도해 주세요.
- 하나의 콘센트에 여러 개의 가전제품을 연결해 쓰지 않도록 합니다.
- 가스레인지를 사용할 때는 자주 환기를 시켜 줍니다.
- 비상시를 대비하여 가정에서 탈출할 수 있는 탈출구를 2곳 이상 파악하여 가족과 함께 대피계획을 세워 주세요.
- 소화기는 눈에 잘 띄는 곳에 비치하고, 사용법을 정확히 알아둡니다.
- 각 방마다 연기 경보기를 설치하고, 잘 작동되는지 정기적으로 점검합니다.

또한, 교사는 유사시 가정에서 활용할 수 있도록 집 주변에 있는 소화전을 사용하는 기본 방법에 대한 정보를 제공해 준다.

소화전 사용법

- 화재가 발생하면 화재를 알리고자 발신기 스위치를 누른다.
- 소화전 문을 열고 관창(물을 뿌리는 부분, 노즐)과 호스를 꺼낸다.
- 한 사람은 호스의 접힌 부분을 펴주고, 관창(노즐)을 가지고 간 다른 사람이 물 뿌릴 준비가 되었으면 소화전함 개폐 밸브를 돌려 개방한다.
- 관창(노즐)을 잡고 불이 난 곳을 향해 물을 뿌린다.

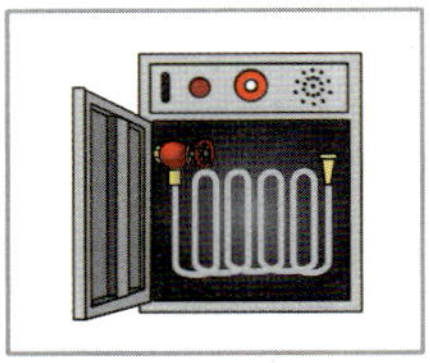
❶ 문을 연다

❷ 호스를 빼고 노즐을 잡는다

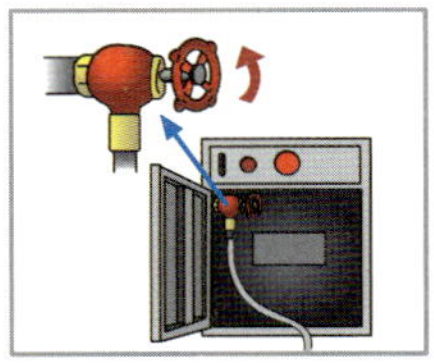
❸ 밸브를 돌린다

❹ 불을 향해 쏜다

출처: 119 안전신고센터 (http://www.119.go.kr).

5. 화재안전 및 소방안전교육의 실제

활동명	양면 퍼즐 - 불이 났어요.
목표	- 화재가 발생하는 원인을 알아본다. - 화재가 났을 때 대피해야 함을 알고 실천한다.
대상	만 4~5세
영역	수 · 조작
준비물	아크릴 퍼즐판, 코팅해서 자른 그림 자료(화재가 날 수 있는 상황 그림, 불을 끄는 그림, 유치원에 불이 나는 그림, 유치원에서 대피하는 그림)    
활동 방법	1. 사전활동에서 화재가 난 상황을 대비해서 유치원에서 대피 훈련을 하는 이유에 대해 이야기 나눈다. 2. 퍼즐을 소개한다. - 퍼즐이 맞춰진 모습을 본다. - 퍼즐 조각을 섞어 앞면에는 화재가 발생할 수 있는 상황 그림을, 뒷면에는 화재가 났을 때 안전하게 대피하는 모습이 완성되도록 퍼즐을 맞춘다. 3. 퍼즐을 맞추며 놀이한다.

출처: 윤선화 외(2019).

7장

성폭력안전

1. 아동 성폭력의 이해

2008년 12월 등교를 하던 8세 여아를 납치, 성폭행한 조두순 사건으로 인해 아동 성폭력 안전에 대한 관심이 높아지고, 아동 성폭력에 대한 엄한 처벌을 요구하는 목소리가 강하게 나타났다. 그러나 아동성범죄에 대한 사회적 관심에도 불구하고 당시 음주로 인한 심신미약 상태가 참작된 조두순은 12년형으로 감형을 받고 지난 2020년 12월 출소하였다. 뿐만 아니라, 그루밍(Grooming), 포르노그래피(pornography), 디지털 성범죄 등 아동을 대상으로 한 성폭력 수법이 다양해지면서 아동들은 성폭력의 위험에 더 많이 노출되고 있는 실정이다. 이러한 현실 속에서 유아교사들은 아동 성폭력에 대한 실태를 면밀히 파악하고 아동 성폭력을 미연에 방지할 수 있도록 적극적이고, 민감하게 대처해야 한다. 본 절에서는 성폭력의 개념과 아동 성폭력의 특징 및 실태, 예방교육의 필요성을 살펴보고자 한다.

1) 성폭력 개념

아동복지법 제3조 제7호에서는 아동 성폭력을 아동학대의 유형으로 보고 보호자를 포함한 성인이 아동의 건강 또는 복지를 해치거나 정상적 발달을 저해할 수 있는 성적 폭력이나 가혹행위를 하는 것을 아동 성폭력으로 명시하고 있다. 성폭력범죄의 처벌 등에 관한 특례법 제7조에 따르면 아동 성폭력을 13세 미만의 아동에게 가해지는 강간, 강제추행으로 규정하고 있다. 이를 정리하면 아동 성폭력은 아동을 대상으로 건강과 복지를 해치거나 정상적인 발달을 저해할 수 있는 성적 폭력이나 가혹행위로 모든 성폭력은 신체적, 언어적, 정신적 폭력이라고 볼 수 있다. 일반적으로 성폭력은 상대방이 원치 않아도 이루어지는 자신의 성적 즐거움을 위해 강제로 행해지는 모든 행위를 말한다. 그러나 아동의 경우 저항을 하거나 충분히 싫다는 표현을 하지 못했다 하더라도 자발적인 것이 아니므로 아동에 대한 성적 행동이나 성폭력에 의한 불안감이나 공포심을 조성하는 모든 행동을 성폭력이라 할 수 있다(박은혜 외, 2006).

아동 성폭력에는 자신의 성적 즐거움을 위하여 아동의 신체 부위를 만지는 행위, 가해자의 몸을 보라고 하거나 보여주는 행위, 몸을 만져달라고 하거나 만지게 하는 행위, 아동에게 가해자의 성기를 접촉하거나 삽입하는 행위, 야한 동영상이나 그림을 보여주는 행위, 카메라, 휴대전화 등으로 남의 몸을 찍는 행위, 협박, 유인 등의 수법으로, 아동에게 자신의 몸을 찍어서 보내게 유도하는 행위 등이 해당된다(인천 해바라기센터(아동), http://www.sunflowericn.or.kr). 즉, 가벼운 성희롱부터 시작하여 반복적인 강간, 학대에 이르기까지 성을 매개로 일어나는 모든 폭력적 행위를 일컬으며 상대방의 의사를 무시하여 이루어지는 성적접촉 모두가 아동 성폭력이라 할 수 있다.

2) 아동 성폭력의 특징

아동은 자신에게 관심을 보이는 성인을 믿고 따르는 경향을 보인다. 다른 사람이 행동하는 이유가 무엇인지, 그 동기가 무엇인지 파악하는 것이 어려워 사람들의 얼굴이나 외모, 자신에게 보여준 행동의 결과를 기준으로 좋은 사람인지, 나쁜 사람인지를 판단한다. 이와 같은 발달적 특성에 의해 아동을 대상으로 한 성폭력은 일반적으로 다음과 같은 특징을 보인다.

(1) 유인책에 이끌려 가기

아동들은 돈이나 음식, 선물, 놀이 등의 유인책에 이끌려 성폭력을 당하는 경우가 많다. 또한 가해자가 약자로 위장하여 도움을 요청하고 길을 묻는 방법을 사용하여 접근하기도 한다.

(2) 신체적 흔적의 미비

아동이 성추행을 당하면 상처가 쉽게 아물어 흔적을 찾기 어려운 경우가 있고 파열과 같은 손상의 흔적이 발견되지 않을 수 있다.

(3) 면식자의 소행

아동 성폭력은 가족이나 친인척 등 면식범에 의해 이루어지는 경우가 많고 모르는 사람일 경우 아는 사람을 사칭하는 방법에 의해 발생한다. 특히 아동과 가까운 면식범의 소행일 경우에는 주변인들이 성폭력의 발생 여부를 알아채기 어려워 심리적 후유증이 심각한 경우가 많다.

(4) 비밀 유지를 위한 위협과 협박

가해자들은 아동이 성폭력 사실을 발설하지 못하도록 위협하거나 협박을 하여 성폭력이 장기간 지속되고 은폐되는 경향이 있다.

3) 성폭력 예방교육의 필요성

아동학대 중 성폭력은 아동뿐만 아니라 그 가족까지 평생에 씻을 수 없는 신체적, 정신적 고통을 남기는 살인 행위라고 할 수 있다. 특히 아동의 성폭행은 주변 인물들에 의해 발생하는 경우가 많으므로 성폭력으로부터 아동과 그 가정을 보호하기 위해서 성폭력 예방교육이 절실히 필요하다. 아동 성폭력 안전교육의 필요성은 다음과 같이 생각해 볼 수 있다.

첫째, 아동을 위한 성폭력 예방교육은 어려서부터 인간으로서 바람직한 인성을 갖게 한다. 성폭력 예방교육은 성교육에서부터 시작되어야 하는데 성교육은 인간 존중이 바탕이 되어 자신을 보호하는 것뿐만 아니라 타인의 몸도 소중히 여기고 배려하는 인성적 측면과 연관된다. 특히 교사와 부모가 아동에게 성의 소중함과 성에 대한 바람직한 태도를 형성할 수 있도록 교육하는 것은 건강한 사회인으로 성장하는 바탕이 된다(박은혜 외, 2006). 따라서 성교육은 아동 성폭력의 피해가 늘어나고 있는 상황에서 성폭력으로부터 아동의 신체적, 심리적 상처를 방지하는 가장 효과적인 방법이라고 할 수 있다.

둘째, 아동을 대상으로 성폭력이 발생하는 것은 아동이 발달적 특성상 성인의 강요에 따르고, 스스로 이성적인 판단을 하기가 어렵다는 것이 전제가 된다(Marotz, Cross, & Rush, 2002). 아동은 스스로 자신을 보호할 수 있는 힘이 부족하여 성인에게 의존적이며, 성인에게 복종하는 것이 착한 행동이라고 생각하는 경향이 있다. 따라서 아동에게 무조건 성인의 강요에 따르는 것이 아니라 자신의 몸을 보호하기 위해 단호하게 이야기할 수 있도록 성폭력 예방교육을 실시해야 한다.

셋째, 아동은 자신이 아는 사람을 비롯해 자신에게 친절한 사람들을 믿을 만한 존재라고 생각하는데 특히, 유아는 사람들을 외모로 판단하는 중심화의 경향성을 가진다. 이에 상대방의 의도를 파악하지 못하여 성폭력에 취약한 상황이므로 지속적인 성폭력 예방교육이 이루어져야 한다.

넷째, 아동은 기본적으로 자신의 신체에 호기심이 많고 신체 놀이하는 것을 즐기기 때문에 적절한 성교육이 이루어지지 않으면 성폭력의 상황이 문제가 되는 것을 깨닫지 못한다. 따라서 어린 영유아에게는 신체인식의 기회를 제공함과 함께 내 몸의 소중함을 알 수 있는 성폭력 예방교육이 이루어져야 한다.

다섯째, 어린 영유아는 전적으로 성인에 의존하여 보호받으며 생활해야 한다. 따라서 교사와 부모, 양육자를 대상으로 한 성폭력 예방교육이 함께 이루어져야 한다.

2. 아동 성폭력의 징후와 후유증

아동은 일반적으로 어른들을 잘 따르는 특성이 있다. 이로 인해 아동을 대상으로 한 성폭력 사건의 가해자는 아동이 평소에 잘 알고 있는 사람이 대부분이다. 또한, 아동 성폭력은 언제나 신체적인 폭행을 동반하지는 않는다. 어릴 때 당한 성폭력의 피해는 시간이 지나서도 기억에서 사라지지 않기 때문에 교사와 부모는 아동을 성폭력으로부터 보호하고 사고 시에 즉각적으로 대처함으로써 피해를 줄일 수 있도록 성폭력의 징후와 후유증을 파악하고 있어야 한다.

1) 아동 성폭력의 징후

성폭력을 당한 아동들은 일반적으로 신체나 행동에 이상징후를 보인다. 이를 세분화하여 살펴보면 다음과 같다.

표 7-1 아동 성폭력의 징후

신체적 징후		행동적 징후	
신체	• 걷거나 앉는 것이 어려움 • 성병감염	성적 행동	• 나이에 맞지 않는 성적행동 • 해박하고 조숙한 성지식 • 명백하게 성적인 묘사를 한 그림들 • 타인과의 성적인 상호관계 • 동물이나 장난감을 대상으로 하는 성적인 상호관계
생식기	• 회음부의 통증과 가려움 • 아동의 질에 있는 정액 • 찢기거나 손실된 처녀막 • 질에 생긴 상처나 긁힌 자국, 정액 • 배뇨곤란 • 요도염 • 생식기의 대상포진	비성적 행동	• 퇴행행동 • 자기 파괴적이거나 위험한 모험적인 행동 • 충동성, 산만함 및 주의집중장애 • 혼자 있기를 거부하거나 외톨이 • 특정 유형의 사람들 또는 성에 대한 두려움 • 동물에게 잔혹함 • 자살시도 등의 자기 파괴적 행동 • 우울, 불안으로 인한 사회관계의 단절 • 수면장애 • 유뇨증, 유분증 • 폭식증, 거식증 • 야뇨증 • 외상 후 스트레스 장애 • 저조한 학업수행
항문	• 항문 괄약근의 손상 • 항문주변의 멍이나 찰과상 • 항문 내장이 짧아지거나 뒤집힘 • 항문 입구에 생긴 열창 • 항문이 좁아짐 • 회음부의 동통과 가려움 • 변비 • 대변에 혈액이 나옴		
구강	• 입천장의 손상 • 인두 / 임질		

2) 아동 성폭력의 후유증

성폭력의 피해를 입은 아동은 신체적 상해 이외에 자해, 우울증, 자아존중감 상실, 성충동 조절의 문제 등에 심각한 정신적 후유증을 유발하는 것으로 나타나고 있다. 성폭력 후유증은 피해 아동의 나이, 성폭행의 지속기간, 학대수준, 고의성, 위협이나 강압의 정도 등에 따라 그 심각성의 정도에 차이가 나타난다. 성폭력 피해 즉시 나타나는 후유증은 기억상실이나 해리현상, 수면장애, 공포, 분노, 죄책감, 열등감, 수치심 등을 표현하는 등의 급성적 현상을 보인다. 그러나 일정 시간 후까지도 만성적 우울, 두통, 복통, 나이에 맞는 않는 행동 등 만성적으로 신체적, 정신적 후유증을 보이기도 한다. 이러한 후유증은 연령에 따라 다르게 나타날 수 있는데 아동의 성폭력 후유증은 주로 행동적이고, 역기능적인 양상을 중심으로 나타난다(서울해바라기센터(아동), http://www.child1375.or.kr). 아동 성폭력의 결과로 나타나는 후유증은 다음과 같다(박은혜 외, 2006).

① 성폭력은 아동에게 두려움과 무서움, 억울함과 분노, 수치심, 죄책감, 불안, 무력감을 생기게 하는 등의 마음에 상처를 남긴다.

② 성폭력은 면식범에 의한 발생률이 높은데 이런 일을 통해 아동은 주변 사람들에게 마음의 문을 닫게 되고 사람들에 대한 신뢰성이 깨지게 된다.

③ 아동기의 성폭력 경험은 성인이 되어서도 성관계에 두려움을 겪게 하고, 성에 대한 두려움과 부정적인 생각을 하게 한다.

④ 성폭력을 당한 아동은 자신의 몸이 더러워졌다는 생각에 자신을 비난하고 괴로워하는 등 낮은 자아존중감을 가지게 된다.

3. 아동 성폭력의 현황*

통계청에서 발표한 2019년 한국의 사회지표 보도자료에 의하면 2018년 총 범죄 발생건수는 10년 전과 비교하여 24.5% 감소한 반면, 성폭력은 2배 이상 증가한 것으로 나타

* '3. 아동 성폭력의 현황'에 제시된 통계자료는 서울 해바라기센터(2019). 2018 서울 해바라기센터(아동) 사업보고서 내용을 참고하였다.

났다(통계청 보도자료, 2020. 6. 18). 국가적으로 성폭력 가중 처벌법을 마련하여 안전한 환경조성을 도모하고 있으나 미성년 성적학대가 해마다 증가하며 아동 성폭력 범죄는 끊이지 않고 계속되고 있다. 우리나라의 아동 성폭력 피해의 관리는 여성가족부 지원으로 지역별 해바라기 아동센터에서 이루어지고 있다. 이에 본 장에서는 서울 해바라기센터(아동)에서 보고된 현황을 중심으로 아동 성폭력 피해자의 성, 연령, 가해 장소, 가해자, 성폭력의 유형 및 기간 등의 현황을 살펴보고자 한다.

1) 아동 성폭력의 피해자

2018년 서울 해바라기센터(아동)에서 성폭력 피해 아동 112명을 대상으로 살펴본 결과, 여아가 88%, 남아가 13%로 여아의 피해가 월등히 많은 것으로 나타나고 있다.

성폭력 피해 아동의 연령을 살펴보면 7세 미만 유아의 피해는 23%로 초등학생(39%)이나 중·고등학생(38%) 등 다른 연령대보다는 낮게 나타났다. 그러나 성폭력 피해 연령이 계속 낮아지고 있으며, 발달 특성상 성폭력에 취약한 영유아에 대한 피해가 점점 더 늘어나고 있으므로 연령이나 성에 상관없이 모든 아동을 대상으로 자신과 타인을 보호할 수 있는 성폭력 예방교육이 강화되어야 할 것이다.

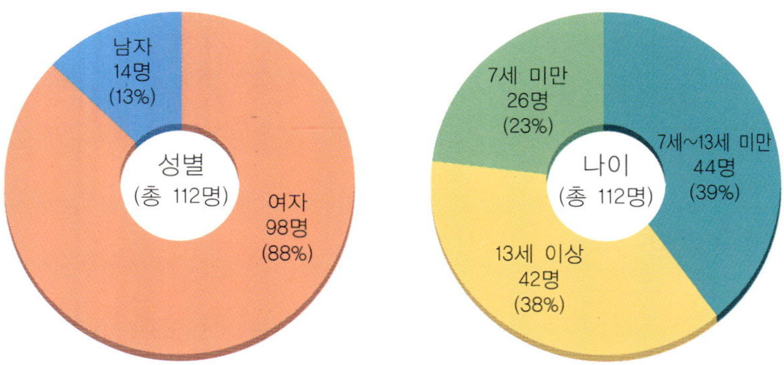

그림 7-1 아동 성폭력 피해자 현황

2) 아동 성폭력의 가해장소 및 가해자

성폭력의 발생 장소는 기타에 해당되는 장소(주차장, 공공장소, 창고, 종교시설 등)에서 가장 많이 발생하였다. 이를 통해 아동이 있는 곳은 어디든지 성폭력의 위험이 있음을 알 수 있다. 유의해 볼 것은 기타 장소를 제외하면 아동 성폭력이 피해자의 집, 공동거주지, 학교 내, 가해자의 집 순으로 많이 발생한다는 것인데 이는 서로의 집을 오갈 정도로 친근한 사람들에 의해 아동 성폭력이 일어남을 의미하는 것이다. 또한 유치원, 학원, 놀이터, 어린이집 등에서 성폭력이 발생하고 있으므로 아동을 위한 시설이 안전한 인적 환경의 상태인지 점검하고, 구성원들에게 성폭력 예방 및 안전을 위한 교육을 지속적으로 강화해야 할 것이다.

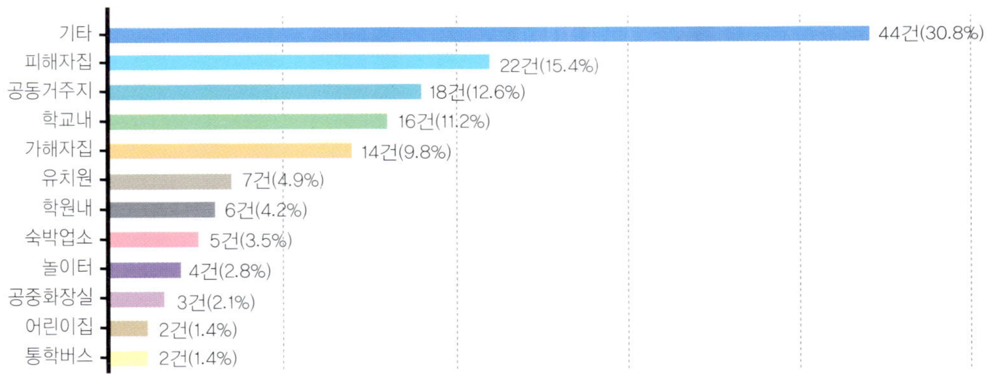

그림 7-2 아동 성폭력 가해 장소

성폭력 가해자는 또래, 친척, 선후배, 친부, 친척, 가족, 형제, 동네 사람과 같은 아는 사람(82.3%)이 모르는 사람(10.6%)보다 월등하게 높은 비율로 나타나 아동의 주변 환경에 대한 안전성을 확보할 수 있는 사회적 시스템이 강화되어야 함을 보여준다. 한편, 2019년 어린이집에서 또래 유아를 성폭행한 사건은 사회적으로 큰 충격이 되었다. 이러한 사건의 원인은 영아기부터 스마트폰을 이용하여 유튜브, 페이스북, 인스타그램 시청이 이루어져 자극적이고 유해한 성인 음란물에 노출된 결과라고 볼 수 있다. 한편 부모의 올바른 성 인식의 부재와 유아 교육현장에서 실시되고 있는 성교육의 실효성에 대한 비판도 나오고 있다(머니투데이, 2019년 12월 19일). 이처럼 성범죄 피해 연령이 갈수록 낮아지고 있는 상황에서 어린 자녀의 무분별한 미디어 노출을 방지 하려면 무엇보다 부모들의 철저한 관리가 요구된다. 유아교육 기관에서 실시하는 성교육 역시 도움을 요청하는 대처 차원의 예방교육을 넘어 자신에 몸에 대한 바른 이해와 함께 다른 사람에게 피해를 주는 나쁜 행동을 명확히 인지할 수 있는 교육이 강화되어야 할 것이다. 아동 성폭력 안전교육은 부모들이 자녀의 안전을 위해 보호와 대처를 강조하는 것을 넘어 아동 성 학대에 대해 부모와 아동 모두 자신의 행동에 책임감을 가질 때 그 실효성이 나타날 것이다.

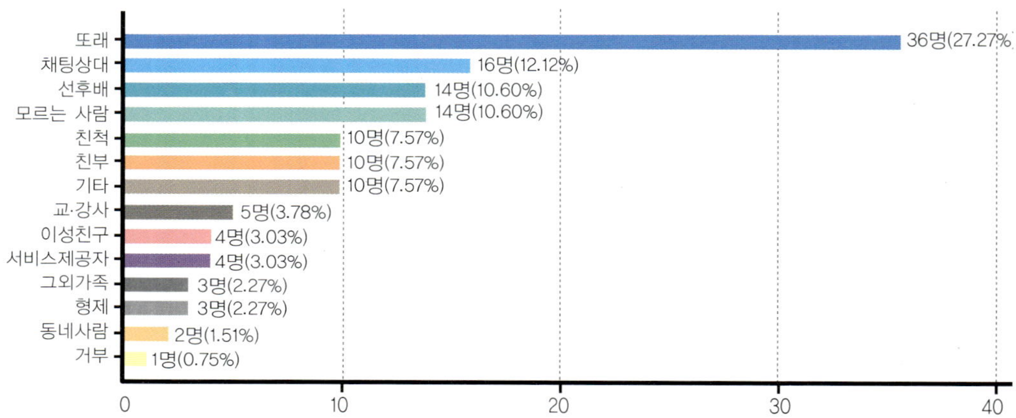

그림 7-3 아동 성폭력 가해자의 유형

가해자의 성별은 남자가 94%로 나타났으며, 가해자의 연령은 19세 이상이 가장 많았으나 18세 이하의 청소년이나 12세 이하의 초등학생에 의한 성폭행의 빈도도 높게 나타났다. 특히 7세 이하가 가해자가 6.8%로 나타난 결과는 유아기부터 성교육을 통해 신체 인식을 기본으로 성에 따라 신체가 다름을 알고, 자신과 타인의 몸을 소중하고 안전하게 지킬 수 있는 가치관을 가질 수 있는 교육이 이루어져야 함을 시사한다. 다시 한 번 강조하자면, 쏟아지는 음란물과 무분별한 성 정보에 노출되어 있는 아동과 청소년기 학생들의 성교육 및 성폭력 예방교육은 지식 전달에 그치는 것이 아니라 가치관 교육을 병행하여 실제 행동의 변화를 유도하고, 교육기관과 가정이 협조체제 속에서 성에 대해 바람직한 태도를 갖추도록 다각적인 노력을 기울여야 할 것이다.

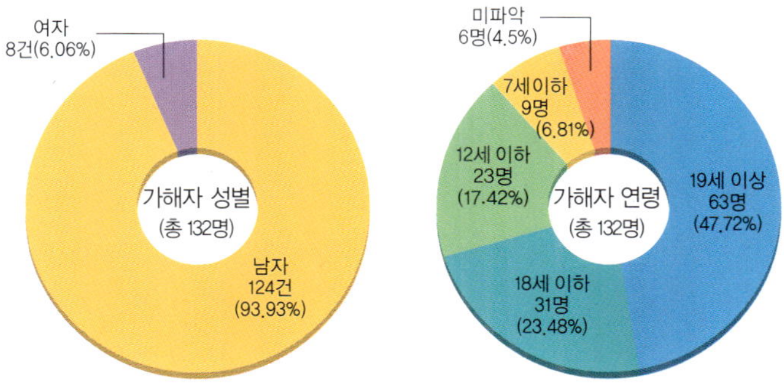

그림 7-4 아동 성폭력 가해자의 성과 연령

피해 기간은 단회적인 당일 피해가 55.6%로 가장 높았으나 1년 미만 동안 반복적으로 피해(24.1%)를 보거나 1년 이상 지속적으로 성폭력이 이루어진 예도 있다. 이처럼 지속적으로 성폭력의 피해가 발생하는 것은 성폭력 가해자가 일상 속에서 자주 만나는 사람이고, 아동들의 모습에 눈에 띄는 신체적 변화가 없어 아동 성폭력을 의심하지 않는 것이 원인이 된다. 또한 나이가 어리거나 성폭력에 대한 인식이 부족하여 횟수를 파악하지 못한 경우도 6% 정도로 조사되었다. 이는 좋은 느낌과 나쁜 느낌의 차이를 인식할 수 있도록 지속해서 성폭력 예방교육이 실시되어야 함을 시사한다.

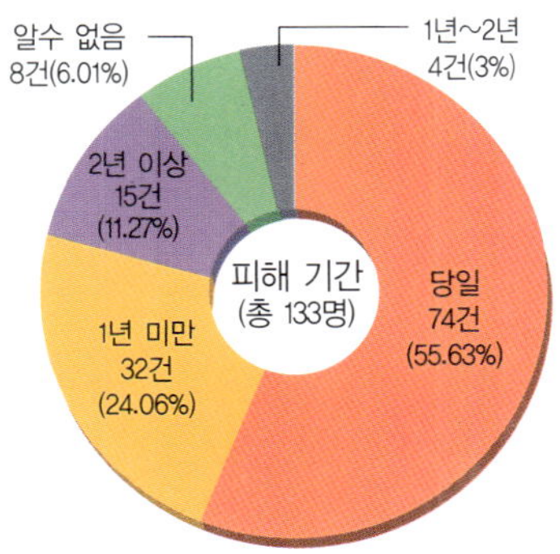

그림 7-5 아동 성폭력 피해기간

3) 아동 성폭력의 유형

아동 성폭력의 유형은 폭행, 협박 등의 힘으로 사람을 추행하는 강제추행이 절반 이상으로 가장 많았으며 힘의 유무에 상관없이 아동 간에 발생한 추행도 높은 비율로 나타났다. 아동에게 발생하는 성폭력은 신체적 위협이나 폭행이 없이 게임이나 놀이를 하며 교묘한 방법으로 접근하기도 하므로 아동이 성폭력의 피해를 당하지 않도록 주의 깊게 관찰하고 예방교육을 실시하는 것이 필요하다. 추행의 내용을 행위적 유형으로 나누어 피해를 살펴본 결과, 성기 추행과 신체 추행이 가장 두드러졌고, 음란물에 노출된 사례도 조사되었다.

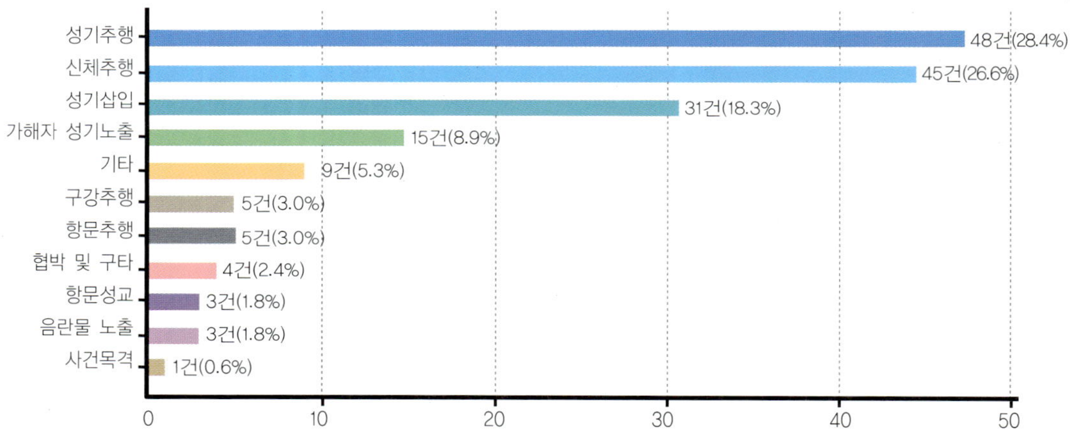

그림 7-6 아동 성폭력의 유형

최근 성적 행위를 직접적으로 묘사하는 영화, 서적, 사진, 만화, 광고 등과 같은 포르노그래피(pornography)가 인터넷 콘텐츠를 통해 아동들에게 여과 없이 노출되고 있다. 포르노그래피에 누구든지 접근할 수 있는 사회 환경은 아동의 성폭력 피해를 더 높일 수 있으므로 아동이 유해한 음란물과 인터넷 사이트에 접근하는 것을 차단할 수 있는 제도적 장치가 마련되어야 하겠다. 디지털 성폭력에 대해 좀 더 구체적으로 살펴보면, 디지털 성범죄란 카메라 등의 매체를 이용하여 상대의 동의 없이 신체를 촬영하거나 불법적으로 유포하고 유통하거나 이를 저장하는 행위 등을 말한다. 이와 함께 일상적인 사진을 성적인 사진과 합성하여 사이버 공간, 미디어, SNS 등에 게시하여 성적으로 희롱하고 괴롭히는 것도 해당한다. 최근에는 온라인 채팅, 모바일 메신저, SNS 등을 통해 아동 · 청소년에게 접근하여 피해자를 유인하고 길들임으로써 성 착취 행위를 용이하게 하고 피해를 폭로하는 것을 막아 추가적인 피해 촬영물을 얻어내거나 성관계를 요구하기는 등 온라인 그루밍과 같은 디지털 성폭력의 위험이 증가하며 심각한 사회문제로 나타나고 있다(서울해바라기센터(아동), http://www.child1375.or.kr). 특히 2020년 아동 성 착취물 사이트를 운영하며 만 2세~3세 아동이 성폭행을 당하는 영상 22만 건을 업로드하며 아동 성폭행을 조장하고 영상물을 배포해 수십억 원의 범죄수익금을 벌어들인 사건이 있었다. 이 사건은 청소년과 성인들이 자신의 이익을 위해 어린 영유아들을 성폭력의 희생물로 삼고 있음을 보여준다. 이처럼 다양화되고 있는 성폭력으로부터 연약한 어린 아동들을 안전하게 보호하기 위해서는 성인들의 무분별한 성 상품화에 아동을 이용하는 것에 대해서 강력한 처벌과 엄격한 법적 조치가 적용되어야 할 것이다.

유아 성폭력 사례

한 여아가 부모들의 정기적인 가족 모임에서 지인의 중학생 자녀로부터 성폭력을 당한 사건이 발생하였다. 가족 여행에서 어른들은 어른끼리, 아이들은 아이끼리 시간을 가져 가해 학생은 6개월 동안 1박 2일이나 2박 3일에 걸쳐 지속적으로 성폭행을 해 왔다. 피해 여아는 부모에게 성기의 통증을 호소했으나 부모는 아이의 자위행위라고 미루어 생각해 아이를 혼내거나 비난하였다. 그러나 이후에도 지속적으로 통증을 호소하자 해바라기 아동센터에 상담을 의뢰하였고 조사 결과 부모들의 가족 모임에서 만난 남학생이 가해자임을 알게 되었다. 그러나 여아의 부모는 남학생은 모범생이라고 생각하며 자신의 자녀에게 책임을 전가하는 모습을 보였다. 그 결과 피해 여아는 치료를 받았음에도 불구하고 심각한 성적 놀이에 몰두하고, 언어 표현을 하지 않는 등 적응상의 문제를 보이는 상황이다.

출처: 여성가족부(2009).

생각해 보세요

- 치료 효과나 피해 회복에 걸림돌이 된 것은 무엇이었을까요?
- 부모들의 행동에서 나타난 문제는 무엇인가요?
- 부모는 초기 대응을 어떻게 해야 했을까요?

4. 아동 성폭력 안전을 위한 실천

아동은 성 개념에 대한 지식이 부족하여 잘못된 성행위를 구분할 인지적 능력이 충분히 발달하지 않은 상태이다. 학교 안전사고 예방 및 보상에 관한 법률에서는 성폭력 및 아동학대 예방교육을 연간 8시간 이상 실시할 것을 규정하고 있다. 이에 유아교육기관에서는 영유아가 성에 대한 올바른 가치와 태도를 가지고, 위험한 상황에서 적절히 대처하고 도움을 청하는 방법과 자신과 타인의 몸을 소중히 여기고 보호할 수 있는 방법을 알고 실천할 수 있도록 체계적인 예방교육을 실시하여야 한다.

1) 안전수칙

아동 성폭력 안전교육은 성폭력으로부터 자신을 보호하고 성에 대한 올바른 지식과 태도를 보이도록 하는 것이 우선되어야 한다. 아동 성폭력 예방을 위한 안전수칙을 소개하면 다음과 같다.

① '좋은 비밀'과 '나쁜 비밀'의 차이 알려 주기

비밀에는 내 몸의 소중한 부분을 남에게 드러내거나 알리지 않고 숨겨야 하는 좋은 비밀과 나의 소중한 부분을 보거나 기분 나쁜 느낌이 들도록 위협하거나 협박, 회유하는 약속을 비밀로 하자는 나쁜 비밀이 있음을 알고 구분하게 한다.

② 낯선 사람이나 잘 모르는 사람의 차에 타지 않고 가까이 가지 않기

혼자서 낯선 사람의 차는 절대로 타서는 안 되고, 물어보는 사람이 잡아당길 수 있으므로 가까이 가지 않도록 주의를 시킨다.

③ 성폭력을 당했을 경우 교사나 부모에게 솔직하게 이야기하도록 알려주기

성폭력을 당한 아동은 죄책감과 무서움으로 주변의 도움을 구하는 것을 기피할 수 있다. 따라서 "~에 가지 마라", "~하면 큰일 난다"는 식의 예방법만을 강조하지 않고, 어떠한 상황에서도 끝까지 보호받을 수 있고, 부끄러워하거나 무서워하지 않고 이야기해도 안전하다고 알려준다.

④ 낯선 사람이나 아는 사람이 신체의 어디라도 만지려고 할 경우 대처하는 방법 알려주기

싫은 느낌이 들면 단호하게 "안 돼요! 싫어요!"라고 말할 수 있도록 가르치고, 소리를 질러서 도움을 받거나 최대한 빨리 도망치라고 알려준다.

⑤ 공중화장실에 가거나 엘리베이터를 탈 때 어른과 함께 가기

아동들은 어른들보다 힘이 부족함을 알려주고 공중화장실이나 밀폐된 장소를 이용할 때는 친구들이나 어른과 함께 가도록 지도하고, 혼자 이용할 경우 재빨리 그 자리를 떠날 수 있도록 알려준다.

⑥ 집에 혼자 있을 때, 아무나 문 열어 주지 않기

혼자 집에 있을 때는 부모와 미리 방문이 약속된 믿을 수 있는 사람이 아니라면 그 누구도 집에 들어오게 해서는 안 된다고 알려준다. 위급한 상황이 생기면 급히 연락할 수 있는 곳의 전화번호를 보기 쉬운 곳에 붙여 둔다.

⑦ 외출할 때는 보호자에게 이야기하기

외출 시에는 누구와 함께 가는지, 언제 들어오는지 보호자에게 반드시 알리도록 한다.

참고: 서울 해바라기센터(http://www.help0365.or.kr)

2) 아동 성폭력 안전사고 대처방법

교사나 부모는 아동이 성폭력을 당했을 경우 침착하고 신속하게 대응하여 효과적으로 도울 수 있어야 한다. 신속하고 적절한 대응에 따라 피해 아동의 회복 정도에 차이가 있을 수 있고, 피해의 확산을 방지할 수 있으며 가해자에 대한 조치가 달라질 수 있다. 성폭력 안전사고에 대한 구체적인 대처방안을 소개하면 다음과 같다.

- 성인의 흥분과 분노, 당황스러워하는 반응 때문에 아동은 자신이 무언가 잘못되었다고 느낄 수 있으므로 평소처럼 담담하게 이야기한다.
- 아동에게는 잘못이 없으며 두려워하지 않아도 됨을 알려주며 안심시킨다.
- 아동이 자신의 잘못 때문에 발생한 일이라고 생각하지 않도록 아동을 질책하지 않고 안심시킨다.
- 가해자나 피해 공간 등의 상황을 떠올리게 하는 자극은 피한다.
- 자세한 상황을 알기 위해 너무 자세히 물어보면 거짓말을 하거나 얼버무리며 이야기할 수 있으므로 다그치지 말고 편안한 상황에서 이야기하도록 한다.
- 아동이 자발적으로 피해 사실을 이야기하면 막지 않고 잘 듣고 공감해 준다.
- 법적 조치에 필요한 증거자료를 가능한 보존하도록 몸은 씻지 말고, 입었던 옷 그대로 혹은 피해 당시 입었던 옷이나 몸을 닦았던 모든 물품을 봉투에 담아 경찰이나 성폭력 전담기관을 찾아간다.
- 증거자료 보존을 위해 피해 시간 48시간 이내에 여아는 산부인과나 외과, 남아는 항문외과나 비뇨기과를 방문하여 진료기록을 확보한다. 병원 진찰 과정에서 피해 아동은 공포와 불안감을 느낄 수 있으므로 심리적 안정을 찾을 수 있도록 병원에 온 이

유와 진찰을 받고 나면 어떤 부분을 예방할 수 있는지 설명해 준다.

- 법적 대응의 기초 대처 방법으로 112에 신고를 하고, 해바라기아동센터나 성폭력 상담소 등 전문기관의 지원을 받아 의료적, 전문적 치료를 받도록 한다.
- 사건 처리 과정에 아동을 관련시키지 않도록 한다.

교사는 아동의 성폭력 피해 사실을 알게 되었을 때 그 가해자가 부모나 친척, 교사일 경우 신고를 주저하는 경우가 있다. 그러나 성폭력 범죄의 처벌 및 피해 보호 등에 관한 법률 제36조 제1항에 따르면 아동 성폭력 신고 의무자인 교사는 지체 없이 수사기관에 신고할 것을 의무화하고 있다. 따라서 아동 성폭력 발생 시에는 다음의 대응 절차에 따라 행동한다(여성가족부, 2009).

아동성폭력 발생 시 대응절차

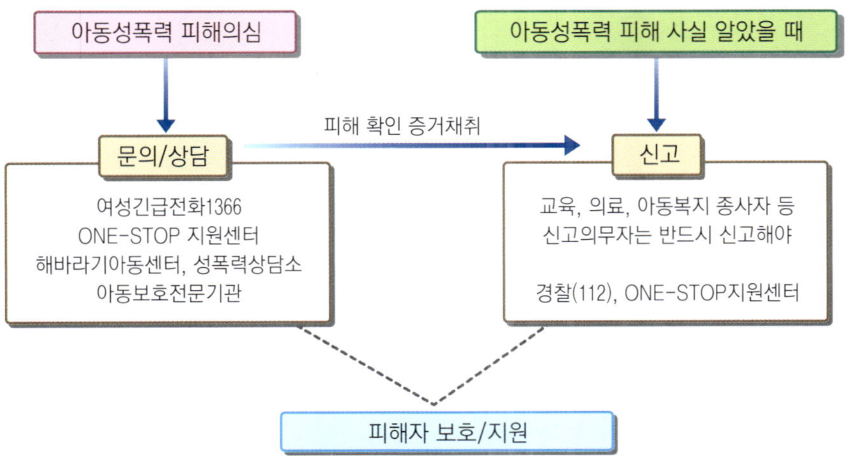

- ONE-STOP지원센터, 해바라기아동센터, 성폭력상담소, 아동보호전문기관 등을 통해 상담, 치료, 법률지원 등 적절한 조치
  (고소 및 사법처리 여부와 무관하게 의료비 지원 및 무료법률 지원)

- 학교 차원에서의 교육적 조치
  - 피해아동 지지, 지원 및 민감한 보살핌 제공
  - 피해사실, 피해자 신원이 다른 학생들에게 알려지지 않도록 노력
  - 치료, 사건조사 일정 감안 학습진도, 과제 조정
  - 피해아동 주변교사, 학생들이 피해아동 이해, 공감하고 든든한 지원자 되도록 조치

- 친족 성폭력 등으로 인해 보호자로부터 긴급 격리가 필요한 경우 아동보호전문기관 혹은 성폭력피해자보호시설(쉼터)로 연계
  (성폭력피해자보호시설은 1366을 통해 연계 기능)

출처: 여성가족부(2009).

유아교육기관에서는 아동 성폭력을 예방하고 안전하게 보호되기 위해서 성교육 업무 담당자를 지정하고 있으며 유아교사들이 아동 관찰을 통해 성 행동에 문제가 발견될 때 즉각적으로 지원할 수 있는 체계를 마련하고 있다. 유아교사들은 일상생활 중 아동에게서 관찰되는 성행동이 교사가 놀이를 제안하거나 중지시키면 주의를 돌릴 수 있는 일상적인 수준인지, 교사가 다른 놀이로 흥미를 끌어도 성행동을 지속하고 은밀한 곳에서 성행동을 하는 경향을 보이는 우려할 수준인지, 다른 놀이에 거의 참여하지 않고 성행동을 지속적으로 반복하거나 또래에게 성행위를 강요하고 교사의 눈을 피해 데려가는 등의 위험한 수준인지를 파악하여 다음의 대응 체계에 따라 신속하게 지원해야 한다(교육부, 2020).

판단 기준	다른 관심사로 주의 전환 가능	일상적인 수준 + 반복, 지속, 은밀	우려할 수준 + 강요, 폭력, 심신 피해
행동 수준	일상적인 수준	우려할 수준	위험한 수준
유치원 대응	• 유아 성교육 담당자 지정 • 발달 단계에 맞게 교육, 지도, 관찰 • 일상적 행동에 대한 부모 소통 · 교육 • (필요시) 교육청 자문 요청	• 행동 중지, 상황 파악 • 부모 면담 • (필요시) 학부모, 유아 대상 관련 교육 • (필요시) 교육청 자문 · 지원 요청	• 즉시 중지, 분리 조치, 모든 유아 보호 • 상황 파악 • 보호자 연락, 피해 유아 치료 연계 • 교육청 즉시 보고 및 사례관리 지원 요청
교육청 대응	• (요청시) 유치원 방문 컨설팅 • (필요시) 교육청 자문 · 대응 지원 • 우려 또는 위험한 수준으로 판단시 상위 수준에 맞게 대응	• (요청시) 유치원 방문 컨설팅 • (필요시) 교육청 자문 · 대응 지원 • 우려 또는 위험한 수준으로 판단시 상위 수준에 맞게 대응	• 관할청 보고 ※ 교육지원청 → 교육청 → 교육부 • 초기조사 지원 • 사례위원회 총괄 지원 • 중재안 및 치료 · 상담 등 사후관리 연계 방안마련 지원 • 관련 내용 모니터링 지속

출처: 교육부(2020). 유치원 유아의 성 행동문제 관리 대응 지침.

3) 교사를 위한 제언

아동의 성폭력에 적절히 대응하고 안전교육을 실시하기 위해서 교사는 아동 성폭력과 관련된 법에 대해 정확히 알고 있어야 한다. 아동 성폭력 관련 법 중 성폭력범죄의 처벌 등에 관한 특례법과 아동청소년 성보호에 관한 법률을 중심으로 살펴보면 다음과 같다.

성폭력범죄의 처벌 등에 관한 특례법(약칭: 성폭력처벌법)

제2장 제7조(13세 미만의 미성년자에 대한 강간, 강제추행 등)

① 13세 미만의 사람에 대하여「형법」제297조(강간)의 죄를 범한 사람은 무기징역 또는 10년 이상의 징역에 처한다.

② 13세 미만의 사람에 대하여 폭행이나 협박으로 다음 각호의 어느 하나에 해당하는 행위를 한 사람은 7년 이상의 유기징역에 처한다.

1. 구강 · 항문 등 신체(성기는 제외한다)의 내부에 성기를 넣는 행위
2. 성기 · 항문에 손가락 등 신체(성기는 제외한다)의 일부나 도구를 넣는 행위

③ 13세 미만의 사람에 대하여「형법」제298조(강제추행)의 죄를 범한 사람은 5년 이상의 유기징역에 처한다. [개정 2020.5.19.]

④ 13세 미만의 사람에 대하여「형법」제299조(준강간, 준강제추행)의 죄를 범한 사람은 제1항부터 제3항까지의 예에 따라 처벌한다.

⑤ 위계 또는 위력으로써 13세 미만의 사람을 간음하거나 추행한 사람은 제1항부터 제3항까지의 예에 따라 처벌한다.

특히 아동 · 청소년의 성보호에 관한 법률 (약칭: 청소년성보호법) 제3장 아동청소년 대상 성범죄의 신고 응급조치와 피해 아동 · 청소년의 보호 · 지원 제34조(2020.06.09.시행)에서는 신고자의 보호에 대해 언급하며 아동 · 청소년 대상의 성범죄 신고는 누구든지 할 수 있으며, 특별히 교사, 의료인, 사회복지기관 관련자 등의 즉각적인 신고를 강조하고 있다.

① 누구든지 아동 · 청소년대상 성범죄의 발생 사실을 알게 된 때는 수사기관에 신고할 수 있다.

② 다음 각 호의 어느 하나에 해당하는 기관 · 시설 또는 단체의 장과 그 종사자는 직무상 아동 · 청소년대상 성범죄의 발생 사실을 알게 된 때는 즉시 수사기관에 신고하여야 한다.

1. 「유아교육법」제2조제2호의 유치원
2. 「초 · 중등교육법」제2조의 학교
3. 「의료법」제3조의 의료기관
4. 「아동복지법」제3조제10호의 아동복지시설

5. 「장애인복지법」 제58조의 장애인복지시설
6. 「영유아보육법」 제2조 제3호의 어린이집
7. 「학원의 설립 · 운영 및 과외교습에 관한 법률」 제2조 제1호의 학원 및 같은 조 제2호의 교습소
8. 「성매매방지 및 피해자보호 등에 관한 법률」 제5조의 성매매 피해자등을 위한 지원시설 및 같은 법 제10조의 성매매피해상담소
9. 「한부모가족지원법」 제19조에 따른 한부모가족복지시설
10. 「가정폭력방지 및 피해자보호 등에 관한 법률」 제5조의 가정폭력 관련 상담소 및 같은 법 제7조의 가정폭력 피해자 보호시설
11. 「성폭력방지 및 피해자보호 등에 관한 법률」 제10조의 성폭력피해상담소 및 같은 법 제12조의 성폭력피해자 보호시설
12. 「청소년활동 진흥법」 제2조제2호의 청소년활동시설
13. 「청소년복지 지원법」 제29조제1항에 따른 청소년상담복지센터 및 같은 법 제31조 제1호에 따른 청소년쉼터
14. 「청소년 보호법」 제35조의 청소년 보호 · 재활센터
15. 「국민체육진흥법」 제2조제9호가목 및 나목의 체육단체
16. 「대중문화예술산업발전법」 제2조제7호에 따른 대중문화예술기획업자가 같은 조 제6호에 따른 대중문화예술기획업 중 같은 조 제3호에 따른 대중문화예술인에 대한 훈련 · 지도 · 상담 등을 하는 영업장(이하 "대중문화예술기획업소"라 한다)

③ 다른 법률에 규정이 있는 경우를 제외하고는 누구든지 신고자 등의 인적사항이나 사진 등 그 신원을 알 수 있는 정보나 자료를 출판물에 게재하거나 방송 또는 정보통신망을 통하여 공개하여서는 아니 된다.

한편, 유아교육기관에서는 아동과 교직원을 대상으로 다음과 같은 기준에 따라 아동 성폭력 예방교육을 실시하고 실적을 보고해야 한다(도남희 외, 2020).

- 아동을 대상으로 성폭력과 아동학대 예방교육을 6개월에 1회 이상(연간 8시간 이상) 실시한다.
- 교육내용은 아동복지법, 성폭력 방지 및 피해자보호 등에 관한 법률, 성매매방지 및 피해자보호 등에 관한 법률 등 관련 법령에서 규정하는 안전 관련 교육 및 교육과정과 연계 · 통합하여 이론과 실습을 병행해 실시한다.

- 교육방법은 유아의 연령과 발달 수준을 고려하여 전문가나 유아교육기관 교원과의 대면교육, 시청각교육, 홈페이지를 이용한 교육, 인형극, 체험교육, 사례분석, 역할극, 프로젝트 활동 등 다양한 방법으로 실시할 수 있다.
- 교직원을 위해서 성폭력 예방교육을 매년 1회 이상, 각 1시간 이상 의무적으로 실시해야 하며 신규 임용자는 2개월 이내에 교육해야 한다.
- 유아와 교직원을 대상으로 성폭력(성희롱, 성매매) 예방교육을 실시한 실적을 매년 2월 말일까지 여성가족부 예방교육통합관리 포털사이트(http://shp.mogef.go.kr)에 입력하고 여성가족부 장관에게 제출해야 한다.
- 유치원장은 학교안전교육 영역 중 '폭력예방 및 신변보호를 위한 안전교육' 사항에 성폭력 예방교육을 포함하여 해당 연도와 지난해 유치원 계획에 대한 추진 실적을 매년 3월 31일까지 교육감에게 보고하고, 8월 말과 12월 말에 교육부 학교안전정보센터 포털사이트(http://www.schoolsafe.kr)에 학교 안전교육 실적을 입력해야 한다.
- 성폭력 예방교육에 대해 정보공시제도에 따라 '안전교육·안전점검' 내용을 4월, 10월 연 2회 유치원 알리미 포털사이트(http://e-childschoolinfo.moe.go.kr/main.do)에 제공해야 하고 공시 정보를 교육감에게 제출해야 한다.
- 유치원장은 유치원 취업자와 노무자 및 취업·노무 예정자에 대해 성범죄 경력을 조회해야 한다.

■ 아동복지법 시행규칙 [별지 제12호의6서식] <신설 2020. 9. 29.>

범죄경력회보서 발급시스템 (http://crims.police.go.kr)에서도 요청할 수 있습니다.

성범죄 경력 및 아동학대관련범죄 전력 조회 요청서(본인)

※ 색상이 어두운 란은 요청인이 작성하지 않고, [ ]에는 해당되는 곳에 √표를 합니다.

접수번호	접수일시	처리기간 즉시

요청인 (대상자)	성명(외국인인 경우 영문명)	
	주민등록번호(외국인인 경우 외국인등록번호/국적)	면허번호(의료인인 경우에만 해당합니다)
운영예정 또는 취업(예정) 기관 정보	기관명	주소 (전화번호:)
	조회용도 [ ] 운영하려는 자 [ ] 취업(예정)자 (직종:) ※ 예시: 보육교사, 의사, 간호사 등	

「아동·청소년의 성보호에 관한 법률」 제56조 및 같은 법 시행령 제25조와 「아동복지법」 제29조의3 및 같은 법 시행령 제26조의5에 따라 본인의 성범죄 경력 조회와 아동학대관련범죄 전력 조회를 요청하오니 그 결과를 회신해 주시기 바랍니다.

년 월 일

요청인 (서명 또는 인, 정보통신망 이용 시 생략 가능)

______________경찰서장 귀하

첨부서류	1. 신분증명서(주민등록증 또는 운전면허증 등) 사본 1부 2. 아동관련기관을 운영하려는 자: 운영하려는 시설 또는 기관이 아동관련기관임을 증명하는 서류 1부 3. 취업자등: 아동관련기관의 취업자등임을 증명하는 서류 1부	수수료 없음

행정정보 공동이용 및 개인정보보호 수집·이용 동의서

본인은 이 건 업무처리와 관련하여 담당 공무원이 「전자정부법」 제36조에 따른 행정정보의 공동이용을 통하여 운영하려는 시설 또는 기관이 아동관련기관임을 확인하는 것에 동의합니다.

※ 동의하지 않거나 확인이 되지 않는 경우에는 요청인이 직접 관련 서류를 제출해야 합니다.

아동관련기관을 운영하려는 자 서명 또는 인

유의사항

1. 대상자가 외국인인 경우 성명은 영문으로 적고, 주민등록번호란에는 외국인등록번호(외국인등록번호가 없는 경우에는 생년월일과 여권번호) 및 국적을 적습니다.
2. 운영하려는 시설 또는 기관이 아동관련기관임을 증명하는 서류 및 아동관련기관의 취업자 등임을 증명하는 서류는 아동관련기관의 인·허가증 사본, 재직증명서 등을 말합니다.

처리절차

요청서 작성	→	접 수	→	취업제한 해당 여부 확인	→	통보
요청인		경찰서장		경찰서장		

210㎜×297㎜[백상지(80g/㎡) 또는 중질지(80g/㎡)]

아동의 성폭력을 예방하기 위해서 교사와 부모 교육용으로 활용할 수 있는 자료를 소개하면 다음과 같다.

아동 성폭력 예방 및 성인지 감수성 인식을 위한 참고자료

- 아동성폭력예방을 위한 부모교육용 동영상 '위험한 10분' (EBS)
- 유치원 및 어린이집 관리자 대상 성폭력 예방교육 (여성가족부)
- 어린이집·유치원 교사 등을 위한 성인지 교육교재 (여성가족부)
- 유·아동 대상 성인지 교육 교재 (여성가족부)
- 유·아동 대상 성인지 교육 교재-교구 (여성가족부)
- 우리아이 지킴이 가이드 – 아동성폭력 및 아동학대 예방 부모교육 자료집 (서울시여성가족재단)
- 유튜브: 영유아 성발달 및 성행동의 이해 1, 2, 3 (보건복지부, 중앙육아종합지원센터)

출처: 한국양성평등교육진흥원(2020a, 2020b, 2020c).

성폭력 사건이 발생했을 때 교사나 부모의 반응과 상호작용은 사건을 대처하는 데 큰 영향을 미친다. 따라서 다음의 내용에 주의하여 반응하도록 한다.

성폭력을 당한 아동에게 하지 말아야 할 말

- 그게 정말이니? 거짓말 아니야?
- 내가 반드시 복수하고 말거야.
- 거기를 왜 갔니? 왜 도망가지 않았어?
- 그 친구(사람)와 놀지 말라고 그랬지?
- 네가 조심했어야지.
- 내가 그런 사람 조심하라고 했잖아.
- 아무나 따라가지 말라고 했잖아.
- 왜 빨리 말하지 않았어.
- 그만 얘기하고 나중에 말하자.

4) 가정연계활동

성폭력을 당한 아동과 나눠야 할 말

- 선생님(엄마, 아빠)은 너를 믿어.
- 너 때문에 일어난 일이 아니란다. 네 잘못이 아니야.
- 네가 화나고 속상한 것은 당연해.
- 거기만 아픈 거지 너의 모든 것이 잘못된 것이 아니란다.

성폭력으로부터 아동을 보호하기 위해서 교사는 아동이 일상생활에서 안전한 생활을 실천할 수 있도록 가정과 연계하여 일관성 있는 지도를 해야 한다. 특히 부모를 비롯한 양육자가 아동과의 의사소통을 통해 위험에 신속하고 적절하게 대처할 수 있도록 일상생활 속에서 아래의 『성폭력으로부터 우리 자녀 지키기 10계명』(경북북부해바라기센터, http://www.gbonestop.or.kr)을 활용하도록 한다.

성폭력으로부터 우리 자녀 지키기 10계명

자녀들과 이야기해요

1. 부모님(보호자)과 매일 이야기해요.
   ☞ 하루 동안 무슨 일이 있었는지, 무엇을 했는지, 누구를 만나 어떤 이야기를 했는지, 인터넷에서는 무엇을 보았는지 이야기해요.
2. 내 생각과 느낌을 정확하게 표현하고 다른 사람의 생각과 느낌을 존중하는 습관을 길러요.
3. 등하교는 가능하면 부모님(보호자)과 함께해요.
   ☞ 아동들끼리만 다닐 때는 밝고 사람이 많이 다니는 큰길로 여럿이 함께 다녀요.
4. 부모님(보호자)의 허락 없이는 놀러 가지 않아요.
   ☞ 모르는 사람이 도와달라고 하거나 음식이나 선물을 주려고 하면 "부모님께 허락받아야 한다"라고 말하면서 거절해요.
5. 일상생활에서 불편하고 나쁜 감정이 있었다면 부모님(보호자)께 이야기해요.
   ☞ 내 몸을 만져서 불편하게 한 사람이나 수영복으로 가려지는 부분을 만진 사람이 있다면 꼭 말하세요.

어른들이 지켜 주세요

1. 항상 자녀의 말에 귀를 기울이고 어떤 이야기든 편하게 말할 수 있도록 해주세요.
   ☞ '의사소통이 잘 되는 가정'에서 자녀의 안전을 지킬 수 있어요. 부모님(보호자)은 자녀가 24시간 어디서 무엇을 하고 있는지 꼭 알고 있어야 해요.
2. 자녀가 "싫다"라고 했을 때 자녀의 의견을 존중하고 수용해 주세요.
   ☞ 그래야 싫은 상황에 대해 다른 사람에게도 "싫다"라고 말할 수 있어요.
3. 자녀와 함께 안전계획을 세워요.
   ☞ 등하교 길에 도움을 청할 수 있는 곳(아동안전지킴이집, 주민자치센터, 경찰, 공공기관 등), 인터넷 이용 시 주의할 점 등에 대해 함께 알아봐요.
4. 모르는 아이에게 음식이나 선물을 주는 것, 도와달라고 부탁하는 것, 불필요한 신체접촉을 하는 것을 삼가하세요.
   ☞ 자녀에게 가르친 것과 다르게 행동하는 것은 자녀에게 혼란을 줄 수 있어요.
5. 자녀가 상대방에 대해 존중하고 배려하는 습관을 갖도록 생활 속에서 교육해 주세요.
   ☞ 주변에 위기에 처한 아이가 있으면 적극적으로 도와주고 신고해요.

아동 성폭력 예방교육을 위해서는 자신의 신체를 인식하는 것을 비롯하여 일상생활에서 경험하고 관심을 가질 수 있는 이야기로 구성된 그림책을 통해 성폭력 예방교육을 실시할 수 있다.

자녀들과 함께 읽을 수 있는 유아 성폭력 예방 그림책 및 애니메이션 목록

- 정지영 (2009). **소중한 나의 몸**. 비룡소.
- 다그마르 가이슬러 (2004). **머리끝에서 발끝까지 이게 나야**. 크레용 하우스.
- 마리 프랑스 보트 (2010). **이럴 땐 싫다고 말해요**. 문학동네.
- 배티 뵈거홀드 (2006). **난 싫다고 말해요**. 북뱅크.
- 샌디 클레븐 (2006). **다정한 손길**. 내 인생의 책.
- 실비아 다이네르트 (2004). **가족앨범**. 사계절.
- 안도 유기(2003). **좋은 느낌 싫은 느낌**. 언어세상.
- 제시 (2007). **말해도 괜찮아**. 문학동네.

- 카트린 마이어 (2003). 슬픈 란돌린. 문학동네어린이.
- 코넬리아 스펠만 (2007). 내 몸은 내가 지켜요. 보물창고.
- 영유아 안전교육 애니메이션 - 함부로 만지지 마세요. (국민안전교육 https://kasem.safekorea.go.kr)

아동 성학대 사건이 발생하였을 때 피해 상황을 고발하는 사람의 약 60% 이상이 부모이다. 따라서 부모를 비롯한 양육자는 아동이 성폭력 피해를 당했을 때 나타나는 증상과 성폭력 기준을 명확히 알고 있어 조기에 발견하고, 신속하게 대처하도록 한다.

의료적으로 확인해 볼 수 있는 기준

생식기, 항문, 구강 등에 긁히거나 찢긴 상처, 손상을 보인다.

심리·사회적으로 확인해 볼 수 있는 기준

성적 기준

- 아동 수준에 맞지 않는 성지식을 나타내는 말을 하는 등의 성에 대한 관심이 급격히 증가한다.
- 명백한 성행위를 나타내는 그림을 그린다.
- 인형이나 동물을 대상으로 성적인 놀이를 한다.
- 더 어린아이나 또래에게 성적인 공격 행위나 성행위를 한다.
- 과도한 자위행위를 한다.
  예 성기의 상처, 여러 차례, 생식기나 항문에 물건 넣기, 소리 내는 행동 등

비성적 기준

- 숙면을 하지 못하고 악몽을 꾸거나 자주 깨고, 두려운 반응 등의 수면장애와 불안증세를 보인다.
- 손가락을 빨거나 대소변 실수가 증가하는 등의 퇴행적 행동을 한다.
- 부모에게 지나치게 매달리거나 어리광을 부리는 행동을 한다.
- 분리불안의 행동이 증가한다.
- 이유 없는 짜증, 폭발적인 분노 등 갑자기 행동이 눈에 띄게 변한다.
- 갑자기 목욕을 자주 하고 속옷을 자주 갈아입는 행동을 보인다.

- 문을 꼭꼭 잠그는 행동을 보인다.
- 발달 과업을 수행하는 것에 실패한다.

※ 성폭력의 상당수는 신체적 특징이 발견되지 않고, 위에서 제시한 기준이 발견되지 않는 경우도 있다. 따라서 성폭력 기준만을 보고 부모나 교사가 임의로 성학대 사실을 판단하는 것은 바람직하지 않다.

5. 성폭력 안전교육의 실제

<table>
<tr><td>활동명</td><td>뭐라고 말할까요?</td></tr>
<tr><td>목표</td><td>- 내가 하고 싶은 행동이 있을 때 상대방의 동의를 구하는 태도를 기른다.
- 내가 싫어하는 행동을 친구가 나에게 할 때 나의 감정을 정확히 말할 수 있다.
- 사람마다 느끼는 감정이 다름을 알고 존중하는 태도를 기른다.</td></tr>
<tr><td>대상</td><td>만 4~5세</td></tr>
<tr><td>영역</td><td>언어영역</td></tr>
<tr><td>준비물</td><td>그림자료(친구의 마음을 물어보고 행동하는 그림 문장 만들기 카드 8장, 친구의 행동에 대한 나의 마음을 전하는 방법 그림 문장 만들기 카드 8장)

</td></tr>
<tr><td>활동 방법</td><td>1. 친구에게 내가 좋아하는 감정을 표현할 때 어떻게 하면 좋을지 생각해 본다.
- 친구를 안고 싶을 때 어떻게 하면 좋을까?
- 친구가 내가 한 행동이 싫다고 하지 말라고 한다면 어떻게 해야 할까?
2. 「친구의 마음을 물어보아요」 문장카드를 이용해 친구에게 친구의 마음을 물어보고 행동해야 하는 문장을 구성해 본다.
3. 친구가 나에게 갑작스러운 행동을 한다면 어떨지 생각해 본다.
- 내가 놀이하고 있을 때 친구가 갑자기 안았다면 기분이 어떨까?
- 만약에 싫은 기분이었다면 어떻게 말해야 할까? (하지 말아 줘. 싫어.)
4. 「친구에게 내 마음을 말해요」 문장카드를 이용해 친구에게 친구의 마음을 물어보고 행동해야 하는 문장을 구성해 본다.
5. 완성된 문장을 함께 읽으며 이야기 나누고 평가한다.</td></tr>
</table>

출처: 윤선화 외(2019).

8장

아동학대안전

1. 아동학대의 이해

UN 아동권리협약에서는 "아동은 한 인간으로서 고유한 존재이며, 스스로가 권리의 주체자임을 인식하고 적극적인 참여를 통해 자신의 권리를 향유하고 자신의 권리를 온전하게 보장받을 수 있어야 한다."고 명시하고 있다. 이에 따라 학대로부터 아동을 안전하게 보호하고 그 권리를 누릴 수 있게 하기 위한 사회적인 노력이 이루어지고 있다. 그럼에도 불구하고 우리 주변에서 아동을 학대하고 폭행하여 죽음에 이르게 하는 사건이 계속되고 있다. 특히 전 세계를 뒤덮은 코로나19의 장기화에 따른 아동 돌봄의 공백과 사각지대의 확산은 아동학대 사건을 증가시키고 있다. 캐리어에 갇혀 의식불명 상태에 있다가 사망한 천안 아동학대 사건과 부모의 폭행과 화상 등의 학대를 피해 지붕을 넘어 탈출한 창녕 아동학대 사건은 모두 위기 아동으로 등록되어 있었으나 코로나19로 인해 가정방문이 이루어지지 않아 아동학대에 방치된 상황이 되어 버렸다. 입양아 정인이 사건은 양부모의 지속적인 학대로 아동학대 신고가 세 차례 이루어졌음에도 미흡한 아동학대 대응으로 16개월 된 영아를 죽음에 이르게 했다. 끊임없이 일어나는 아동학대의 현실 속에서 아동학대의 개념과 유형을 이해하고, 그 실태를 파악해봄으로써 아동을 학대로부터 안전하게 보호하고 아동학대를 예방할 수 있는 방안을 모색해야 할 것이다.

1) 아동학대의 개념

아동학대는 고대 영아살해를 시작으로 인류 역사에서 지속적으로 이루어져 왔다. 그러나 아동학대는 시대나 사회, 문화적 맥락에 따라 그 신념에 차이가 있어 아동학대의 기준을 정하고 상황을 해석하는 공통적인 정의를 찾기가 어렵다. 특히 혈연 중심의 유교문화 전통을 가진 우리나라에서는 체벌과 엄격한 훈육을 용인하는 경향이 있어 아동학대에 대한 심각성에 민감하지 않은 상황이다.

아동학대는 비우발적인 것으로 객관적인 관찰이나 상처를 확인할 수 있는 신체적 학대로 한정되는 경우가 많다. 그러나 아동학대를 신체학대로 한정할 경우에는 상처를 남기지 않는 신체적 학대나 비신체적인 학대까지 포괄하지 못한다. 또한 고의적인 것과 우발적인 것을 제대로 구분할 수 없다는 한계도 있다. 이에 최근에는 방치와 냉대를 폭넓게 포함하여 아동 발달상의 욕구를 충족시키는 데 실패한 모든 환경으로 그 의미를 넓혀가고 있다(공계순 외, 2013). 교육학 용어사전(1995)에서는 아동학대에 대해 정신적으로 아동의 권리를 박탈하는 행위로 규정지으며 아동을 사랑하지 않고, 위험한 노동에 종사하게 하여 착취하거나, 놀이나 교육의 기회를 박탈하고, 부단한 신체적 처벌을 가하는 것으로 개념화하고 있다. 한편 우리나라 아동복지법 제3조 제7항에서는 '아동학대'란 보호자를 포함한 성인이 아동의 건강 또는 복지를 해치거나 정상적 발달을 저해할 수 있는 신체적 · 정신적 · 성적 폭력이나 가혹행위를 하는 것과 아동의 보호자가 아동을 유기하거나 방임하는 것으로 규정하고 있다. 이는 아동학대가 행동으로 가해하는 행위뿐만 아니라 유기와 방임과 같은 소극적이고 잠정적인 행위까지 포함하는 포괄적인 개념으로 이해되어야 함을 의미한다. 결국, 아동학대란 신체적 학대뿐만 아니라 정신적 학대를 포함하는 개념이라고 할 수 있다.

2) 아동학대의 유형

아동학대는 명백한 행위가 존재하며, 신체적으로나 정신적으로 손상이 뒤따르는 것이 전제 된다(오정수, 정익중, 2013). 아동학대는 일반적으로 신체적 학대, 정서적 학대, 성학대, 방임의 네 가지 유형으로 분류해 볼 수 있는데 본 장에서는 신체적 학대, 정서적 학대, 방임 등 3가지 유형을 중심으로 살펴보고자 한다.

(1) 신체적 학대

신체적 학대란 보호자를 포함한 성인이 아동의 건강 또는 복지를 해치거나 정상적 발달을 저해할 수 있는 신체적 폭력이나 가혹행위를 하는 것이다. 신체학대의 유형을 구체적으로 살펴보면 다음과 같다.

- 직접적으로 신체에 가해지는 행위
  [예] 손과 발로 때리기, 꼬집고 물어뜯기, 조르고 비틀기, 할퀴기 등
- 도구를 사용하여 신체를 가해하는 행위
  [예] 도구로 때리기, 물건 집어던지기, 흉기나 뾰족한 도구로 찌르기 등
- 완력을 사용하여 신체를 위협하는 행위
  [예] 강하게 흔들기, 신체부위 묶기, 벽에 밀어붙이기, 떠밀고 잡기, 아동을 집어던지기, 거꾸로 매달기, 물에 빠뜨리기 등
- 신체에 유해한 물질로 신체에 가해지는 행위
  [예] 화학물질이나 약물 등으로 신체에 상해 입히기, 화상 입히기 등

(2) 정서적 학대

모든 유형의 아동학대는 시간이 경과하면 정서적으로 부정적 결과를 가져오는 것이 일반적이다. 그렇기 때문에 정서적 학대는 아동의 자아존중감과 정서를 손상하는 행위로 학대 중에 가장 본질적인 학대라고 할 수 있다. 정서적 학대는 직접적인 정서학대와 간접적인 정서학대로 구분해 볼 수 있다. 직접적인 정서학대는 아동에게 습관적으로 소리를 지르거나 무시하는 행동, 폭언이나 계속적으로 아동을 거부하는 행동이 해당된다. 직접적인 정서학대의 구체적인 행위는 다음과 같다.

- 잠을 재우지 않는 것
- 벌거벗겨 내쫓는 행위
- 형제나 친구 등과 비교, 차별, 편애하는 행위
- 가족 구성원 내에서 따돌리는 행위
- 아동을 시설 등에 버리겠다고 위협하거나 짐을 싸서 쫓아내는 행위
- 미성년자 출입금지 업소에 아동을 데리고 다니는 행위
- 감금, 약취 및 유인, 노동력 착취 등 아동의 정서적인 발달 특성이나 연령을 고려했을 때 감당하기 어려운 것을 강요하는 행위
- 다른 아동을 학대하도록 강요하는 행위
- 아동이 가정폭력을 목격하도록 하는 행위
- 원망적, 거부적, 적대적, 경멸적인 언어를 사용하는 폭력

한편, 간접적 정서학대는 아동에게 직접적으로 정신적인 손상을 가하는 행위를 하는 것은 아니지만, 정서에 부정적인 영향을 미치는 것을 말한다. 예를 들어 가족, 특히 부부간의 불화로 인해 발생하는 구타나 폭언이 아동에게 불안 요인으로 작용하는 것이 해당된다.

(3) 방임

방임은 아동에게 책임이 있는 양육자가 방심하거나 고의로 아동이 피할 수 없는 고통을 겪게 하는 경우와 아동의 신체적·지적 능력을 발달시키는 데 필요한 요소들을 제공하지 않는 상태를 말한다(공계순 외, 2013). 방임은 유기와 방임으로 구분할 수 있는데 아동권리보장원에서는 '유기'에 대해 "보호자가 아동을 보호하지 않고 버리는 행위"로 정의하고 있다. 또한 '방임'이란 "보호자가 아동에게 위험한 환경에 처하게 하거나 아동에게 필요한 의식주, 의무교육, 의료적 조치 등을 제공하지 않는 행위"로 규정짓고 있다. 특히 방임은 부모의 역할에 대한 소극적인 태만 행위로 쉽게 드러나지 않아 즉각적인 발견이 어려우며 충분한 시간을 두고 지속적으로 관찰할 때에 발견될 수 있어 그 피해의 결과가 오랜 시간이 지난 후에 나타난다는 점에서 주의를 요한다(오정수, 정익중, 2013).

방임에 대해 좀 더 세분화하면 물리적 방임, 의료적 방임, 유기 등으로 나누어 살펴볼 수 있는데 유형별로 각각의 내용의 살펴보면 다음과 같다(Marotz, 2001).

① 물리적 방임

- 기본적인 의식주를 제공하지 않는 경우
- 불결한 환경이나 위험한 상태에 아동을 방치하는 경우
- 아동의 출생신고를 하지 않는 행위
- 보호자가 아동을 가정 내 두고 가출한 경우
- 보호자가 아동을 시설 근처에 두고 사라진 경우
- 보호자가 친족에게 연락 없이 아동을 무작정 친족 집 근처에 두고 사라진 경우

② 교육적 방임

- 보호자가 아동을 특별한 사유 없이 학교에 보내지 않은 경우
- 아동의 무단결석(정당한 사유 없이 계속하여 7일 이상 결석을 하는 경우)을 방치하는 경우

③ 의료적 방임

- 아동에게 필요한 의료적 처치 및 개입을 하지 않는 경우

④ 유기

- 아동을 보호하지 않고 버린 경우
- 아동을 병원에 입원시키고 사라진 경우
- 시설 근처에 버리고 가는 경우

3) 아동학대 예방교육의 필요성

아동은 성인과 동등한 권리를 가진 존재로서 삶에서 기본적인 권리를 누리며, 가지고 있는 잠재능력을 발달시키고, 유해한 것으로부터 보호받아야 하는 권리를 가진다. 그러나 어린 영유아는 발달 특성상 자기 생각이나 느낌을 명확히 표현하는 것이 미흡하고 스스로 자신을 보호하는데 취약하여 오히려 학대의 위험에 노출되어 있다. 아동에 대한 학대는 건강한 성장과 발달을 저해할 뿐만 아니라 그들의 가족과 그들이 속한 사회와 국가 전반에 걸쳐 심각한 사회문제를 일으킨다. 심각한 수준의 신체학대 행위자들은 가정 안팎의 심리·사회적 문제와 함께 원 가족에서 아동기에 학대를 경험했을 가능성이 높다(김기현 외, 2018). 아동기에 신체학대와 방임, 혹은 성학대까지 중복학대를 경험한 여성은 이후 성인기에 자녀에게 중복학대를 할 비율이 3배나 높은 것으로 보고되고 있다(Bartlett et al., 2017). 결국 아동학대의 문제는 성장 후의 범죄, 약물남용, 사회부적응, 성 문제 등 여러 가지 사회문제와 관련성이 높아 모든 범죄의 근원이 될 수 있다는 것을 보여준다. 궁극적으로 아동학대를 예방하는 것은 아동의 건강한 성장을 도모할 수 있으며, 성장 후 발생할 수 있는 범죄와 사회문제를 감소시킬 수 있다.

보건복지부(2020)의 2019년 아동학대 연차보고서에 따르면 아동학대의 약 80%가 여전히 가정 내 혹은 부모에 의해 발생하고 있는 것으로 확인되고 있다. 이는 아동학대가 평범한 가정에서도 일상적으로 발생할 수 있으며 가족의 구조가 정상적이지 않거나 가정에 문제가 있는 경우에만 발생하는 것이 아님을 예측하게 한다. 아동학대는 고질적으로 반복, 확대되는 경향이 있는데 반복되는 학대를 통해 아동은 신체적 문제뿐만 아니라 자신의 존재에 대해 무가치하다고 느끼고, 타인과의 신뢰 형성에 어려움을 초래하는 등의 정신적인 측면에 심한 손상을 입는다. 아동학대에 대해 특히 주의해야 할 것은 아동학대가 대물림될 가능성이 있어 성장 후에도 대인관계에 어려움이 유발되고, 심리적, 사회적인 치료가 이루어져야 하는 등 회복을 위해 더 많은 시간과 노력이 필요하다는 점이다. 따라서 학대로 피해받는 아동을 줄이기 위해서는 체벌을 각 가정의 사적인 문제라고 생각하여 용인하거나 무관심하게 넘겨버리는 사회적인 인식의 개선과 함께 이웃, 어린이집, 유치원, 학교 등 관련 기관의 민감한 관심과 신고가 중요하다. 또한, 아동학대 초기에 전문적인 개입을 할 수 있도록 전문 인력과 기관의 확충이 요구된다.

2. 아동학대 원인 및 징후

아동학대를 예방하기 위해 국가적으로 마련된 제도는 사회 전체의 적극적인 개입에 기반한다. 즉, 법의 적용은 아동을 보호할 의무가 있는 부모와 교사, 사회구성원들이 아동학대의 원인과 아동학대 후에 나타나는 징후를 정확히 알고 적절한 대처를 할 때 실제적인 실천이 가능해진다.

1) 아동학대의 원인

아동학대는 어른들의 사회적, 경제적, 교육적인 수준이나 직업적인 배경에 관계없이 발생할 수 있다. 따라서 아동학대와 무관심에 대한 복합적인 특성과 다각적인 원인을 살펴봄이 필요하다. 아동학대의 원인은 일반적으로 부모 요인, 아동 요인, 사회적 요인으로 나누어 살펴볼 수 있다.

(1) 부모 요인

어른들이 부모로서 자녀의 발달에 대한 지식이나 이해, 기술이 부족한 것은 아동학대의 주요 원인이 된다. 부모의 나이가 어리거나 안정되지 못한 경우, 아동의 욕구를 적절히 파악하지 못한 경우에 학대가 발생할 확률이 더 높다. 학대나 무관심의 가능성이 있는 어른들의 일반적인 특성은 다음과 같다.

① 부모의 정신병리적 특징

- 부모의 분노, 화 혹은 성적 욕구와 같은 충동적 성향
- 반복되는 두려움, 거부의 경험
- 낮은 자아존중감
- 감정 조절의 어려움
- 스트레스에 대한 인내심 부족
- 약물, 알코올 중독
- 어릴 때 부모로부터의 학대 경험
- 기타 부모의 불안, 우울 등의 정신질환 문제

② 가정 환경적 특징

- 친구나 결혼 등의 계속된 인간관계 형성의 어려움
- 아동을 양육하는 부담으로 발생한 사회적 고립감이나 외로움 등을 도와줄 수 있는 친척이나 친구, 이웃 등의 사회적 자원 부족
- 신뢰감의 결여
- 조기 결혼과 임신
- 양육에 대한 지식 부족
- 문제해결능력의 부족
- 경제적 어려움, 실직, 질병에 대한 잦은 노출, 가정불화, 별거, 이혼 등 가정 내 위기 요인
- 자녀를 소유물로 생각하거나 훈육과 체벌을 혼동하는 분위기

(2) 아동 요인

Marotz(2001)는 아동의 상태가 특별할 경우 가족과 환경에서 오는 스트레스에 의해 보호자가 아동을 학대하거나 무관심할 가능성을 가지고 있다고 하였다. 행동이나 상황이 특별하여 학대의 대상이 되는 아동은 다음과 같은 특성을 보인다.

- 발달적으로 지체되어 있는 경우
- 반항적이고 비협조적인 경우
- 외모가 보잘것없는 경우
- 지적 능력이 부족한 경우
- 과잉행동을 하거나 귀찮게 하는 경우
- 다루기 힘든 행동을 하는 경우
- 자주 아프고 소심하고 약한 경우
- 어른이 싫어하는 누군가와 닮은 경우
- 원치 않았는데 임신한 경우
- 의붓자식이나 사생아인 경우

(3) 사회적 요인

사회적 요인은 가족관계 및 구조의 문제, 사회 전반의 분위기 등이 복합적으로 상호작용하여 발생하게 된다. 아동학대의 사회적 요인은 다음과 같은 특성을 가진다.

- 가족 구성원 간의 갈등이나 가족관계의 문제
- 미성년 가족, 한부모 가족, 이혼 가족, 재혼 가족 등 가족구조 특성의 문제
- 양육에 대한 지식의 부족
- 가족의 스트레스
- 가족 간의 긴밀한 상호작용의 결여
- 사회적 고립 및 사회적 지지 체계의 결여
- 신체적인 체벌에 대한 허용적인 문화
- 아동을 존중하지 않는 문화적 특성
- 자녀에 대한 소유 의식
- 훈육의 의미가 포함된 체벌이 필요하다고 생각하여 정당화하려는 관념

2) 아동학대의 징후

아동학대는 학대의 유형에 따라 특별한 신체적, 행동적 증상들이 나타나는데 아동학대 안전교육을 위해서는 아동학대의 징후와 후유증을 면밀히 살펴볼 필요가 있다. 먼저 학대 유형별로 나타나는 신체적, 행동적 징후들을 살펴보면 다음과 같다.

표 8-1 아동학대의 징후

구분		내용
신체적 학대	신체적 징후	• 사고로 보기 어려운 신체적 상흔 • 비슷한 크기의 반복적으로 긁힌 상처 • 담뱃불 자국, 화상 자국 • 물린 자국에 의한 상처 • 단순 타박상 • 다치기 어려운 부위(겨드랑이, 팔뚝 안쪽, 허벅지 안쪽 등)의 상처 • 안구 손상 • 머리카락이 뜯겨나간 상처

구분		내용
		• 귀 손상: 고막 천공이나 귓불이 찢긴 상처 등 • 시간차가 있는 골절이나 상흔 • 여러 부위의 골절 • 복부, 흉부 손상
	행동적 징후	• 어른과의 접촉 회피 • 다른 아동이 울 때 공포스러워함 • 극단적인 공격성 및 파괴적 행동 • 부모에 대한 두려움 • 집에 가는 것에 대한 두려움 • 위험에 대한 지속적인 경계
정서적 학대	신체적 징후	• 발달장애 • 신체발달 저하
	행동적 징후	• 특정 물건을 계속 빨거나 물어뜯음 • 퇴행, 반사회적 행동 • 히스테리, 강박, 공포 등 정신 신경성 반응 • 언어장애 • 수동적이면서도 도전적·공격적 행동 • 극단행동, 과잉행동, 자살 시도 • 실수에 대한 과잉 반응 • 부모와의 접촉에 대한 두려움 • 자아존중감의 상실 • 감정 표현의 부족
방임	신체적 징후	• 발달지연 및 성장 장애 • 비위생적인 신체 상태 • 지속적인 악취 • 예방접종과 의학적 치료 불이행으로 인한 건강 상태 불량
	행동적 징후	• 계절에 맞지 않는 부적절한 옷차림 • 음식물 구걸 • 비행, 도벽, 신경증적이고 파괴적인 행동 • 가정 내 지적 자극의 부족으로 인한 학교생활의 부적응 • 지속적인 피로 • 타인과의 불안정한 애착 • 잦은 결석

이와 같은 학대 결과는 자아개념의 손상, 자기 파괴적인 행동, 정신 병리로부터 사망에 이르기까지 심각한 신체적, 사회·정신적인 손상을 가져온다. 학대 유형별로 후유증을 살펴보면 다음과 같다.

표 8-2 아동학대의 후유증

신체적 학대	정서적 학대	방임
• 정서, 행동상의 문제, 학습문제 야기 • 타인을 신뢰하지 못하고 버려질 것에 대한 불안 • 타인과의 관계에서 긴장하거나 공격성을 보임 • 자신의 자녀를 학대할 가능성이 높음 • 성인기에 나타난 특징 : 분노와 공격성, 수면장애, 약물중독, 자살 충동, 부정적 자아개념	• 낮은 자아존중감, 의존성, 우울증 • 도벽, 거짓말 • 낮은 학업 성취 • 타인에 대한 공격성 • 성인기의 문제 : 가정폭력, 성인기 정신건강의 문제, 약물중독	• 수동적이며 사회적으로 위축된 모습 • 사회적 기능, 대인관계, 학업성취 등의 손상 • 영유아기 주 양육자와 안정적인 애착 관계를 형성하지 못해 이후 발달에 문제 발생 • 학습장애

3. 아동학대 현황*

2019년 기준으로 우리나라 아동학대 피해 아동은 아동 인구 천 명당 3.81%가 발견되는 것으로 나타나고 있다(보건복지부, 2020. 08. 31. 보도자료). 이와 같은 현실에서 학대로부터 아동을 안전하게 지키기 위해서는 아동학대의 유형, 가해자의 특징 및 학대 원인, 아동학대 신고자의 유형 등을 분석하여 시사하는 바가 무엇인지를 파악하는 것이 필요하다. 2019 아동학대 주요통계(보건복지부, 2020) 중심으로 아동학대 실태를 살펴보면 다음과 같다.

1) 아동학대의 유형

우리나라의 아동학대 의심 사례와 상담 사례의 비율은 지난 2015년 이후 매해 증가하고 있으며 2019년에는 전년도 대비 13.7%가 증가했고 아동학대 신고 건수 중 92.7%가 아동학대 의심 사례로 나타났다.

* '3. 아동학대 현황'에 제시된 통계자료는 보건복지부(2020a). 2019 아동학대 주요통계 내용을 참고하였다.

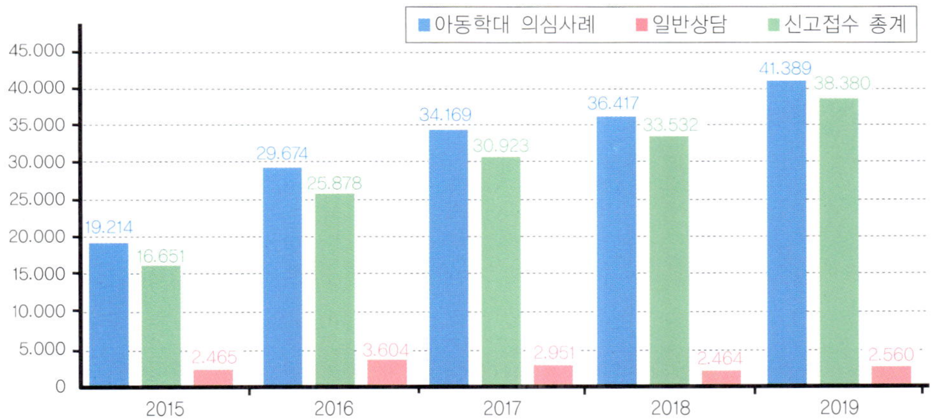

그림 8-1 연도별 아동학대 신고사례

아동학대의 유형 중에서는 중복학대의 비율이 가장 높은 것으로 나타났으며 중복학대를 제외하면 정서적 학대의 비율이 가장 높음을 알 수 있다.

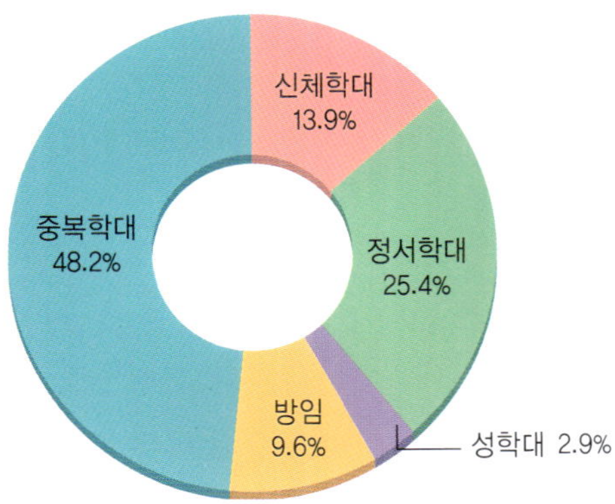

그림 8-2 아동학대의 유형

2) 피해아동의 특성

피해 아동의 성별에 따른 특성은 남아가 근소한 차이로 조금 더 많았으며 학대 아동을 연령별로 살펴보면 13~15세(23.5%), 10~12세(21.8%), 7~9세(18.6%)의 순으로 나타났다. 특히 전적으로 성인에 의해 양육될 수밖에 없고, 자신을 보호할 수 있는 힘이 부족한 0~6세 영유아의 피해가 24.1%로 나타나 영유아기 아동학대의 심각성을 보여준다. 나아가 2019년 한 해 동안 아동학대로 사망한 아동은 42명인데 피해 아동의 연령은 만 1세 미만 19명(45.2%), 만 1세 5명(11.9%), 만 3~4세 6명(14.3%), 5~6세가 7명(16.7%), 7~8세가 3명(7.2%)으로 나타났다. 이는 신생아와 영아에 대한 아동학대는 치명적인 결과를 가져옴을 보여준다.

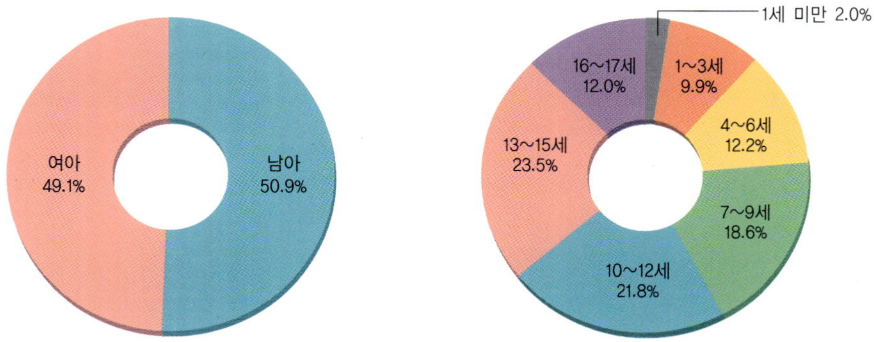

그림 8-3 피해아동의 특성

3) 가해자의 특성

아동학대는 부모에 의한 학대가 75.6%로 월등히 높았으며, 대리양육자와 친인척에 의한 아동학대 발생률도 높게 조사되었고, 피해 아동의 가족유형 역시 친부모와 함께 사는 가족 형태에서 가장 높았다. 한편, 부모 이외의 아동학대 가해자는 모르는 사람보다는 함께 생활하며 접촉하는 사람들에 의해서 주로 발생되는 것으로 보고되고 있다. 따라서 학대로부터 아동을 보호하기 위해서 안전한 가정환경과 교육환경을 조성하고, 더불어 지역사회의 모든 사람이 학대로부터 아동을 보호하기 위한 노력과 주의를 기울여야 할 것이다.

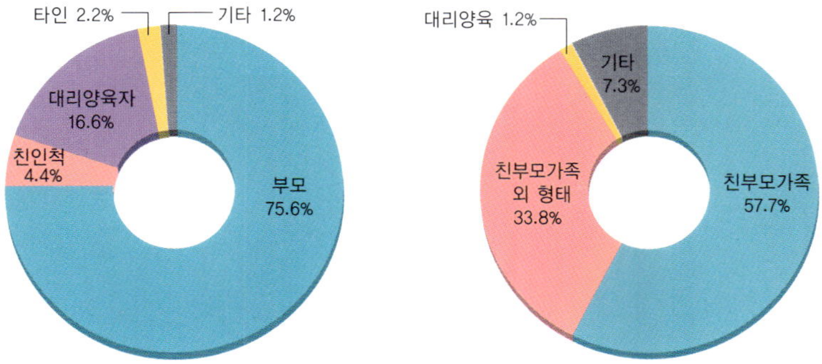

그림 8-4 아동학대 피해아동의 가해자와의 관계 및 가족유형

최근 5년간 아동학대의 추이를 살펴보면 2014년부터 2019년까지 아동학대는 3배가 증가하였으며 부모 이외에도 아동이 자주 접촉하는 친인척과 대리양육자에 의한 학대가 증가하고 있는 것으로 나타났다. 특히 대리양육자 중 보육 교직원의 아동학대 비율이 해마다 증가하고 있음에 주목할 필요가 있다. 영유아의 권리와 복지가 담보되어야 하는 어린이집에서 보육교사에 의해 아동학대가 발생한다는 점은 아동을 위한 시설의 종사자를 대상으로 한 아동학대 예방교육과 교직 인성 강화를 위한 자성과 성찰, 사회·정책적 시스템 강화가 필요함을 보여준다.

표 8-3 연도별 아동학대 가해자

구분	2014년	2015년	2016년	2017년	2018년	2019년
계	10,027(100)	11,715(100)	18,700(100)	22,367(100)	24,604(100)	30,045(100)
부모	8,207(81.8)	9,348(79.8)	15,048(80.5)	17,177(76.8)	18,920(76.9)	22,700(75.6)
친인척	559(5.6)	562(4.8)	795(4.3)	1,067(4.8)	1,114(4.5)	1,332(4.4)
대리 양육자	990(9.9)	1431(12.2)	2,173(11.6)	3,343(14.9)	3,906(15.9)	4,986(16.6)
부모의 동거인	146(1.5)	158(1.3)	311(1.7)	247(1.1)	270(1.1)	363(1.2)
유치원 교직원	99(1.0)	203(1.7)	240(1.3)	281(1.3)	189(0.8)	155(0.5)
초중고교 직원	145(1.4)	234(2.0)	576(3.1)	1,345(6)	2,060(8.4)	2,154(7.2)
학원 및 교습소	80(0.8)	64(0.5)	167(0.9)	217(1)	176(0.7)	320(1.1)
보육교직원	295(2.9)	427(3.6)	587(3.1)	840(3.8)	818(3.3)	1,384(4.6)

구분	2014년	2015년	2016년	2017년	2018년	2019년
아동복지시설 종사자	177(1.8)	296(2.5)	253(1.4)	285(1.3)	313(1.3)	408(1.4)
기타시설 종사자	29(0.3)	22(0.2)	28(0.1)	60(0.3)	27(0.1)	63(0.2)
청소년관련 시설 종사자	-	7(0.1)	2(0.0)	32(0.1)	33(0.1)	87(0.3)
위탁부	5(0.0)	8(0.1)	0(0.0)	4(0.0)	7(0.0)	3(0.0)
위탁모	7(0.1)	5(0.0)	5(0.0)	17(0.1)	2(0.0)	8(0.0)
베이비시터	7(0.1)	7(0.1)	4(0.0)	15(0.1)	11(0.0)	41(0.1)
타인	124(1.2)	187(1.6)	201(1.1)	294(1.3)	360(1.5)	663(2.2)
기타	129(1.3)	166(1.4)	454(2.4)	441(2)	304(1.2)	364(1.2)
파악안됨	18(0.2)	21(0.2)	29(0.2)	45(0.2)	-	-

출처: 보건복지부(2020b).

한편, 부모에 의한 학대는 부모의 부적절한 양육 태도 및 양육지식의 부족과 사회, 경제적 어려움, 스트레스 등에 의해 발생하고 있다. 특히 코로나19로 인해 부모와 자녀가 집에서 함께 머무는 시간이 증가함에 따라 소통구조가 구축되지 않은 가정일수록 부모의 스트레스를 상대적으로 약한 자녀에게 해소하면서 아동학대 발생 가능성이 더 커지고 있다(new1, 2021년 1월 20일자). 따라서 유아교육기관에서는 부모와 자녀의 의사소통방법, 부모의 양육기술과 태도 등을 교육하며 아동학대 예방을 위한 지원체제를 구축해 나가야 할 것이다. 또한 면밀한 모니터링과 관련 기관들과의 연계를 통해 학대의 위험을 조기에 파악하여 학대로부터 아동을 보호해 나가야 할 것이다.

4) 아동학대 신고자의 유형

아동학대 신고자의 유형을 살펴보면 교사, 의료인, 아동 관련 시설 종사자나 사회복지 공무원 등 아동학대 신고 의무자에 의한 신고 비율은 23%에 불과하며, 비신고의무자에 의한 신고가 훨씬 많은 것으로 나타났다. 신고의무자의 신고가 낮은 이유는 신분 노출 우려, 신고 결과 위협에 대한 두려움과 번거로움 때문으로 나타나고 있다. 따라서 아동학대 신고의무자의 신고를 높이기 위해서 신고의무 교육과 신고 미 이행에 대한 처벌 규정을 강화하고, 신고자 보호 규정이 세밀하게 마련되어야 할 것이다.

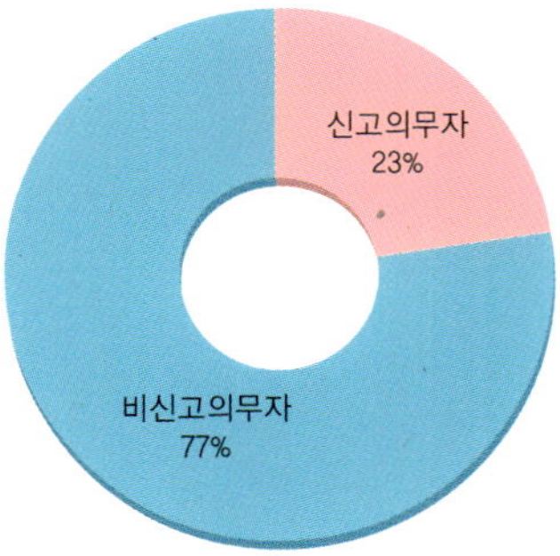

그림 8–5 아동학대 신고자

아동 학대 사례

5t 쓰레기 더미 속의 남매와 냉장고 속 영아 시신

2020년 11월 전남 여수의 한 아파트 주민들은 2세와 7세 남매가 놀기는커녕 발 디딜 틈도 없는 쓰레기 더미로 가득한 집 안에서 방치되고 있음을 안타깝게 생각하여 신고하였다. 그런데 더 충격스러운 것은 지자체와 아동보호기관, 경찰이 조사를 벌이던 중 생후 2개월 된 갓난아기 시신이 냉장고에서 발견된 것이다. 아기는 2년 전인 2018년 10월에 사망한 것으로 나타났으며 부검 결과 외력에 의한 손상은 나타나지는 않았다.

(2020년 11월 30일 보도된 사건)

16개월 영아의 아동학대 사망사건

2020년 2월 양부모에 입양된 16개월 된 여아가 입양 8개월 만인 10월에 사망하는 사건이 발생했다. 입양모는 입양한 지 얼마 되지 않은 3월부터 상습적으로 폭행을 당해 몸무게가 현저히 줄어들고 멍과 상처가 늘어나 2020년 5월부터 어린이집 교사, 차 안에 혼자 있는 것을 목격한 지인, 소아청소년과 의사 등에 의해 3차례나 경찰서와 아동보호 전문기관에 아동학대 의심으로 신고되었다. 그러나 일방적인 양부모의 해명만 듣고 학대 정황을 방치한 결과 16개월 된 영아는 전신 골절과 췌장이 절단되는 복부 손상으로 끝내 목숨을 잃었다. 양모는 입양한 영아가 밥을 먹지 않는다고 배를 때리고 들어 올려 떨어뜨렸다고 진술하고 있으나 살인죄와 아동학대 치사죄로 기소되었고, 양부는 입양된 영아가 양모로부터 8개월 동안 지속적으로 폭행을 당해 건강이 극도로 쇠약해졌음에도 어떠한 조치도 취하지 않아 방임, 방조죄로 기소되었다.

(2020년 10월 20일, 2021년 1월 보도된 사건)

생각해 보세요

- 각각의 사례에 나타난 학대의 유형은 무엇인가요?
- 학대의 결과는 무엇인가요?
- 교사, 의사, 경찰을 비롯한 주변 사람들은 초기 대응은 어떠했나요?

4. 아동학대 예방을 위한 실천

아동학대를 예방하기 위해서는 영유아기부터 자신의 소중함을 인식하고 학대의 위험으로부터 자신을 보호할 수 있게 하는 것뿐만 아니라 다른 사람의 몸과 마음도 안전하게 보호되어야 함을 알고 내면화할 수 있는 교육이 이루어져야 한다. 특히 교사는 아동이 경험한 신체적, 심리적, 정서적 학대 사실을 솔직히 털어놓을 수 있는 대상이 되므로 교사가 아동학대 안전수칙을 인식하고, 즉각적인 대처를 한다면 학대로부터 아동을 안전하게 보호함으로써 그 피해를 최소화시킬 수 있을 것이다.

1) 안전수칙

아동을 대상으로 하는 모든 안전사고와 사건이 그렇듯이 아동학대의 피해를 줄이고 예방하기 위해서는 안전수칙을 인식하고 실천하는 것이 필요하다. 아동학대의 조기 발견과 관리 및 대응을 위한 유치원과 어린이집에서의 안전수칙을 제시하면 다음과 같다(보건복지부, 2016).

① 아동학대 징후 발견 시 즉시 신고한다.

- 매일 아동의 건강과 안전을 확인하고 결석 시 사유를 확인한다.
  → 평상시와 다른 상흔이나 감정 변화가 있는 경우에는 보호자에게 문의하여 확인하고, 필요에 따라 의심 사항을 기록한다.
- 아동학대를 인지한 경우나 의심스러울 때는 수사기관(112)에 즉시 신고하고 필요한 조치를 시행한다.
- 아동학대를 의심할 수 있는지 그 여부를 아동보호 전문기관과 상담한다.

- 아동학대 징후 체크리스트와 아동학대 신고의무용 점검표를 활용한다.

② 무단결석 아동과 퇴학 아동의 관리를 강화한다.

- 무단결석 2일 이상인 경우 전화 연락이나 가정방문을 한다.
  - → 가정 방문은 유치원, 어린이집 교직원과 읍면동 공무원으로 구성된 2인이 함께 실시한다.
  - → 가정 방문과 관련하여 사전에 동의서를 받아두고 동의서를 제출하지 않은 경우는 세밀한 관심을 기울인다.
- 명확한 사유 없이 퇴학을 신청한 경우나 아동학대가 의심되고 아동의 안전과 소재가 파악되지 않는 경우에는 수사기관(112)에 신고한다.

③ 아동학대 신고의무자의 역할을 숙지한다.

- 유치원, 어린이집의 장은 소속 교직원을 대상으로 아동학대 신고의무자 교육을 연 1회 1시간 이상 실시한다.
  - → 교육내용 : 아동학대 예방 및 신고의무에 관한 법령, 아동학대 신고의무자용 점검표, 아동학대 발견 시의 신고방법, 피해아동 보호절차, 신고의무자에 대한 보호 등
  - → 관리, 감독기관에서는 연 2회 유치원, 어린이집 자체 교육실적을 점검한다.

2) 아동학대의 대처방법

아동학대를 발견한 사람은 아동학대에 해당 하는지, 신고해야 할 상황인지, 누가 학대를 했는지 등 정확하지 않은 문제들로 혼란스러워하는 경우가 많다. 그러나 아동학대를 신고할 때는 아동이나 학대 행위자의 정보를 파악하지 못해도 신고할 수 있다. 신고할 때는 가능한 관련된 정보를 많이 제공하도록 하고, 아동학대에 대한 정확한 판단과 학대 여부에 대해서는 아동보호 전문기관의 전문가와 상담을 통해 결정하도록 한다. 교사는 아동학대 징후가 발견되면 즉시 신고하여 다음의 절차를 거친다.

학대 의심 징후(상흔, 증언 등) 발견

⋮

응급 상황 시 아동의 안전 및 신병 확보
(긴박한 상황 시 병원으로 이송 후 신고)

⋮

학대 신고 (112)

⋮

현장 조사 및 사례 개입 협조
- 아동에 대한 조사가 필요한 경우 원내의 독립된 장소 제공 협조
- 아동과 친밀한 관계가 형성된 교사가 함께 조사에 참여

⋮

사후 지원 및 서비스 협조

출처: 교육부, 보건복지부(2016).

❖ 아동학대가 의심될 때는 위와 같이 전화나 방문으로 신고할 수 있으나 아동학대 신고 앱 아이지킴콜 112를 통해서 신고할 수도 있다. 아이지킴콜 112는 아동학대와 신고 과정에 대한 정보와 아동학대 학대 의심 정황을 점검할 수 있는 체크리스트를 제공하고 있으며 학대 신고를 할 수 있도록 구성되어 있다.

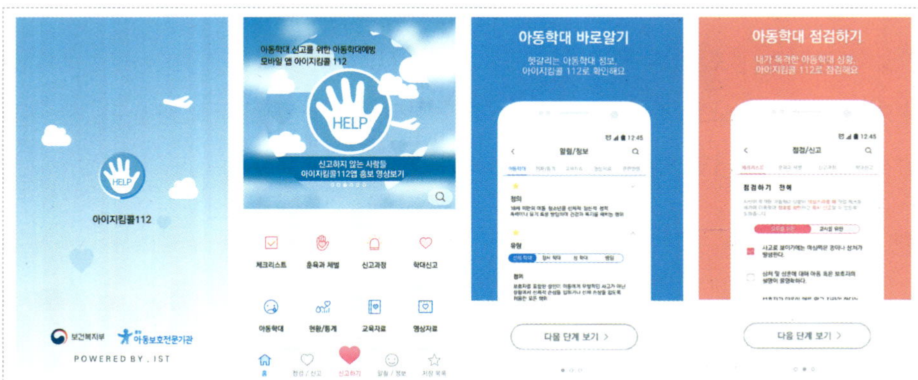

아동학대 신고 Tip

언제 신고할까요? (신고 시기)	• 아동의 울음소리, 비명, 신음소리가 계속되는 경우 • 아동의 상처에 대한 보호자의 설명이 모순되는 경우 • 계절에 맞지 않거나 깨끗하지 않은 옷을 계속 입고 다니는 경우 • 뚜렷한 이유 없이 지각이나 결석이 잦은 경우 • 나이에 맞지 않는 성적 행동을 보이는 경우
어떤 내용을 신고할까요? (신고 내용)	• 신고하는 사람의 이름, 연락처 • 학대 아동의 이름, 성별, 나이, 주소 • 학대 행위자로 의심되는 사람의 이름, 성별, 나이, 주소 • 아동이 위험에 처해있거나 학대를 받고 있다고 믿는 이유
어디로 신고할까요? (신고 기관)	• 전화 : 국번 없이 112 • 방문 : 관할 지역아동보호전문기관

3) 교사를 위한 제언

「아동학대 처벌 법」 제10조 제2항에서는 직무상 아동학대 범죄를 인지할 가능성이 높은 직군은 아동학대 범죄를 알게 된 경우나 의심이 있는 경우에 아동보호 전문기관 또는 수사기관에 신고하도록 하고 있다. 2014년 9월 29일부터는 신고 의무가 강화되어 의심만 되어도 신고하도록 하였으며 정당한 사유 없이 신고 의무를 불이행할 경우에는 500만원 이하의 과태료를 부과하도록 하였다. 아동복지법 시행령 제26조에서는 신고 의무자가 자격 취득 과정이나 보수교육 과정에서 아동학대 예방 및 신고 의무에 관한 법령, 아동학대 발견 시 신고 방법, 피해아동 보호절차 등 아동학대 예방 및 신고의무와 관련된 교육을 1시간 이상 받도록 하고 있다. 유치원과 어린이집 교사를 비롯한 신고의무자에 해당되는 직군은 다음과 같다.

아동학대 신고의무자

1. 아동권리보장원 및 가정위탁지원센터의 장과 종사자
2. 아동복지시설의 장과 종사자
3. 아동복지전담 공무원
4. 가정폭력 관련 상담소 및 가정폭력 피해자 보호시설의 장과 종사자
5. 건강가정 지원센터의 장과 종사자
6. 다문화 가족지원센터의 장과 종사자
7. 사회복지전담 공무원 및 사회복지시설의 장과 종사자
8. 성매매피해 상담소의 장과 종사자
9. 성폭력피해 상담소, 성폭력피해자 보호시설의 장과 종사자, 성폭력피해자 통합지원센터의 장과 종사자
10. 119구급대의 대원
11. 응급의료기관등에 종사하는 응급구조사
12. 육아종합지원센터의 장과 종사자 및 어린이집의 원장 등 보육교직원
13. 유치원의 장과 종사자
14. 아동보호 전문기관의 장과 그 종사자
15. 의료기관의 장과 의료기관에 종사하는 의료인 및 의료기사
16. 장애인복지시설의 장과 종사자로서 장애아동에 대한 상담·치료·훈련 또는 요양 업무를 수행하는 사람
17. 정신건강 복지센터, 같은 조 제5호에 따른 정신의료기관, 같은 조 제6호에 따른 정신요양시설 및 같은 조 제7호에 따른 정신재활시설의 장과 그 종사자
18. 청소년시설 및 같은 조 제8호에 따른 청소년단체의 장과 그 종사자
19. 청소년 보호·재활센터의 장과 그 종사자
20. 학교의 장과 그 종사자
21. 한부모가족 복지시설의 장과 그 종사자
22. 학원의 운영자·강사·직원 및 같은 법 제14조에 따른 교습소의 교습자、직원
23. 아이돌보미
24. 취약계층 아동에 대한 통합서비스지원 수행인력
25. 입양기관의 장과 그 종사자

교사는 학대로부터 아동을 보호하고, 피해 아동의 신체적 · 정신적 · 심리적 측면에서 다각적인 치료개입이 이루어질 수 있도록 매일 아동의 건강과 기분을 면밀히 관찰하고 체크해야 한다. 다음의 아동학대 체크리스트는 아동학대 신고 의무자가 직무 중에 학대로 의심되는 아동을 조기 발견하기 위해 활용되도록 제작된 것으로 1개 문항 이상 '예'라고 체크한 경우, 아동학대를 의심해 볼 수 있다(아동권리보장원, 2021.01.04. 출력).

표 8-4 아동 학대 신고의무자를 위한 학대 체크리스트

번호	체크항목	체크란	
1	사고로 보기에는 미심쩍은 상흔이나 폭행으로 보이는 멍이나 상처가 발생한다.	예	아니오
2	상처 및 상흔에 대한 아동 및 보호자의 설명이 불명확하다.	예	아니오
3	보호자가 아동이 매를 맞고 자라야 한다는 생각을 갖고 있어 체벌을 사용한다.	예	아니오
4	아동이 보호자에게 언어적, 정서적 위협을 당한다.	예	아니오
5	아동이 보호자에게 감금, 억제, 기타 가학적인 행위를 당한다.	예	아니오
6	기아, 영양실조, 적절하지 못한 영양섭취를 보인다.	예	아니오
7	계절에 맞지 않는 옷, 청결하지 못한 외모를 보인다.	예	아니오
8	불결한 환경이나 위험한 상태로부터 아동을 보호하지 않고 방치한다.	예	아니오
9	성적 학대로 의심될 성 질환이 있거나 임신 등의 신체적 흔적이 있다.	예	아니오
10	나이에 맞지 않는 성적 행동이나 해박하고 조숙한 성지식을 보인다.	예	아니오
11	자주 결석하거나 결석에 대한 사유가 불분명하다.	예	아니오
12	필요한 의료적 처치를 하지 않거나 예방접종이 필요한 아동에게 예방접종을 실시하지 않는다.	예	아니오
13	보호자에 대한 거부감과 두려움을 표현하거나 집(보호기관)으로 돌아가는 것을 두려워한다.	예	아니오
14	아동이 매우 공격적이거나 위축된 모습 등의 극단적인 행동을 한다.	예	아니오

출처: 아동권리보장원(http://www.korea1391.go.kr/)

4) 가정연계활동

부모들은 아동학대가 심각한 사회문제라는 점에 대해서는 인정하고, 민감게 반응하면서도 정작 가정 내에서 발생하는 학대에 대해서는 자녀를 위한 훈육이며, 가족 내의 문제로 여겨 관용적인 태도를 보인다. 그러나 아동학대는 생태 체계적인 가족의 역동성을 고려해 볼 때 가족만의 문제가 아니다. 따라서 유아교육기관에서는 다양한 방법으로 아동학대를 예방할 수 있는 가정연계활동을 실시해야 한다. 가정연계를 위하여 활용할 수 있는 안내문과 영상의 예는 다음과 같다.

부모에게 드리는 아동학대 예방을 위한 조언

- 차별 없이 자녀 개개인의 가치와 존엄을 존중해주세요.
- 자녀에게 애정과 격려를 통해 긍정적 발달을 도와주세요.
- 자녀를 위험으로부터 보호하고 안전한 환경에서 자라도록 해주세요.
- 자녀의 성장과 안녕을 위해 부모로서의 책임과 사명감을 가지세요.
- 긍정적인 의사소통 기술을 가지는 동시에 자녀의 의견을 소중히 여기고 귀 기울여 주세요.
- 아동이 스스로 문제를 해결 해내갈 수 있도록 적절히 도와주세요.
- 자녀의 부적절한 행동에 대해 체벌하지 말고, 대안적 훈육방법을 찾아보세요.
- 자녀의 부적절한 행동이 가족의 문제는 아닌지 살펴봐 주세요.
- 자녀와 관련된 사항에 대하여 자녀를 중심으로, 자녀와 함께 의사결정을 해주세요.
- 자녀를 존중하는 권위 있는 부모가 되어주세요.
- 자녀가 반드시 지켜야 하는 질서나 규칙을 함께 선정하고, 합의하여 지켜 나가도록 도와주세요.
- 부모 자신의 긍정적·낙천적·진취적인 삶의 가치들을 자녀에게 전해주는 훌륭한 모델이 되어주세요.

출처: 보건복지부·한국보건복지인력개발원(2013). 아동권리에 기반한 부모교육 (www.kohi.or.kr)

❖ 아동 학대 근절 캠페인

'STOP & LOVE' 아이지킴이 실천수칙

STOP 1. 때리지 마세요.
STOP 2. 혼자 두지 마세요.
STOP 3. 신고를 망설이지 마세요.

LOVE 1. 아이의 이야기를 들어주세요.
LOVE 2. 아이의 권리를 존중해주세요.
LOVE 3. 아이를 사랑해주세요.

출처: 아동권리보장원(http://www.korea1391.go.kr)

아동 학대 예방 및 인식개선을 위한 참고 영상

- 아동학대 신고, 아이지킴콜 112 (보건복지부)
- 아이해 캠페인- 맞아야 하는 건 아이가 아니라 어른의 방법입니다. (보건복지부)
- 2020 아동학대 신고의무자 교육자료 (아동권리보장원)
- EBS 훈육과 학대 사이, 우리 아이의 미래 (아동권리보장원 유튜브)
- 학대 피해 아동 발견 캠페인 '숨은 단서 찾기' (중앙아동보호전문기관 유튜브)
- 신고하지 않는 사람들 (중앙아동보호전문기관)
- 아동학대에 관한 잘못된 진실 (충북지방경찰청 충북경찰 유튜브)
- 교사 58% "아동학대 신고 망설여"··대책은? (뉴스 EBS 2021.01.14)

5. 아동학대 안전교육의 실제

활동명	우리의 권리를 위한 세계의 약속! 어른들이 지켜 주세요.
활동목표	• 어린이들이 존중받아야 할 권리에 대해 알아본다. • 자신의 권리를 표현한다.
대상연령	만 4~5세
활동영역	언어
준비물	〈아동학대 관련 동영상〉 • 아동권리: http://www.childfund-busan.or.kr/image/final_UN.pdf • 아동학대(우리는 소중해요): https://www.youtube.com/watch?v=H33w7Y72U0s • 가정폭력: https://www.youtube.com/watch?v=wRbQbymf1iM 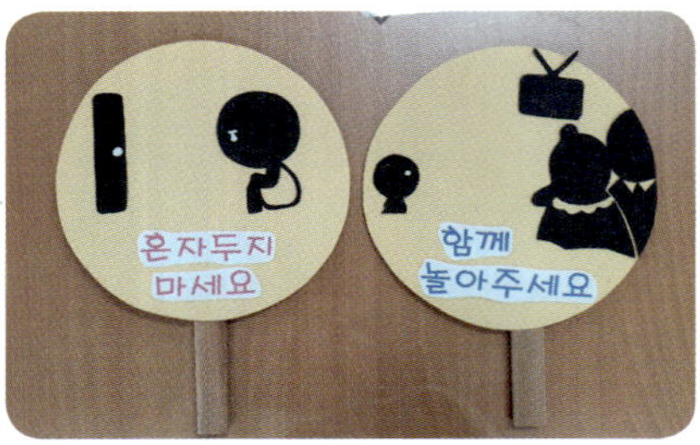
활동 방법	1. [우리의 권리를 위한 세계의 약속! 어른들이 지켜 주세요] 동영상 제작에 흥미를 가진 유아들이 모인다. 2. UN 아동권리선언에서 아동의 권리를 알아보고 아동학대와 관련된 동영상과 사진을 본다. • 아동학대가 어떤 것인지 이야기를 나눈다. - 굶는 어린이, 씻지 못하는 어린이, 나쁜 말과 큰 소리로 언어폭력을 당하는 어린이, 병원에 가지 못하는 어린이 등 • 동영상 속의 어린이는 어떤 기분일지 이야기 나눈다. • 동영상 속의 어린이에게 어떤 말을 해주고 싶은지 이야기해 본다. 3. 동영상을 직접 만들어 보기 위해 토의하며 어떤 방법으로(그림, 글, 동작, 말 등) 권리를 표현할지 정한다. 4. 결정한 내용으로 아동학대 예방을 위한 동영상을 만든다. 5. 동영상을 편집한다. 6. 유아들이 제작한 동영상을 함께 본다. 7. 다른 학급의 친구들이나 동생들과 제작한 동영상을 공유한다. 8. 유아들이 적거나 그림으로 표현한 것을 교실에 게시하거나 캠페인 활동을 통하여 어린이들이 학대받지 않고 보호받아야 함을 알린다. 9. 활동 후 평가한다.

출처: 윤선화 외(2019).

9장

유괴 및 미아

아동은 자신의 주변 세계에 호기심이 많고, 자기 의사대로 행동하려는 발달적 특징으로 주변 상황이나 사물에 쉽게 관심을 보여 사람이 많은 곳이나 낯선 장소에서 길을 잃고 당황하여 보호자를 찾아다니다가 오히려 실종되거나 유괴로 이어지는 위험에 빠질 수 있다. 이러한 상황에 직면했을 때 아동과 교사(부모)는 어떻게 대처해야 할지에 대한 교육이 꼭 필요하기에 안전교육의 내용을 아동과 교사(부모)의 측면에서 살펴보고자 한다.

1. 유괴 및 미아 예방교육의 이해

현대사회는 여성의 사회 진출이 늘어남에 따라 오후 시간대에는 부모의 보호 및 지도 없이 아동 스스로 자신을 보호해야 하는 경우가 증가하고 있는데 이러한 보호의 부재는 아동의 신변안전사고에 주요 원인이 되고 있다(윤선화, 정윤경, 이경선, 2010).

미국의 아동전문가 Kenneth Wooden의 실험에서는 아이들이 놀이터에서 유괴되는 데에 걸리는 시간이 불과 35초밖에 걸리지 않는다고 한다. Wooden은 공원에 가서 몇 명의 젊은 엄마들에게 유괴에 대한 실험에 협조해 줄 것을 요청한 후 아이들을 유괴하였다. 어머니들은 결코 자신의 아이가 낯선 어른에게 유괴되지 않을 것이라고 했지만, 낯선 어른이 데리고 온 강아지를 보며 유괴범을 따라가는 자신의 아이를 보고 충격을 받았다고 한다(윤선화, 정윤경, 이경선, 2010). 이렇듯 아동을 대상으로 하는 유괴는 폭력을 사용하여 끌고 가기보다는 부드러운 속임수를 써서 친근감을 형성한 후 유괴하기 때문에 아동이 유괴범의 의도를 알아차리지 못하는 형태로 나타난다.

우리나라의 경우 어른을 공경하고 누군가가 도움을 요청하면 친절하게 도와주어야 한다는 도덕교육을 강조하는 사회적 분위기와 예의 바른 어린이가 되기를 가르치는 문화에서는 유괴범들이 도움 요청을 가장한 유인 상황으로 아동을 끌고 가기 때문에 쉽게 범죄의 대상이 되기도 한다(이기숙 외, 2011).

따라서 아동이 유괴에 대한 이해가 필요하며, 유괴 및 미아예방교육을 통해 실제 유괴범들이 활용하는 여러 유형의 유인 행동과 속임수를 알고, 위험 상황에 당황하지 않고 안전하게 대처 행동을 하도록 해야 한다. 또한 미아가 된 아동이 유괴사고의 피해자가 될 수 있다는 점에서 각 교육기관에서는 유괴 및 미아 예방 교육이 반드시 필요하다.

2. 유괴 및 미아 사고의 현황

1) 유괴사고 실태

대검찰청 유괴 범죄 실태 조사(2020)에 따르면 13세 미만 아동을 대상으로 한 약취유인 범죄가 대부분이었다. 2019년 한 해 동안 발생한 약취유인 범죄는 총 260건으로 이 중 53.1%에 해당하는 138건이 유괴범죄였다.

아동유괴 범죄자와 피해자와의 관계를 살펴보면 지인인 경우(38.0%)가 타인인 경우(59.2%)가 보다 적었으나 지인 관계는 대부분 친족 관계(29.6%)였다. 다음으로 아동유괴 피해자의 성별 비율을 살펴보면 남성 아동은 38.4%이고 여성 아동은 61.6%로 여성 아동 비율이 훨씬 높았다.

반면, 아동유괴 범죄자의 성별 비율을 보면 남성이 65.3%(81명)이고 여성이 34.7%(43명)로 남성비율이 높았다. 다음은 아동유괴범죄가 가장 많이 발생하는 시간대와 장소를 살펴보면, 오후 시간대(12:00 ~ 17:59)에 전체 범죄의 55.5%로 가장 많이 발생하였고, 아동유괴범죄의 44.9%(62건)가 노상에서 발생하였다. 그 외 기타장소 29.7%(41건), 주거지 25.4%(35건)에서 발생하였다.

아동유괴범죄 범죄자 중 가장 높은 비율을 차지하고 있는 연령층은 31~40세(33.9%)이며, 그다음은 41~50세(19.4%) 등의 순이다.

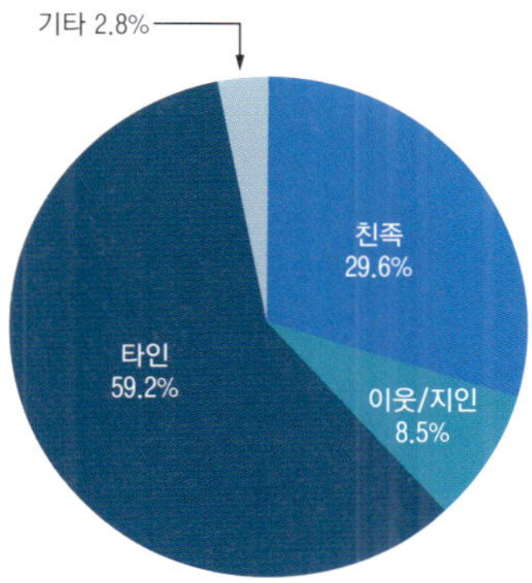

그림 9-1 아동유괴 범죄자와 피해자의 관계
출처: 대검찰청(2020).

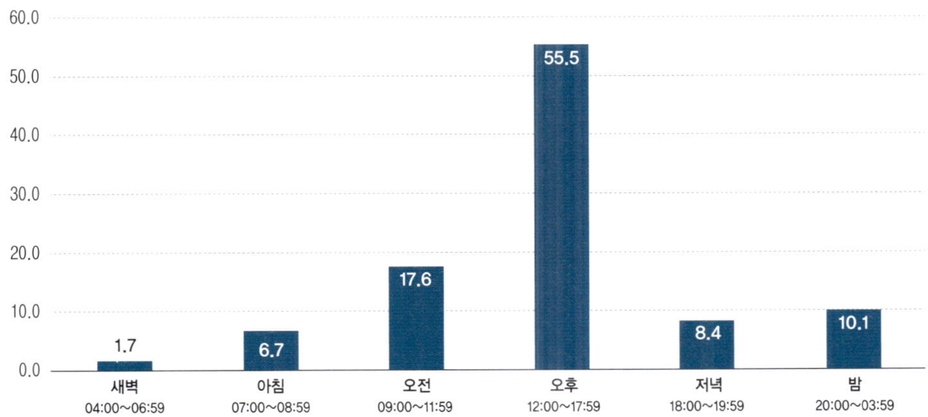

그림 9-2 아동유괴 범죄의 발생시간
출처: 대검찰청(2020).

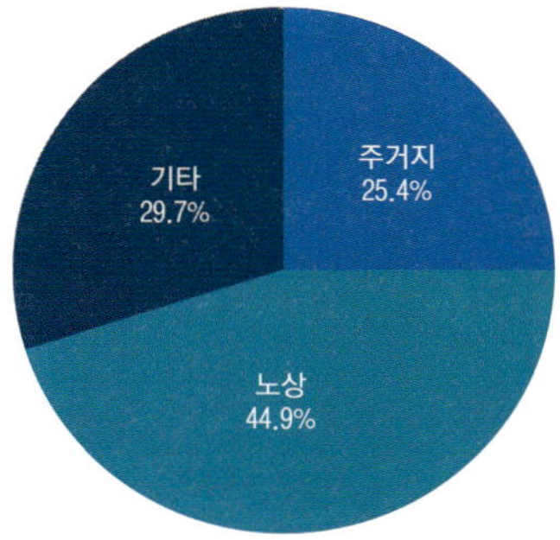

그림 9-3 아동유괴 범죄의 범죄발생장소
출처: 대검찰청(2020).

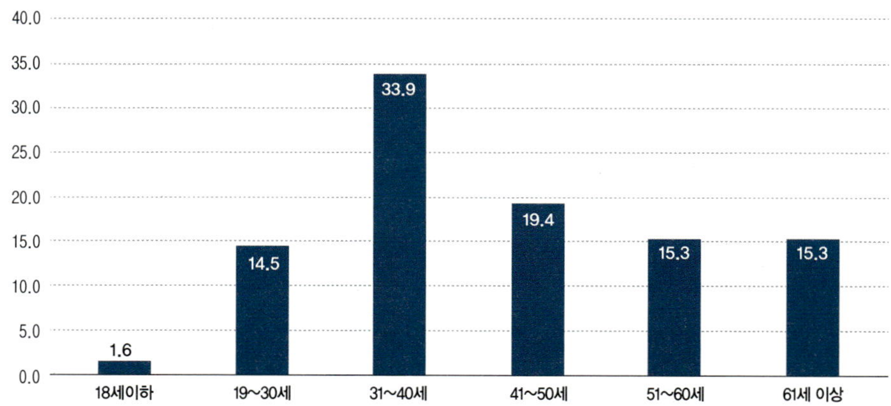

그림 9-4 아동유괴 범죄의 범죄자의 연령
출처: 대검찰청(2020).

2) 미아사고 실태

최근 5년간 실종아동 발생 건수를 살펴보면, 2015년 이후 실종 발생 건수뿐만 아니라 미발견 건수 또한 점차 늘어나는 추세다. 특히 2019년 실종 아동 미발견 건수가 99건으로 높은 수치를 나타내고 있어 성범죄나 다른 심각한 범죄로 이어질 가능성이 높아 지문 사전 등록 신청 및 미아예방교육이 무엇보다 중요하다고 할 수 있다(경찰청, 2020).

표 9-1 최근 5년간 실종아동 발생 건수 추세

연도 \ 사례	아동	
	발생 건수	미발견 건수
2015	19,428	1
2016	19,870	5
2017	19,956	5
2018	21,980	10
2019	21,551	99

출처: 경찰청(2020).

3. 유괴 및 미아예방 안전교육의 내용

아동을 잃어버리는 원인을 크게 두 가지로 나누어 보면, 유괴범에 의한 의도적인 유괴와 교사(부모)나 아동 또한 자신의 실수로 미아가 발생하게 된다. 이때 교사(부모)는 당황하지 않고 신속하게 대응할 수 있어야 하며, 아동 또한 길을 잃었을 때 3단계에 따라 주변으로부터 도움을 요청하는 방법을 실천할 수 있어야 한다.

1) 유괴예방 안전교육

(1) 유괴의 개념

유괴(誘拐)는 타인을 원래의 생활환경에서 이탈시켜 자신 또는 제3자의 실력적 지배하에 두어 그 자유를 침해하는 것으로 유괴한 대상을 인질로 삼아 재물 또는 재산상의 이익을 취득하는 범죄행위이다(네이버 지식백과, 2014). 아동유괴란 형법의 약취유인 범죄 중 13세 미만 아동을 대상으로 한 약취유인 범죄를 의미한다(대검찰청, 2015). 영유아 유괴는 친권이나 양육권을 가진 부모 이외의 인물이 영유아를 거리(노점)나 특정 목적을 성취하기 위해 현재 위치한 장소에서 다른 곳으로 이동시키는 행위이다(최윤이, 2009). 따라서 유괴 대상은 모든 사람이 될 수 있으나 상대적으로 어리고 힘이 약한 영유아를 대상으로 삼을 수 있다. 성인들은 종종 영유아 유괴범죄와 관련하여 잘못된 오해나 편견을 가지는 경향이 있는데, 윤선화(2010)는 영유아 유괴사건과 관련된 잘못된 편견을 세 가지로 나누어 설명하고 있다.

① 유괴범은 무서운 얼굴을 하고 있다.

영유아들은 사람의 겉모습만 보고는 그 사람의 마음이 좋은지 나쁜지 모르기 때문에 조심해야 한다는 것을 알려주어야 한다. 그러나 세상에는 나쁜 사람보다 좋은 사람이 더 많다는 것을 알려주고 과도한 두려움을 갖지 않도록 해야 한다.

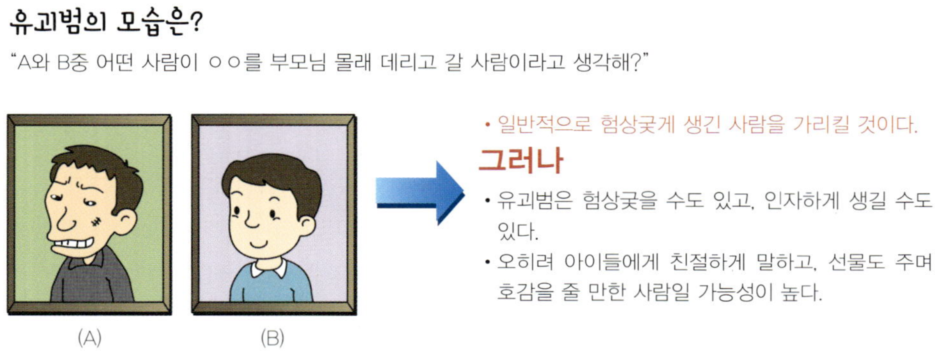

그림 9-5 유괴예방 지침 자료

출처: 초록우산 어린이재단(2021).

② 아는 사람은 유괴범이 될 수 없다.

유괴범은 면식범이 대다수이기 때문에 아는 사람도 보호자와 함께 있지 않을 경우 조심하도록 한다.

③ 언제나 어른들에게 복종하고 공손해야 한다.

예절을 강조하는 우리나라에서는 어른들의 요청을 거부하기 쉽지 않다. 그러나 영유아들의 믿음, 존경을 나쁘게 이용하는 어른들이 있음을 알려주고 조심하도록 한다.

(2) 유괴유형과 대처법

유괴 안전교육은 영유아들에게 유괴 상황을 인식시키는 교육내용이 우선으로 이루어져야 한다. 또한 유괴가 무엇이며, 유괴가 발생했을 때는 어떻게 대처해야 할지에 대한 교육도 이루어져야 한다. 다음은 유인유형에 따른 대처 방법을 제시하였다.

상황 1		• 일반적으로 어른은 다른 어른에게 도움을 청해야 한다는 것을 알려준다. • 차를 세우고 길을 묻는 경우 차에서 크게 다섯 걸음 떨어져서 이야기하고, 자동차 옆으로 가지 않는다. • 잃어버린 애완동물을 찾아 달라고 요구하는 경우 거절하고 즉시 부모님에게 알리도록 한다. • 다리에 붕대를 감은 아저씨가 도와 달라고 하면 정중히 거절하고 다른 어른께 도움을 구하라고 이야기한다.
상황 2		• 장난감이나 사탕 등의 선물을 이유 없이 주는 경우 부모님의 허락하에 받도록 한다. • 길거리에서 아저씨가 설문조사를 해주면 최신형 휴대전화를 집으로 보내준다고 할 경우 "부모님께 먼저 허락을 받아야 해요"라고 분명히 말하고 설문조사를 쓰지 않는다.
상황 3		• 위급한 상황을 직접 확인하지 않고서는 절대로 다른 사람을 따라가서는 안된다. • 어떻게 해야 할지에 대해 확신이 서지 않으면 친척, 이웃, 믿는 어른의 도움을 받아야 한다.
상황 4		• 이름을 안다고 해서 그 사람을 믿거나 따라가서는 안 된다는 것을 강조한다. • 이름표가 필요한 경우 다른 사람에게 노출되지 않는 곳에 착용하도록 한다.

그림 9-6 유인유형에 따른 대처방법

출처: 초록우산 어린이재단(2021).

(3) 유괴예방교육

① 영유아 측면

- 낯선 사람이 이름을 부르며 잘 아는 척할 경우 대꾸하지 않고 신속히 피한다.
- 낯선 사람이 돈, 과자, 음료수 등을 줄 경우 받지 않는다.
- 낯선 사람이 길을 물어볼 경우 그 자리에서만 알려주고 따라가지 않는다.
- 낯선 사람을 만난 곳에서 집까지의 거리가 멀 경우에는 가까이에 있는 안전한 곳(안전지킴이집: 문구점, 약국, 편의점, 학교 등)으로 가서 집에 전화한다.
- 어두운 골목이나 공터, 어린이 놀이터 등은 유괴 위험이 큰 곳이므로 혼자서 가지 않는다.
- 저녁 늦게까지 외부에서 놀지 않도록 한다.
- 어린이집(유치원)에서 귀가할 때는 안전한 길로 다닌다.
- 외출할 때는 집에 목적지를 알리고 귀가 시간을 지킨다.
- 값비싼 옷을 입거나 눈에 띄는 시계, 가방 등 고가의 소지품을 지니고 다니지 않는다.

만약 유괴를 당했다면.....

- 격리된 공간에 유괴범과 단둘이 있을 때는 울음을 참고 고분고분할 것
- 고개를 숙이고, 유괴범의 얼굴을 가급적 보지 말 것
- 음식을 주면 먹기 싫더라도 꼭 먹을 것
- 묻는 말에 대답을 잘하고 대화에 적극적으로 참여할 것

② 교사(부모) 측면

- 영유아를 혼자 두는 것은 유괴 및 실종의 위험을 증가시킨다.
  → 견학 시 혼자 화장실에 보내지 않는다.
  → 귀가 시 부모가 아닌 사람에게 인계할 경우 부모에게 확인 후 보낸다.
- 영유아가 알아야 할 개념들을 가르친다.
  → 자신의 이름, 부모님 이름, 부모님 핸드폰 번호 등을 가르친다.
  → 낯선 사람의 개념과 유괴범이 사용하는 다양한 유인 방법을 알려준다.
  → 유괴 상황에 따른 대처 방법을 알려준다.

- 영유아의 소지품에 이름을 크게 쓰지 않는다.
  → 고가의 옷, 신발, 가방, 시계 등을 소지하는 것도 유괴의 표적이 될 수 있다.
  → 소지품의 이름을 보고 친밀하게 접근할 수 있다.
- 견학이나 소풍을 가는 경우 짝을 정해주고 혼자 다니지 않도록 주의사항을 알려준다.
  → 영유아 키, 몸무게, 혈액형 등 신체조건, 부모님 전화번호가 기록된 카드 지참
- 영유아가 실종된 경우에는 즉시 경찰에 신고하고 도움을 받을 수 있는 기관에 연락하여 도움을 받는다.

2) 미아 예방 안전교육

(1) 미아의 개념

미아(실종아동)는 길을 잃어버려 부모를 만나지 못하는 어린이를 의미한다. 실종신고 당시 14세 미만의 아동으로서, 보호자가 찾고 있는 아동을 '찾는 실종아동'이라 하고, 보호자로부터 이탈되어 경찰서 등에서 보호하고 있는 아동을 '보호 실종아동'이라고 한다(경찰청 실종아동찾기센터, 2010).

(2) 미아사고 예방과 대처법

영유아가 길을 잃어버려서 미아가 될 경우를 대비하여 안전하게 보호자를 찾는 방법과 도움을 요청하는 방법 등을 알려주어야 한다. 다음은 미아 예방을 위하여 영유아교육기관에서 다루어야 할 교육내용은 다음과 같다.

① 영유아

- 이름과 나이, 주소, 부모님 전화번호, 부모님 이름을 기억하도록 지도한다.
  → 자신의 집 주소, 전화번호, 부모님 전화번호를 알아둔다.
- 낯선 사람을 따라가지 않도록 지도한다.
  → 잘 모르는 낯선 사람은 따라가지 않는다.
  → 낯선 사람의 차에 절대로 타지 않는다.
  → 낯선 사람의 집에 절대로 가지 않는다.

- 2008년 4월 약국, 문구점, 편의점 등에서 시작되었다.
- 아이가 도움을 요청하면 바로 경찰이나 관할 지구대로 연락을 취해 준다.
- 미아 발견 시 바로 부모에게 연락을 취하거나 경찰에 신고한다.
- 기다리는 동안 아이를 개방된 공간에서 보호하며 안심시킨다.

그림 9-7 아동안전지킴이집

→ 낯선 사람이 이름을 부르며 데려가려고 할 때는 소리를 질러 주위 사람들에게 도움을 요청한다.

→ 낯선 사람이 따라오면 숨지 않는다. 사람들이 많은 곳(가까운 가게-아동안전지킴이집)으로 가서 도움을 요청한다.

- 밖에 나갈 때는 누구와 어디에 가는지 꼭 말하도록 지도한다.

→ 외부에서는 혼자 다니지 않고 친구들과 함께 다니도록 한다.

→ 화장실을 갈 때 혼자 가지 않고 친구나 교사와 함께 가도록 한다.

- 위급상황 시 대처 방법을 알려주고 충분히 연습을 시킨다.

→ 부모님과 함께 외출할 때는 항상 부모님 손을 잡고 다닌다. 부모님의 손에 물건이 있을 경우 부모님의 옷이나 핸드백 줄을 잡고 다닌다.

→ 잃어버릴 경우를 대비해서 만날 장소를 정해둔다.

→ 길을 잃어버리면 부모를 찾아 돌아다니는 것보다 〈그림 9-8〉과 같이 제자리에서서 부모가 올 때까지 기다리는 것이 더 안전하다.

→ 길을 잃었을 때는 가까운 가게에 들어가 182 혹은 112에 신고한다.

→ 쇼핑 센터나 백화점에서 길을 잃었을 때는 〈그림 9-9〉과 같이 유니폼을 입은 가장 가까운 계산원이나 아이를 데리고 있는 여자 성인에게 도움을 청한다.

→ 영유아가 길을 잃을 잃었을 때 당황하지 않고 대처할 수 있도록 역할극을 통해 연습해 본다.

→ 〈그림 9-10〉와 같이 동화책을 통해 미아가 되었을 때의 상황과 마음을 생각해 본다.

그림 9-8 미아예방 대처방법

출처: 실종아동전문기관(http://www.safe182.go).

그림 9-9 도움을 청할 수 있는 사람은?

낯선 사람 따라가면 안 돼 (트릭시 하버란더 / 경독)	멈추기! 생각하기! 행동하기! (제니퍼 무어 말리노스 / 예꿈)	앗! 길을 잃어버렸어요. (어린이재단실종아동전문기관)
쉿! 지킴이 요정이 속닥속닥 (민해 / 한국차일드아카데미)	아이쿠야 조심해! 유괴예방 (김석주 / 서울문화사)	아빠는 미아 (고미 타로 / 비룡소)

그림 9-10 실종 및 미아 관련 그림책

② 교사(부모)

- 지문 사전 등록제를 미리 신청해 둔다.
- 아이가 항상 있는 곳을 알고 있어야 한다. 누구와 함께 있고, 언제 돌아오는지 확인해 둔다.
- 이웃을 살펴보고 문제가 있는 곳이 없는지 확인한다.
- 친구와 함께 다니도록 한다.
- 아이의 이름이 새겨진 옷은 입히지 않는다. 필요할 때는 안쪽에 이름을 써준다.
- 사람이 붐비는 곳에서 항상 아이의 손을 잡고 다닌다.
- 아이에게 집 주소, 전화번호(부모님 핸드폰)를 알려준다.
- 위험할 때 도움을 청할 수 있는 곳(이웃집, 상점)을 알려준다.
- 아이에게 열쇠를 보이지 않게 휴대하도록 가르친다.
- 아이에게 문과 창문의 개폐 방법을 알고 있는지 확인한다.
- 아이를 자동차에 잠시라도 혼자 두지 않는다.
- 아이의 신상명세서(몸무게, 키, 생년월일, 기타 신체적 특징)를 기록하여 보관한다.
- 6개월마다 아이의 컬러사진을 찍어 두어 미아 발생 시 아이의 모습을 쉽게 알아볼 수 있도록 대비한다.

 # 지문 사전 등록제

2012년 2월 시작된 제도로 18세 미만 아동, 장애인, 치매 환자 등의 실종에 대비해 대상의 지문과 사진 정보를 경찰청 실종자 관리 시스템에 등록해두는 것이다. 미리 지문, 사진, 보호자 인적 사항 등의 정보를 등록해두어 아이가 실종 되었을 때 등록된 자료를 활용해 아동을 신속하게 발견하기 위해 도입된 제도이다.

지문 사전 등록 신청을 해둔다면 평균 1시간 이내 미아를 발견하고 보호자에게 인계할 수 있으므로 아이가 실종되었거나 부모를 잃어버린 아이를 발견했다면 즉시 국번 없이 112 혹은 국번 없이 182로 전화를 한다. 또, 문자 신고도 가능하므로 #0182번으로 내용과 사진을 입력 후 전송하면 된다.

4. 유괴 · 미아 예방 안전교육의 실제

<table>
<tr><td rowspan="2">활동명</td><td rowspan="2">낯선 사람을 따라가지 않아요!</td><td>활동형태</td><td>동화</td></tr>
<tr><td>대상연령</td><td>만 5세</td></tr>
<tr><td>활동목표</td><td colspan="3">• 동화를 듣고 자신이 생각한 낯선 사람에 대해 말할 수 있다.
• 낯선 사람이 유인할 때 대처 방법을 알고 실천할 수 있다.</td></tr>
<tr><td>누리과정 관련요소</td><td colspan="3">• 신체운동 · 건강 > 안전하게 생활하기 > 비상시 적절하게 대처하기
• 의사소통 > 말하기 > 느낌, 생각, 경험 말하기</td></tr>
<tr><td>활동자료</td><td colspan="3">「첫, 어떻게 알았지?」 동화(OPH필름), 그림 자료, 실물 화상기(OHP)</td></tr>
<tr><td>활동방법</td><td colspan="3">1. 자신이 생각한 낯선 사람에 대해 이야기를 나눈다.
- 어떤 사람이 낯선 사람이라고 생각하니?
- 그럼 낯선 사람을 만났던 경험이 있니?

2. 동화의 내용을 듣고 여러 가지 유괴 상황에 대해 이야기 나눈다.
- 빨간모자가 할머니 집으로 갈 때 어떤 일들이 있었지?
- 유괴는 누군가가 나를 데리고 가서 부모님, 친구, 선생님을 보지 못하게 되는 거야.
- 이때 너희들을 억지로 데리고 가는 사람을 유괴범이라고 해.
- 그렇다면 유괴범은 어떻게 생겼을까?
- 그런 상황을 유괴 상황이라고 한단다.

3. '낯선 사람을 따라가지 않아요.' 그림 자료를 보고 여러 가지 유괴 상황에 대해 이야기 나눈다.
- (상황 1, 2, 3, 4를 보여주며) 무슨 상황인 것 같니?

상황 1: 낯선 아저씨가 길을 모른다며 함께 가서 알려달라고 해요.
상황 2: 낯선 아저씨가 선물을 주면서 자동차에는 더 많다고 같이 가자고 해요.
상황 3: 부모님이 사고가 났다고 동네 아주머니가 빨리 병원에 같이 가자고 해요.
상황 4: 어떤 아저씨가 아빠 이름을 부르며, 친구라고 전화번호를 물어봐요.

4. '낯선 사람이 접근했을 때 대처방법'에 대해 이야기 나눈다.
- 모르는 사람이 너희를 억지로 데리고 가려고 한다면, 너희들은 어떻게 해야 할까?

(1) 이름은 꼭꼭 숨겨요!
(2) 부모님께 꼭 허락을 받아요.
(3) 밝은 길로 다녀요.
(4) 낯선 사람이 내 이름, 사는 곳, 전화번호를 물어보면 절대 알려주면 안 돼요.
(5) 미리미리 확인해요. (선생님, 부모님과 함께 위험한 장소는 미리 알아둬요.)
(6) 도움을 요청해요. ("싫어요! 안 돼요! 도와주세요!")

5. 활동을 마무리한다.
- 유인에 대한 대처법을 익힐 수 있도록 반복한다.</td></tr>
<tr><td>확장활동</td><td colspan="3">• 「첫, 어떻게 알았지?」 동극 활동을 한다
• 실종유괴 그림카드를 언어영역에 두어 유아들이 유괴 상황을 인식하고 대처법을 익히도록 한다.</td></tr>
<tr><td>유의점</td><td colspan="3">• 유괴범은 험상궂게 생기거나 행동하기보다는 오히려 친절하게 접근한다는 점을 강조한다.
• 낯선 사람이든 아는 사람이든 부모의 허락 없이 따라가지 않도록 지도한다.</td></tr>
</table>

10장

환경안전

최근 우리 사회의 변화와 함께 다양한 질적 삶의 욕구로 인해 물질적 풍요와 생활의 편리함이 증대되면서 자연을 해(害)하는 행위가 상호복합적인 작용에 의해 환경적 재해를 가져오게 되었다. 특히 2019년 팬데믹은 세계적인 재앙으로 코로나19(COVID-19)로부터 영유아들을 지키는 것은 세상을 지키는 것이고 이것은 어른들의 가장 중요한 책무일 것이다.

현대인의 건강한 삶에 대한 욕구는 먹거리의 관심뿐만 아니라 의약보조식품에 대한 관심이 증대되었으나 지식과 정보는 충분하지 않아 식품안전사고, 의약품사고와 환경적 오염으로 인한 재난사고는 계속 발생하고 있다. 이에 반해 영유아는 환경으로부터 오는 위험을 스스로 파악하고 대비할 능력이 부족하여 위험에 노출될 확률이 높기 때문에 영유아를 대상으로 하는 안전교육이 필요하다. 그러므로 영유아들의 건강과 안전한 생활에 직결되는 식품안전, 약물중독사고, 자연재해를 살펴보고자 한다.

1. 환경안전교육의 이해

코로나19(COVID-19)는 호흡기 바이러스이기 때문에 일반 감기, 독감, 기관지염, 폐렴 증상으로 나타난다. 즉, 급성 호흡기 감염의 전신 증상인 발열, 오한, 근육통, 식욕부진과 함께 호흡기 증상으로 인후통, 콧물, 기침, 가래가 발생할 수 있다.

코로나19 환자 대부분 100% 발열은 아니었고, 설사, 오심, 구토, 복통 등의 위장관 증상, 후각 또는 미각 감소의 증상, 증상이 없지만 검사 결과에서 양성으로 진단된 무증상 감염자도 많이 나타났다(질병관리청 코로나바이러스감염증-19(COVID-19) 홈페이지). 숨이 가쁜 느낌, 호흡 곤란을 느끼게 되면 폐렴이 발생했을 가능성이 크고 중증 폐렴으로 진행될 위험이 있으므로 매우 조심해야 한다.

코로나19는 인·후두 부위, 비말(기침 및 재채기) 뿐만 아니라 침(타액)과 콧물에서도 많은 양이 배출되기 때문에 이는 코로나19가 전파력이 매우 높고 특히 증상 발생 초기에 전염력이 높기 때문에 생활안전교육이 필요하다.

식품안전은 식품에 의해 발생하는 건강상의 위험으로부터 안전하게 보호되는 것을 의미한다. 또한 식품안전교육은 영유아가 식품 섭취로 인해 건강에 해(害)가 되지 않도록 하고, 양질의 식품을 선택하여 건강하게 성장할 수 있도록 돕는 교육을 의미한다(권덕수 외, 2014).

특히 영유아들이 교육기관에서 생활하는 시간이 길어지고 간식 및 식사를 통해 식품을 섭취할 기회가 증가하고 있으므로 영유아 교사는 식품안전에 관련된 지식을 알아두어 영유아가 식품알레르기, 식중독, 식품 첨가물로 인해 위험한 상황에 노출될 수 있음을 알고 이에 대한 안전대책 및 안전교육이 필요하다.

안전사고나 질병으로 인한 의약품 사용은 우리 생활에 유용하게 사용되는 제품이지만 영유아에게는 소량의 의약품도 치명적인 손상을 입힐 수 있다. 달콤한 향기가 나는 영유아 의약품인 경우 남용하거나 오용할 수 있기 때문에 대비할 필요가 있으며, 특히 호기심과 탐구심이 왕성한 영유아의 손에 쉽게 닿을 수 있는 의약품, 화장품, 에어졸, 세제류 등은 섭취로 이어져 중독사고를 발생시킬 수 있다. 그러므로 영유아교육기관에서는 '아동복지법'에서 제시하고 있는 약물 안전교육을 '3개월에 1회 이상(연간 10시간 이상)'을 실시하고 영유아의 주변 환경을 안전하게 유지하는 것이 효과적이다.

최근 우리나라도 환경문제로 인한 아열대 기후의 특징인 게릴라성 호우, 태풍, 폭염, 지진, 황사 등의 자연 재난이 꾸준히 발생하고 있으며, 그 빈도수 또한 높아지고 있다. 그러므로 영유아 시기부터 환경의 중요성을 인식하고 환경을 보호하고 보존하는 태도를 길러 자연재해를 예방하는 능력을 기르도록 한다. 또한, 재난사고 발생 시에는 위험성을 알고 신속히 안전하게 대처하는 방법을 익혀서 안전한 생활을 할 수 있도록 해야 한다.

2. 환경안전교육의 현황

1) 코로나19 사고 실태

질병관리청 발생 동향에 따르면, 코로나19(COVID-19)는 2019년 12월 중국 후베이성 우한시에서 원인 미상 폐렴 환자의 집단 발생을 시작으로 2020년 세계적인 대유행으로 확산되었고 국내에서는 2020년 1월 20일 첫 확진자 발생 이후 천만 명 이상이 감염되었고 80여만 명이 사망하는 등 우리의 삶을 위협하고 있다. 코로나19 검출률을 보면 다음과 같다(질병관리청, 2021a).

표 10-1 코로나 바이러스 검출률(질병관리청 2021a)

2021 (주)	주별		검출률(%)							
	검체 건수	검출률 (%)	아데노 바이러스	파라민 플루엔자 바이러스	호흡기 세포융합 바이러스	인플루엔자 바이러스	코로나 바이러스	리노 바이러스	보카 바이러스	메타뉴모 바이러스
20	115	71.3	4.3	0.0	0.0	0.0	0.9	47.8	18.3	0.0
21	74	86.5	13.5	0.0	0.0	0.0	1.4	44.6	27.0	0.0
22	95	69.5	5.3	0.0	0.0	0.0	1.1	45.3	17.9	0.0
23	101	88.1	16.8	0.0	0.0	0.0	1.0	48.5	21.8	0.0
4주누적[1)]	385	78.2	9.6	0.0	0.0	0.0	1.0	46.8	20.8	0.0
2020년 누적[2)]	5,819	48.6	6.5	0.4	3.1	12	3.4	18.4	3.5	1.4

· 호흡기바이러스 양성률 : 88.1%(금주 및 최근 3주 누적 분율 : 78.2% / 385 검체)
· 변동(주간) : 2021년 22주차(69.5%) 대비 증가
· 표본보고기간 : 17개 시·도 보건환경연구원 및 52개 의료기관
※ 주별 통계는 잠정 통계이므로 변동 가능

주 1) 4주 누적 : 2021년5월9일~2021년6월5일 검출률임(지난 4주간 평균 96개의 검체에서 검출된 수의 평균).
주 2) 2020년 누적: 2019년12월29일~2020년12월26일 검출률임

(1) 코로나19 안전교육

팬데믹으로 전 인류가 건강한 생활이 보장되지 않는 시대에 살고 있기에 영유아들에게 건강한 생활 습관 및 안전교육에 대한 중요성이 대두되고 있다. 특히 유아교육기관에서는 영유아들이 방역수칙을 지킨 환경에서 건강하고 안전하게 생활하기 위해서는 손 씻기 습관, 올바른 마스크 착용의 생활화, 사회적 거리 두기를 통해 변화되는 환경에 적극적으로 대응하고 적응하는 방법을 알고 생활에 적용하는 것이 중요하다.

① 손씻기 방법

② 올바른 마스크 착용방법

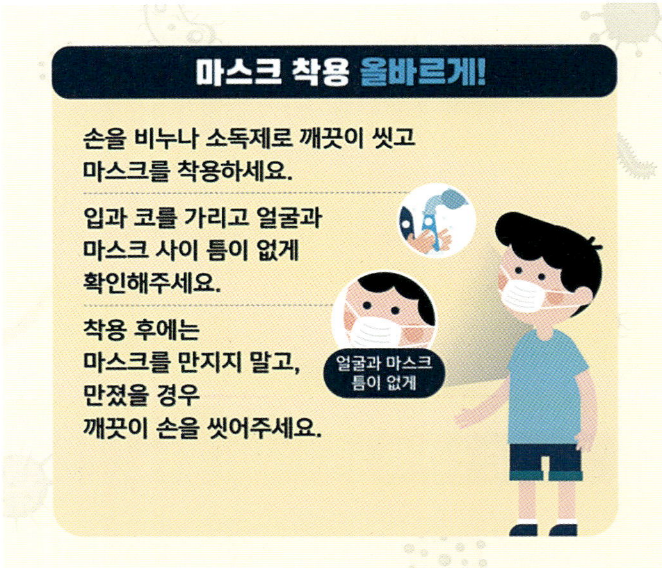

질병관리본부 한국소비자원 육아방송

③ 예의바른 기침, 재채기하기

질병관리본부 한국소비자원 육아방송

2) 식품안전사고 실태

(1) 식품첨가물

식품첨가물은 식품이 상하거나 보관할 때 맛이 변하는 것을 막기 위해 식품에 첨가하는 물질이다(식품위생법 제2조). '식품첨가물'은 무조건 나쁜 것이라고 교육하기보다는 과량 섭취하지 않도록 교육하는 것이 바람직하다(한국소비자원, 2021). 주로 사용하는 식품첨가물로는 방부제인 솔빈산칼륨, 발색제인 아질산나트륨, 산화방화제, 색을 내기 위한 합성착색료가 있고, 초콜릿 함유 과자, 케이크, 도넛, 아이스크림 등에는 카페인이 함유되어 있어 영유아 성장에 부정적 영향을 미친다(한국소비자원, 2020).

식품의약품안전처에서 발표한 2010년 식생활 환경조사 결과에 따르면, 영유아들이 라면을 자주 먹는 반면 과일, 채소 섭취량은 현저하게 부족한 것으로 나타나 올바른 영양 섭취를 위한 노력이 요구되었다. 이에 유아교육기관(가정)에서는 저염식 식단 제공으로 나트륨 섭취량이 많이 감소하게 되었다(보건복지부, 2018)(그림 10-1 참조). 그러나 아직 WHO 1일 섭취 권장량보다는 높은 수준이다. 영유아기부터 너무 짜게 먹으면 신장병, 고혈압, 심혈관계 질환의 원인이 되어 합병증을 초래할 수 있기 때문에 올바른 식습관 형성이 무엇보다 중요하다.

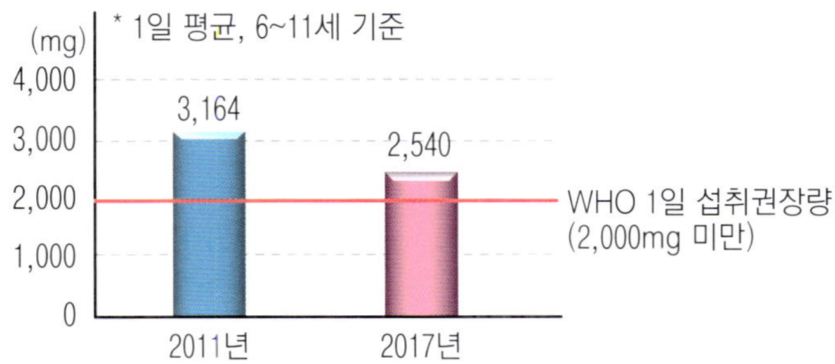

그림 10-1 어린이 나트륨 섭취량
출처: 보건복지부(2018).

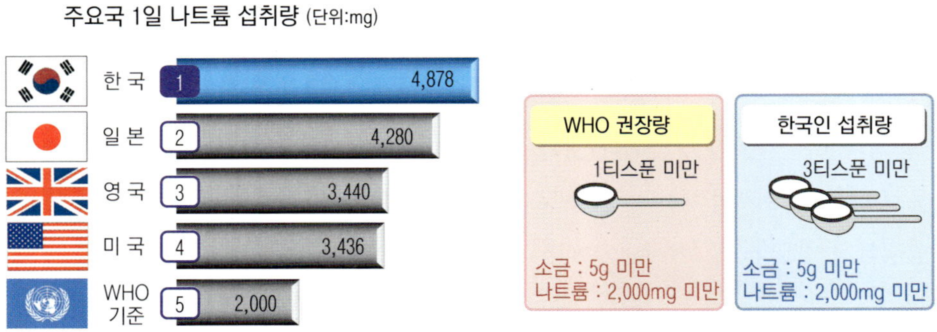

그림 10-2 주요국 1일 나트륨 섭취량

출처: 보건복지부(2018).

(2) 식중독

식중독은 음식이 세균, 기생충 독소, 화학물질 등의 유해물질에 의해 오염된 경우 생길 수 있는 질환으로 설사, 구토, 복통 등의 증상을 일으키는 상태이다. 식중독균은 대체로 열에 약하고 저온에서 잘 번식하므로 음식을 충분히 익혀 먹고 남은 음식은 냉장 보관한다. 또한, 날 음식을 썬 칼과 도마는 다른 식품을 자를 때 사용하지 않는다.

식중독을 예방하기 위해서는 개인위생을 철저히 해야 하며, 식품의 유통기한을 확인하거나 변질된 식품은 구분하여 즉시 처리해야 한다. 〈그림 10-3〉과같이 매년 식중독 발생 건수는 줄어들고 있으나 10~20대가 식중독으로 입원한 사례가 높게 나타났다. 그러므로 영유아기부터 개인위생을 철저히 해야 하며, 영유아교육기관에서의 단체급식은 식품 구입 단계부터 조리, 보관 및 이와 관련된 지침을 준수하고 위생관리를 철저히 해야 한다.

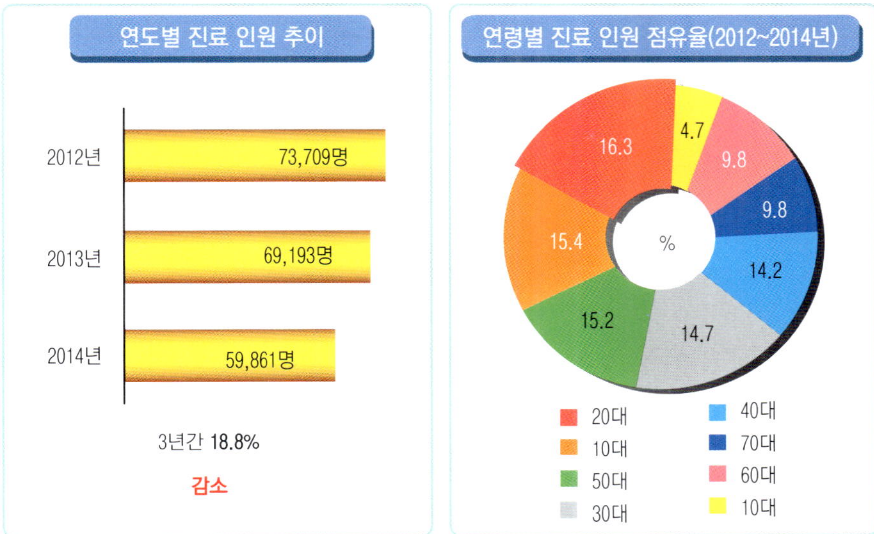

그림 10-3 식중독 발생현황
출처: 건강보험심사평가원(2015).

(3) 식품알레르기

식품알레르기는 성인보다 어린이에게서 발생률이 높다. 식품알레르기는 어린이 아토피피부염의 주요 원인으로 예측이 가능하므로 관리 체계를 갖추면 사고를 예방할 수 있다.

식품에 의한 쇼크가 1위로 나타났으며, 원인 식품을 살펴보면 우유, 밀, 달걀 등과 같이 흔하게 먹는 식품들이다(그림 10-4).

2005년에는 잘못된 영양 관리로 콰시오커가 발생한 아토피피부염 환자와 생후 8개월 영아의 아토피피부염 발생률이 높았으나 최근 아토피피부염 경향을 조사한 연구 결과에서는 소아 및 청소년 환자는 줄어든 반면, 20대 이상의 성인 환자가 급격히 늘어난 것으로 확인됐다(메디컬 월드 뉴스, 2019년 8월 29일자). 이러한 결과는 소아 및 청소년의 경우 인구수 감소라는 요인 외에도 부모의 관심과 지속적인 관리의 결과라고 볼 수 있다.

표 10-2 최근 5년간 연령별 아토피피부염 환자 수 변화

	2014년	2015년	2016년	2017년	2018년	증감(%)
0~9세	448,082	421,009	402,406	387,915	363,031	-18.9
10~19세	184,519	177,613	180,613	175,322	170,848	-7.4
20~29세	108,211	111,517	121,741	127,901	135,557	25.2
30~39세	72,578	71,580	74,847	77,503	79,728	9.8
40~49세	56,288	55,907	58,948	61,717	63,099	12.1
50~59세	50,161	50,241	53,369	55,429	55,720	11.1
60~69세	34,503	36,275	40,445	43,293	45,170	30.9
70~79세	27,729	28,958	30,283	32,627	34,084	22.9
80세이상	9,486	10,439	11,923	13,694	14,852	56.6

출처: 메디컬 월드 뉴스(2019).

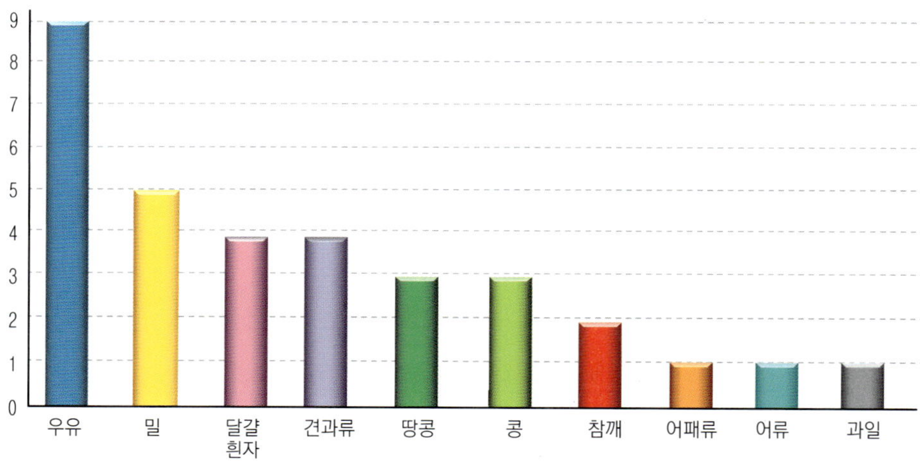

그림 10-4 삼성서울병원 응급실을 방문한 식품알레르기 환자의 원인식품

출처: 서울삼성병원(2005).

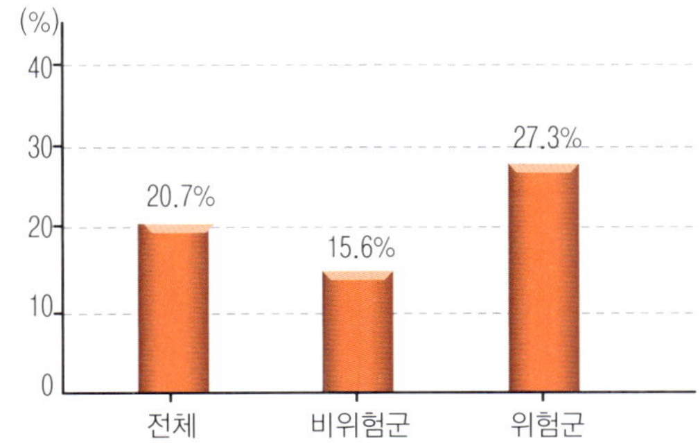

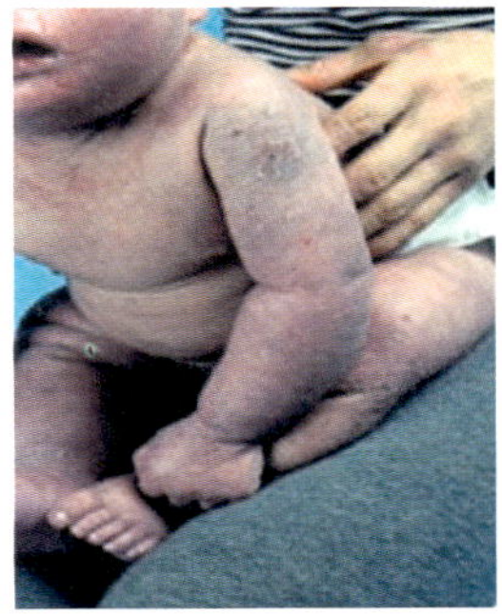

그림 10-5 생후 8개월 영아의 아토피피부염 발생률(왼쪽)과 아토피피부염이 발생한 영아의 모습(오른쪽)
출처: 서울삼성병원(2013).

3) 약물안전사고 실태

한국소비자원(2016)의 조사에 의하면 가정 내 의약품, 화학물질 보관 및 관리에 주의를 기울여야 하는데, 최근 3년간 접수된 어린이 중독 사고는 총 705건('13년 352건, '14년 264건, '15년 89건)이었으며, 발달단계별로는 '걸음마기(1세~3세)'에 전체의 60% 이상을 차지하였다. 주요 위해 품목으로는 '의약품'이 225건(31.9%)으로 가장 많았고, 다음으로 '청소 및 세탁 용품' 90건(12.8%), '가공식품' 83건(11.8%), '살균(살충) 소독제' 60건(8.5%) 등이 있었다. 3세 이하의 영유아들은 손에 잡히면 무엇이든 입으로 가져가는 습성이 있으므로 가정용 의약품, 화학물질 등의 보관 및 관리에 각별히 주의해야 한다.

4) 재난안전사고 실태

(1) 태풍 및 홍수

2006년 호우를 동반한 강풍으로 7억 원, 2007년 강풍에 의해 경기지역 2억 원의 재산 피해 등 최근 10년(2005~2014년) 간 5월 중 총 2회 강풍 · 풍랑이 발생하여 총 9억 원의 재산 피해가 발생하였다.

(2) 지진

세계에서 1978~2014년에 발생한 규모 5.0 이상의 지진은 60,791회로 연평균 1,643회로 지진이 발생하였으며 이 중 우리나라에서는 6회로 연평균 0.16회 빈도로 지진이 발생하였다. 인근 국가 일본의 경우 규모 5.0 이상의 지진이 4,047회로 연평균 109회의 빈도로 발생하였으며, 이 횟수는 세계지진 중 7%에 해당하는 지진횟수이다.

표 10-3 연도별 지진발생추이 및 현황(1978~2014)

규모	5.0~5.9	6.0~6.9	7.0~7.9	8.0 이상	총횟수	연평균(회/년)
한국	6	-	-	-	6	0.16
일본	3,357	605	80	5	4,047	109
세계	55,955	4,286	518	32	60,791	1,643

해당 출처의 DB 및 통계자료 집계방법에 따라 상이할 수 있음
출처: 기상청, 일본기상청, USGS.

(3) 황사

1981~2010년에는 연평균 6.3일 황사가 발생하였는데, 그중 5월에 1.1일 발생하였다. 최근 10년(2006~2015년) 간에는 그보다 더 증가한 연평균 7.5일의 황사가 발생하였으며, 특히 5월 중에 1.5일 발생하였다.

(4) 폭염

2020년 8월 15주간 총 1,078명의 온열질환자 신고가 접수되었으며 특히 8월 말은 662명으로 전체의 61.4%를 차지했다. 이는 새로운 기후 평년값인 1991년~2020년 전국 평균기온이 이전 평년값(1981 ~2010)보다 0.3도 오른 것으로 나타났다(기상청, 2021). 기온에 따른 폭염 일수(11.8일)와 열대야 일수(7.2일)는 각각 1.7일과 1.9일이 늘었고 기후 변화로 계절 길이도 변했다. 8월 둘째 주부터 온열질환자 발생 수가 급격히 증가하였다(질병관리청, 2021b).

지난 5년(2015-2019년)간 폭염의 강도에 따라 온열질환자 발생 수에 차이를 보였는데,

폭염이 심했던 해(2018년)에는 약 4,500명가량, 폭염이 적었던 해(2015년)에는 약 1,000명가량의 온열질환자가 발생하였다(질병관리청, 2021b).

기간	온열 질환자
1주 (05.20 ~ 05.23)	2
2주 (05.24 ~ 05.30)	6
3주 (05.31 ~ 06.06)	29
4주 (06.07 ~ 06.13)	103
5주 (06.14 ~ 06.20)	34
6주 (06.21 ~ 06.27)	70
7주 (06.28 ~ 07.04)	18
8주 (07.05 ~ 07.11)	39
9주 (07.12 ~ 07.18)	39
10주 (07.19 ~ 07.25)	13
11주 (07.26 ~ 08.01)	53
12주 (08.02 ~ 08.08)	54
13주 (08.09 ~ 08.15)	176
14주 (08.16 ~ 08.22)	243
15주 (08.23 ~ 08.29)	143

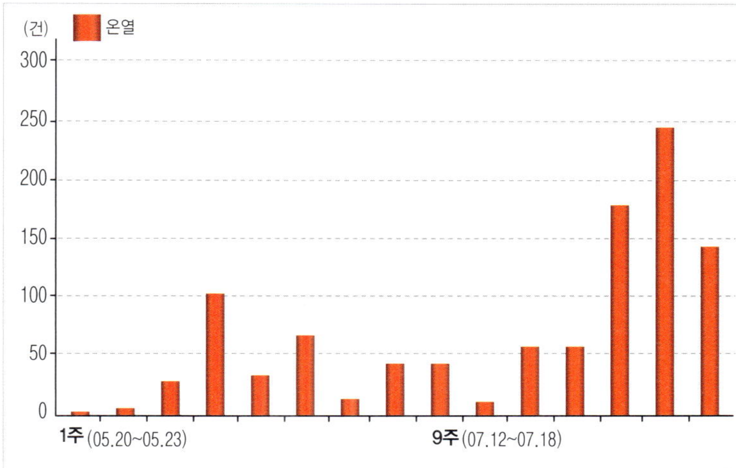

그림 10-6 2020년 온열질환자 발생 현황

출처: 질병관리청(2021b).

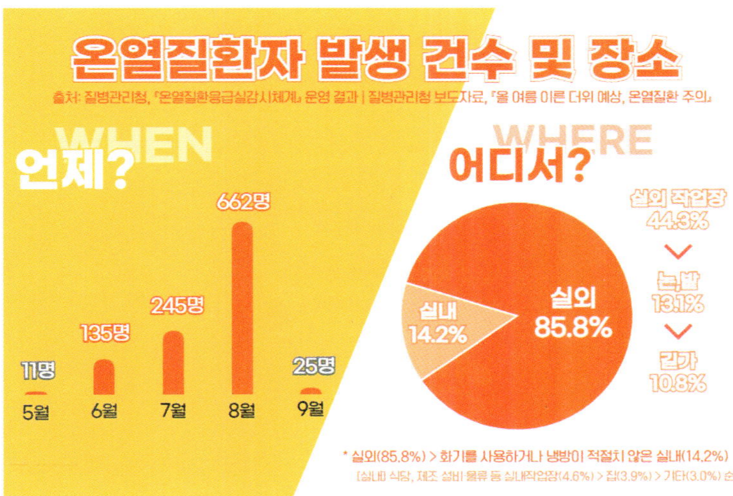

그림 10-7 2020년 온열질환자 발생 건수 및 장소

출처: 질병관리청(2021b).

3. 사회환경 안전교육의 내용

1) 코로나19 안전교육

〈 안전한 유치원 생활 〉

출처: 질병관리청(2020)

2) 식품안전교육

(1) 식품 첨가물

식품첨가물이란 식품을 조리하고 가공할 때, 식품의 품질을 좋게 하고, 보존성과 맛, 색 등을 향상하기 위해 첨가하는 물질이다. 식품 첨가물을 몇 가지 종류로 나누어 보면 다음과 같다.

첫째, 식품이 상하는 것을 막아 주는 식품 첨가물로 미생물이 번식하는 것을 막는 보존료와 기름 성분이 산화하는 것을 막는 산화 방지제가 있다.

둘째, 식품의 품질을 좋게 하는 첨가물에는 식품에 부족한 영양소를 첨가하는 영양 강화제가 여기에 속한다.

셋째, 식품을 쉽게 만들려고 넣는 첨가물에는 모양을 단단하게 만드는 응고제와 밀가루 등을 부풀게 하는 팽창제 등이 있다.

넷째, 식품의 모양, 맛, 냄새 등을 좋게 하려고 넣는 첨가물이 있는데 우리가 흔히 말하는 조미료라고 부른다. 여기에는 식품의 색깔을 예쁘게 하는 착색료, 냄새를 좋게 하는 착향료, 식품의 맛을 좋게 만드는 향미 증진제 등이 있다.

대부분의 식품첨가물 등은 몸 밖으로 배설이 되지만 어떤 성분은 몸 안에 계속 남아있어 여러 가지 병을 유발할 수 있는데, 즉 신경 쇠약, 두통, 호흡 곤란 등이 유발될 수 있다. 영유아는 집중력이 떨어지고 면역력이 약해지는 등 지금 당장 나타나는 문제뿐만이 아니라 수십 년 후에도 영향을 미칠 수 있기 때문에 식품 첨가물에 대한 올바른 이해와 교육을 통해 올바른 식품을 선택하고 건강한 식품을 선택하고 섭취할 수 있도록 해야 한다.

다음은 식품첨가물의 종류와 관리요령에 대한 내용이다.

① 식품 첨가물의 종류와 용도

- 산화방지제 : 산화로 인한 식품품질 저하를 방지하여 식품의 저장 기간을 연장할 때 사용되는 식품첨가물이다.
- 착색료 : 식품의 가공 과정에서 손실된 색을 복원하거나 식욕을 돋우기 위해서 착색을 위해 사용되는 식품첨가물이다.

화학조미료는 정말 위험할까?

매년 10월 16일은 국제 소비자 기구(IOCU)에서 정한 '화학조미료 안 먹는 날'이다. 이런 날이 생길 만큼 화학조미료는 위험한 것일까? 대표적 화학조미료인 글루탐산일나트륨(MSG)은 식품에 감칠맛을 더하는 것으로, 수많은 식품에 사용되어 왔다. 최근에는 MSG가 건강에 해롭다고 알려지면서 MSG를 첨가하지 않은 제품들이 늘어나고 있다. 하지만 1987년 세계 보건 기구 식품첨가제 위원회가 MSG의 안전성에 대해 재검토한 결과 안전성에 아무런 문제가 없다고 발표했다. 하지만 MSG 같은 화학조미료를 지나치게 많이 먹으면 건강에 좋지 않은 것은 확실하다.

- 감미료 : 식품에 단맛을 내기 위해 사용되는 감미료인 사카린나트륨과 아스파탐이 있다.
- 착향료 : 식품의 본래의 향을 첨가하거나 제조공정 중 손실된 향을 첨가하여 본래의 향을 유지하기 위해 사용되는 식품첨가물이다.

② 식품첨가물 관리요령

다음과 같은 방법으로 식품첨가물을 줄일 수 있다.

- 어묵 종류는 조리 전 미지근한 물에 5분 정도 담가두었다가 헹군 후 사용한다.
- 햄, 소시지 육가공 식품은 끓는 물에 한 번 데치거나 물에 담가두었다가 조리한다.
- 빵은 오븐에 살짝 구우면 보존료와 젖산칼슘의 양이 줄어들게 된다.
- 통조림은 국물은 버리고 찬물에 버리고 바로 헹군 후 조리한다.
- 라면은 면 끓인 물을 버리고 다시 끓는 물을 부어 수프를 넣는다. 컵라면은 물을 붓고 1분 정도 지난 후 물을 버리고 다시 뜨거운 물을 부어 먹으며 가능한 국물은 먹지 않는다.

(2) 식중독

"식중독"이란 식품 섭취로 인하여 인체에 유해한 미생물 또는 유독 물질에 의하여 발생하였거나 발생한 것으로 판단되는 감염성 질환 또는 독소형 질환이다(식품위생법 제2조 제14항). "집단식중독"이란 역학조사 결과 식품 또는 물이 질병의 원인으로 확인된 경우로서 동일한 식품이나 동일한 공급원의 물을 섭취한 후 2인 이상의 사람이 유사한 질병을 경험한 사건이다(WHO, 세계보건기구).

식중독은 주로 여름철이나 초가을에 자주 발생한다고 알고 있으나 최근에는 계절에 상관없이 발생하기 때문에 연중 식중독과 관련된 예방교육과 관리와 주의가 필요하다. 육류, 어패류, 채소, 과일에서도 식중독 사고가 발생하고 있어 영유아에게 제공되는 모든 식품을 조리하고 취급하는 데 철저한 주의가 필요하다.

식중독의 원인과 관리에 대한 내용을 살펴보면 다음과 같다(서울시 식품안전정보).

① 식중독 원인

- 식중독 발생의 주된 원인
  - 식품을 충분한 온도와 시간으로 조리하지 못할 때 발생
  - 조리 후 음식물을 부적절한 온도에서 장시간 보관함으로써 발생
  - 오염된 기구와 용기 및 불결한 조리기구의 관리 · 사용으로 인하여 발생
  - 개인의 비위생적인 습관, 손 세척 소홀, 개인 질병, 식품 취급 부주의에 의하여 발생
  - 비위생적이거나 안전하지 못한 식품 원료의 사용으로 인하여 발생
- 식중독 증상
  - 일반적으로 고열, 복통, 설사, 구토, 두통 등이 대표적인 증상으로 때로는 호흡곤란, 탈수 증상 등을 일으켜 생명을 위험하게 할 수도 있음
- 주요 식중독 및 원인식품
  - 살모넬라 식중독 : 계란, 식육 및 그 가공품 등
  - 장염비브리오 식중독 : 해산물, 어패류 및 그 가공품 등
  - 황색포도상구균 식중독 : 김밥, 도시락, 떡, 과자류 등 전분질을 주성분으로 하는 곡류와 그 가공품, 두부 등
  - 클로스트리듐 식중독 : 식육이나 그 가공품, 어류 및 그 가공품 등의 동물성 고단백질 함 유식품을 조리 후 장시간 실온에 방치한 경우
  - 병원성 대장균 식중독 : 쇠고기 분쇄육, 햄, 치즈, 채소 샐러드 등
  - 노로바이러스 식중독 : 굴 등의 어패류, 채소, 지하수 등

② 식중독 발생 시 신고 요령

- 식중독 증상이 나타나면 가까운 의료기관을 방문, 의사의 지시에 따름

• 집단 설사 환자가 발생하면 가까운 보건소에 신고하여 식중독 확산을 예방하고 피해를 최소화하여야 한다.

③ 식중독 예방요령

• 식품의 구입

-육류, 어류, 채소류 등의 식품은 신선한 것을 구입

-표시가 있는 식품은 유통기한 등을 확인하고 구입

-구입한 식품은 육류나 생선 등의 수분이 새지 않도록 비닐포장지 등에 각각 나누어 포장(신선식품 등은 냉장이나 냉동 등의 온도 관리가 필요한 식품의 구입은 마지막으로 구입)

• 가정에서의 보존

-냉장이나 냉동이 필요한 식품은 가져오자마자 냉장실이나 냉동실에 넣는다.

-냉장실이나 냉동실에 너무 많이 넣어두지 않도록 한다. (기준은 70% 정도)

-냉장실은 10℃ 이하, 냉동실은 -15℃ 이하를 유지한다(온도계를 사용하여 온도를 측정하면 더욱 더 냉장고를 잘 관리할 수 있다. 세균들 대부분이 10℃에서 증식이 천천히 이루어지고 -15℃에서는 증식이 정지. 그러나 세균이 죽은 것은 아니므로 빨리 사용하도록 함).

• 시설 및 기구 위생관리

- 조리실대 위에는 정리되어 넓게 사용할 수 있도록 되어 있는가?

-칼이나 도마는 육류용, 어류용, 채소용을 각각 준비하여 사용한다.

-냉동식품 등 동결되어 있는 식품은 조리대에 방치한 채로 해동하지 않도록 한다. 실온에서 해동하면 식중독균이 증식하는 경우도 있다.

-해동은 냉장고의 중앙이나 전자렌인지에서 하도록 한다. 또한 물을 사용하여 해동하는 경우에는 밀폐 용기에 넣어 흐르는 물로 한다.

그림 10-8 식중독 예방요령

-칼, 식기, 도마, 행주, 수세미, 스펀지 등은 사용 후 바로 세정하거나 흐르는 물에 잘 씻어 사용한다. 행주에 얼룩이 많으면 청결한 것으로 교환한다.

-표백제에 하룻밤 담가 두는 것도 소독 효과가 있으며 수세미나 스펀지는 삶는 것이 좋다.

• 종사자 위생관리

-비누로 손을 깨끗이 씻는다.

-수건이나 행주는 건조된 청결한 것으로 사용하고 손을 씻도록 한다.

-가열, 조리하는 식품은 충분히 가열한다. 가열을 충분히 하면 식중독균이 살균된다. 중심부의 온도는 75℃를 기준으로 1분 이상 가열한다.

-조리 도중에 그만두고 그대로 실온에 방치하면 세균이 식품에 옮겨져서 증식된다. 도중에 그만둘 때는 냉장고에 넣어두도록 한다.

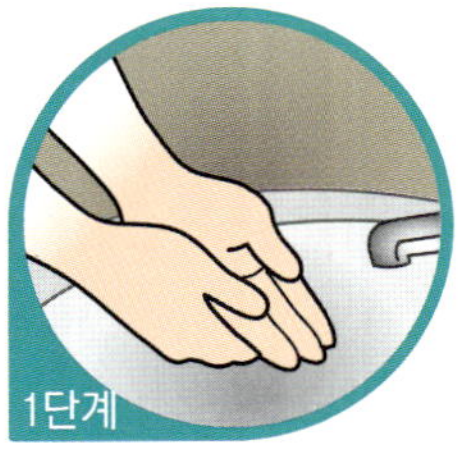

따뜻한 물로 헹구고
비부나 세정액을 이용하여
거품을 냅니다.

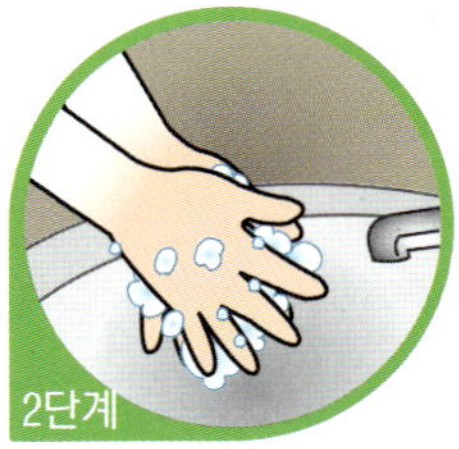

깍지 끼고 손바닥을
비벼줍니다.

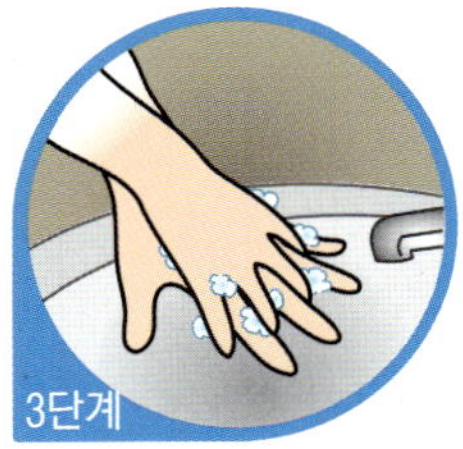

깍지 끼고 손등. 손가락
사이사이를 비벼줍니다.

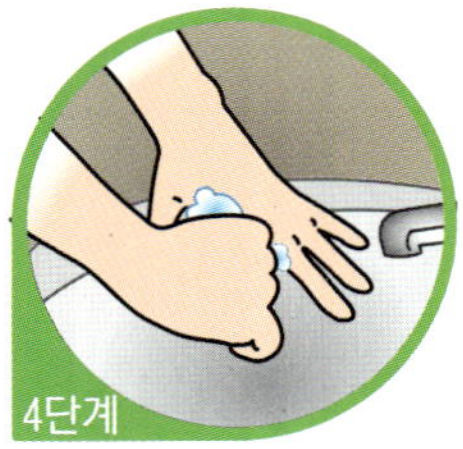

열손가락을 하나하나씩
꼼꼼하게 돌려가며
닦아줍니다.

손가락을 모아 손바닥을
긁어줍니다.

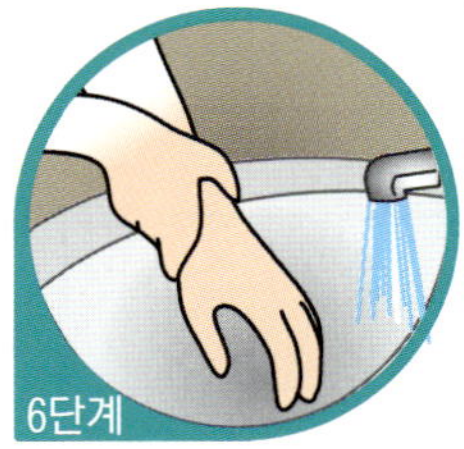

손목도 깨끗하게 닦은 후
흐르는 물로 헹구어 줍니다.

그림 10-9 손씻기 요령

가공 식품의 원료 표시 읽기

식품의약품안전청의 식품표시기준에 난류(가금류에 한한다), 우유, 메밀, 땅콩, 대두, 밀, 고등어, 게, 새우, 돼지고기, 복숭아, 토마토 등 12가지 식품에 대해서는 원료 표시를 하도록 되어 있다.

식품의약품안전청 식품 등의 표시기준
2008.10.08. 개정
1. 식품 등의 일반기준
가. 식품(수입식품을 포함한다)
7) 원재료명 및 함량
한국인에게 알레르기를 유발하는 것으로 알려져 있는 난류(가금류에 한한다), 우유, 메밀, 땅콩, 대두, 밀, 고등어, 게, 새우, 돼지고기, 복숭아, 토마토를 함유하거나 이들 식품으로부터 추출 등의 방법으로 얻은 성분과 이들 식품 및 성분을 함유한 식품 또는 식품첨가물을 원료로 사용하였을 경우에는 함유된 양과 관계없이 원재료명을 표시하여야 한다.

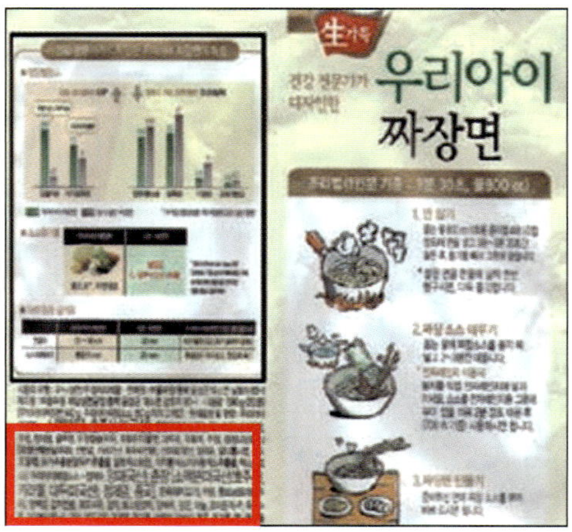

그림 10-10 가공식품의 식품알레르기 표시 기준 적용 예

(3) 알레르기

알레르기를 일으키는 것으로 알려져 있는 식품은 어린이의 경우 우유, 달걀, 땅콩, 대두, 밀이 원인 식품의 90%를 차지하고 있으며, 부작용을 일으키는 현상은 구토, 설사, 천식, 두드러기, 아토피피부염, 아나필락시스(쇼크 일종) 등과 같은 다양한 알레르기 증상을 일으키기도 한다. 식품알레르기 증상으로 아나필락시스는 급작스럽게 나타나는 알레르기 증상으로 조기 응급처치가 중요하다. 따라서 식품 알레르기가 있는 영유아들을 위해 식생활 지도와 관리가 필요하다.

① 식품 알레르기의 원인

알레르기 발생 위험요소는 크게 두 가지로 〈그림 10-10〉과 같이 같다. 유전적인 요인은 가족력과 후보유전자로 인해 알레르기를 발생시키기도 하며, 환경적인 요인으로는 항원 (식품, 공기 중의 항원), 균이 없는 상태(예방접종, 항균제), 식품 섭취 패턴의 변화 등이 있다.

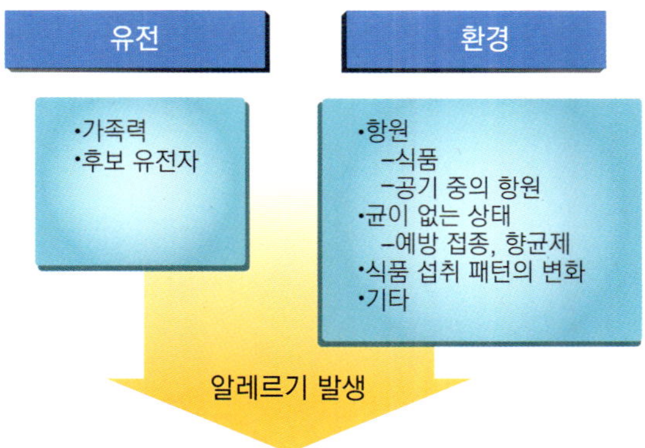

그림 10-11 알레르기 발생 위험요소

영유아기에는 우유와 달걀이 알레르기를 일으키는 주요 원인식품이며, 땅콩을 포함한 견과류, 새우, 게 등을 포함하는 갑각류는 아나필락시스를 일으키는 주요 원인식품이다. 달걀은 아토피피부염을 일으키며, 채소와 과일은 구강알레르기 증후군을 일으킨다. 최근 과일로 인한 아나필락시스 사고가 발생되고 있는데 발생 원인은 키위와 복숭아가 주원인이 되고 있다.

다음은 연령별로 주의해야 할 알레르기 식품을 살펴보면 다음과 같다.

- 영아기(만 0~24개월): 계란, 우유, 땅콩, 대두, 밀
- 유아기(만 3~5세): 계란, 우유, 땅콩, 견과류, 밀
- 아동기(만 6~11세): 갑각류, 생선, 땅콩, 견과류, 우유, 밀

② 식품 알레르기의 증상

- 식품은 호흡기, 소화기, 피부, 전신적 반응 등 모든 알레르기 증상을 일으키며 가벼운 반응에서 생명을 위협하는 반응까지 다양하다.
- 식품 섭취 후 몇 분 후에 일으키는 즉시 형 반응에서 1~2일 후 나타나는 지연형 반응까지 반응시간이 다양하다.
- 알레르기 반응을 일으킬 수 있는 식품의 양이 개인에 따라 큰 차이를 보인다.

표 10-4 증상별 주요 원인식품

증상	원인식품
아토피피부염	달걀이 어린이에게 단일 식품으로는 가장 흔한 원인식품 달걀, 우유가 어린이 원인식품의 80%를 차지 30% 이상의 어린이가 두 가지 이상 식품에 반응
아나필락시스	땅콩과 견과류가 가장 흔한 원인식품 새우와 게 등 갑각류도 주요 원인식품

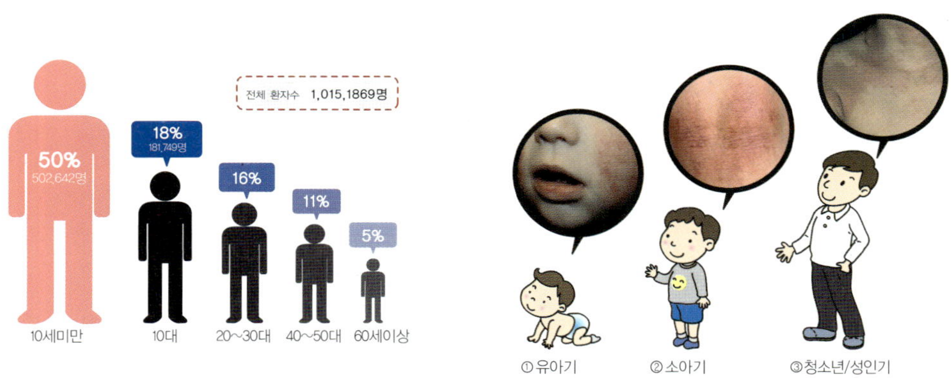

그림 10-12 아토피피부염 연령별 환자수 점유율(2013년)과 증상

출처: 서울삼성병원(2013).

식품알레르기는 급성 두드러기의 20%, 아토피피부염의 30~40%, 아토피성 천식의 5%, 그리고 아나필락시스의 가장 흔한 원인으로 알려져 있다. 알레르기 증상은 전 연령에서 고른 발병률을 보이는 것이 아니라 연령에 따라 다른 분포를 보인다. 특히 소위 '알레르기 행진'이라고 하여 한 사람이 어릴 때는 아토피피부염으로 증상이 나타나다가 천식이나 비염 같은 호흡기 알레르기 질환으로 진행하는 경우가 많다. 아토피피부염은 유전적인 성향을 가진 사람에게서 발생하는 만성 염증성 알레르기 질환이다. 아토피피부염 환자의 80% 정도가 피부반응 검사에서 여러 종류의 항원에 대해 양성반응을 나타낸다.

③ 식품 알레르기의 예방법

- 원인식품을 철저히 제한한다 : 원인식품의 제한은 진단된 식품만을 제한하도록 되어 있다. 예를 들어 계란이 알레르기 발생이 높은 식품이지만 계란에 문제가 없는 알레르기 아동까지 계란을 제한해서는 안 된다. 원인식품을 제한할 때는 원재료 형태만이 아닌 가공식품 형태로 포함되어 있는 식품까지도 철저히 제한해야 한다. 알레르기는 매우 적은 양으로도 증상을 악화시킬 수 있다.
- 증상별 관리 목표를 다르게 정한다 : 아나필락시스, 두드러기, 혈관부종 등의 증상은 발현 즉시 적절한 관리가 필요하다. 아토피피부염의 경우 정확한 근거 없이 여러 가지 식품을 임의로 제한하고 있는 경우가 많기 때문에 영양적인 관리 필요하다.
- 식품 제한에서 올 수 있는 영양적 문제를 해결해야 한다 : 영유아시기는 성인과 달리 성장과 발달이 진행되고 있는 시기이므로 정상적인 성장이 유도되도록 영양 관리를 해야 한다.
- 다양한 대체 식품을 제시한다 : 대체 식품을 제시함에서 원칙은 대체한 식품이 영양상으로 대체가 가능해야 한다. 그러나 치료나 영양 관리 차원에서만 식품 관리가 이루어져 먹고자 하는 욕구가 지나치게 제한될 경우 지속적인 관리가 이루어지기 어려우므로 영양적 관점의 대체 식품뿐만 아니라 맛의 관점에서 대체 식품을 제시할 수 있어야 한다.

- 예방적 차원에서 식품을 제시한다 : 만 1세 이전의 영아의 경우 알레르기 발생이 높은 식품을 섭취함으로써 새롭게 식품알레르기가 유도될 수 있다. 따라서 알레르기 발생이 높은 식품은 현재 알레르기 발생과 관련이 없어도 제한하거나 도입을 늦추는 경우가 있다.
- 식품제한에 따른 아이의 심리적인 스트레스를 이해한다.

3) 약물안전교육

(1) 약물 안전교육의 이해

약물이란 약을 투여 받는 사람의 병적 상태를 치료하거나 검사하기 위해 사용되는 약물을 일컬으며, 오남용 예방 교육이란 약물을 전문가의 지시나 용법에 따르지 않고 의학적 치료 목적에서 벗어난 사용 및 건강을 해를 끼치는 정도의 약물을 이용하지 않도록 교육하는 것을 뜻한다. 약물에 포함되는 물질에는 병이나 상처를 치료하기 위해 먹거나 바르는 주사하는 물질에는 의약품이 있으며, 일반화학약품(산, 알칼리, 본드, 신나)과 일상생활에 해를 끼치는 동물이나 식물을 제거하기 위해 만든 물질(농약, 파리약, 모기약), 구두약, 광택제, 술, 담배 등이 있다. 영유아들의 행동발달과 신체 특성상 호기심과 부주의로 약물을 섭취하여 안전사고가 일어날 가능성이 높기 때문에 보호자의 주의가 필요하다.

또한 영유아 스스로 약물로부터 자신의 안전을 보호할 수 있는 능력과 기술이 부족하기 때문에 약물안전교육이 필요하다.

- 약물오용 : 의도적인 것은 아니지만 적절하지 못한 용도로 잘못 사용하여 피해를 보는 것이다.
- 약물남용 : 의도적으로 본래의 목적과 다른 목적으로 사용하는 것(부작용을 경험하기 위해 일부러 사용하는 경우)
- 약물중독 : 약물이 신체 내로 과도하게 흡수되어 여러 가지 부작용을 나타내는 상태

(2) 영유아 약물 오용 · 남용 사고의 유형

약물오용
소화불량 치료를 위해 항생제를 사용하여 증상 악화

약물남용
본드, 부탄가스, 감기약 등을 일시적으로 기분을 좋게 하기 위하여 사용

약물중독
오심, 구토, 두통, 복통, 정신병적 상태, 혼수상태, 사망에 이르는 상태

그림 10-13 약물 오남용의 종류

약물오용

적당하지 않은 용도와 양의 약물을 사용하는 것을 말한다. 예를 들면, 부모들이 감기약을 먹일 때 임의로 다른 약과 해열제를 함께 먹이는 것뿐만 아니라 용량이나 횟수도 늘려서 먹이는 것이다.

약물남용

의학적 목적이 아닌 다른 용도로 과다하거나 부적절하게 사용하는 행위로 치료의 목적이 아닌 감정이나 행동의 변화를 일으키기 위해 부적절하게 사용하는 행위이다. 예를 들면, 접착제나 본드, 부탄가스 등을 원래의 목적으로 사용하는 것이 아니라 일시적으로 기분을 좋게 하기 위하여 사용하는 경우이다.

① 의약품 중독사고

- 다른 사람이 먹으려고 꺼내 놓은 의약품 섭취
- 원래 먹어야 하는 약이 아닌 다른 약 섭취

② 가정용 화학제품에 의한 사고

- 세제와 주방세제를 영유아 손에 닿는 곳에 보관하여 섭취
- 음료수병에 독극물을 보관한 것을 섭취
- 위험한 물질을 만지거나 마셨을 때

③ 장난감에 의한 유해성

- PVC 재질 장난감, 페인트 성분의 독성물질 유해

④ 에어졸 용품에 의한 중독사고

- 에어졸의 무분별한 사용은 구토, 피부 자극, 호흡곤란 등과 같은 문제
- 에어졸을 얼굴에 뿌리는 것은 문제

⑤ 카페인에 의한 유해성

- 커피나 콜라 섭취

비타민, 소화제	수분공급과 안정만으로도 충분
혈압약, 당뇨병약, 수면제, 진통제	치명적이므로 세심한 관찰과 병원 치료가 필요
소아용 해열 소염제 시럽	단맛을 가미해 과용량을 복용할 수 있음
아세트아미노펜	150mg/kg 이상 복용 시 간 독성이 3/4 이상에서 나타날 수 있음
항고혈압제	쇼크 유발, 심장 독성, 서맥 유발
암모니아, 가성소다, 표백제, 빙초산, 주방세제, 부식성 화학제품	소량만 섭취해도 심각한 위험 초래
화장품, 향수	많은 양을 섭취하거나 눈에 뿌리게 되면 유해 (손이 닿지 않는 곳에 보관)
커피, 콜라 등 카페인이 함유된 식음료	간에서의 카페인 분해기간이 길기 때문에 몸에서 배설되는 것이 늦으므로 주의

그림 10-14 약물 오용 · 남용 사고의 유형

(3) 약물 오남용 응급 처치 방법

가. 약품의 제거

- 수용성 : 따뜻한 물로 씻기
- 물에 녹지 않는 물질 : 알코올이나 비눗물로 씻기

나. 흡수의 방지

- 활성탄(숯)을 물에 잘 타서 먹인 후 병원으로 이송

다. 배설촉진 방법(주로 병원에서 이루어지는 방법)

- 강제 이뇨법, 혈액 투석

(4) 약물 복용의 안전수칙

가. 처방약은 날짜와 이름을 표시하여 보관한다.

나. 약을 먹이기 전에 이름과 용량을 확인한 후 투약의뢰서의 내용에 근거하여 정확하게 투약한다.

다. 약을 사탕이라고 하면서 먹이지 않는다.

라. 어두운 곳에서 투약하지 않는다.

마. 교사들은 부모로부터 투약의뢰서를 받은 경우에만 투약한다.

바. 유효기간이 지난 약이나 용도가 분명하지 않은 약은 반드시 폐기한다.

투약의뢰서

금일 본 자녀의 투약을 ㅇㅇ어린이집에 의뢰합니다.

반명	
이름	
증상	
약의 종류	
용량	
투약시간	
비고	

20 년 월 일

보호자 : (인)

※투약으로 인한 책임은 보호자가 집니다.

ㅇㅇ어린이집

4) 재난 안전교육

최근 기후변화의 영향으로 인해 자연재난의 발생빈도가 증가하고는 있으나 자연재난의 경우 상대적으로 발생 빈도가 낮아 빈번하게 발생하는 생활관련 안전사고보다 그 중요성이 간과되고 있다(성미영, 김학열, 2010).

재난은 일반적으로 발생 원인에 따라 크게 자연재난과 인위 재난으로 구분되는데 자연재난은 홍수, 폭풍, 지진 등과 같이 자연현상에 기인한 것으로 고전적 의미의 재난은 주로 자연재난을 지칭하며, 인위 재난은 폭발, 붕괴사고 등과 같이 인위적 원인에 의한 재난으로 받아들여진다(이윤경 외, 2013). 최근 들어 자연 재난의 횟수가 증가하고 있는 것을 고려할 때, 자연재난에 의한 피해를 줄이기 위해서는 어린이집에서는 태풍 · 호우, 황사, 지진, 폭염 등의 재난에 대비한 안전교육이 정기적으로 이루어져야 한다. 특히, 점차 어린이집에서 오랜 시간을 보내고 있는 영유아를 대상으로 재난대비 안전교육을 실시하여 태풍 · 호우, 황사, 지진, 폭염과 같은 자연재난의 위험으로부터 스스로를 보호할 수 있는 재난대비 안전교육이 활성화될 필요가 있다.

영유아기는 신체 조정 능력 및 운동 기능이 아직 충분히 발달되지 않았을뿐더러 인지적, 정서적, 언어적 능력에 있어서도 환경의 안전을 판단하고 위험을 예측하는 능력이 부족하여 어느 시기보다도 상해의 위험이 높은 시기이다(지성애, 김영옥, 홍혜경, 1998). 따라서 어린이집을 비롯한 영유아보육기관에서는 이러한 영유아의 특성을 파악하고 영유아를 안전하게 보호하고 교육해야 할 책임이 있다.

(1) 태풍 및 홍수

태풍이란 북태평양 서부에서 발생하는 열대성 저기압 중에서 중심부 최대풍속이 1초당 17m 이상의 폭풍우를 동반하고 있는 기상 현상을 말한다. 간판 등의 낙하물과 가로수 전도의 위험이 있으니 가급적 외출을 삼가고, 특히 노약자나 어린이는 집 밖으로 나가지 않도록 주의한다.

태풍 예보 시	
영유아 교육기관에서	• 주변의 위험지역·시설 등을 사전에 알아 둔다. ※ 하천변 상습 범람 및 침수지역, 산사태위험지구, 감전사고 위험지역, 공사자 등 실내·외의 날아갈 위험이 있는 시설물을 점검, 조사한다. • 원아들의 비상연락망을 점검하고 연락체계를 유지한다. • TV나 인터넷, 라디오 등을 통해 지역의 기상예보를 수시로 확인한다. • 실외 활동이나 야외활동 일정을 연기한다. • 원아 및 부모를 대상으로 태풍대비 행동요령을 지도하거나 홍보한다.

태풍의 영향권에 있을 경우(태풍주의보, 태풍경보 발령 시)	
영유아 교육기관에서	• TV나 인터넷, 라디오 등을 통해 기상 속보를 수시로 확인한다. • 지역 실정에 맞게 휴원 또는 단축보육(수업)을 검토한다. • 원아 비상연락망을 점검하고 연락체계를 유지한다. • 천둥, 번개가 칠 경우 실내나 낮은 곳으로 대피한다.

태풍이 지나간 후	
영유아 교육기관에서	• 파손된 상하수도, 도로가 있다면 시·군·구청에 연락한다. • 침수된 경우 가스가 차 있을 수 있으니 환기시킨 후 들어가고, 전기·가스 수도시설은 손대지 말고 전문 업체에 연락한다. • 침수된 경우 시설 상황에 맞게 휴원을 검토한 후 부모에게 연락한다.

(2) 지진

지진 발생 시 소방방재청에서는 다음과 같은 행동요령을 제시하고 있다.

지진에 대비한 준비요령	
영유아 교육기관에서	• 평상시 옷장, 싱크대, 냉장고, TV 등을 안정감 있게 배치하고 속의 내용물을 잘 정돈해 둔다. • 크고 무겁고 깨지기 쉬운 물건(예: 카세트플레이어, 화분, 장식품 등)을 높은 곳에 두지 않는다. • 열기구나 위험물(예: 가스레인지, 난로, LPG 가스통 등) 보관 및 관리에 주의한다. • 주방을 포함한 각 교실에 소방 기구를 비치해 둔다. • 두꺼비집, 가스 및 수도의 차단장치 위치와 조작방법을 숙지한다. • 실내의 견고한 탁자 밑 등 대피할 안전한 장소를 정해 두고, 위험한 장소(예: 유리창 주변, 책장이나 넘어지기 쉬운 가구 주변 등)를 확인해 둔다. • 원아 및 부모를 대상으로 지진대비 행동요령을 지도하거나 홍보한다.

지진 발생 시 영유아 교육기관에서의 행동요령	
영유아 교육기관에서	• 교실 책상 밑에 들어간다. 이때 창문이나 출입문, 전등 등 떨어지기 쉬운 물건 주위는 피한다. • 크게 흔들리는 시간은 1~2분 정도이므로 중심이 낮고 튼튼한 책상 밑에 들어가 다리를 붙 들고 대피한다. • 피할 곳이 없을 때는 방석 등으로 머리를 보호한다.

지진 후의 행동요령	
영유아 교육기관에서	• 여진에 대비해야 한다. • 다친 영유아가 있는지를 확인한다. • 정전이 되었다면 손전등을 이용한다. 양초, 성냥 등의 연소물질을 사용하는 것은 누출된 가스에 의한 폭발 위험이 있으므로 사용하면 안 된다. • 깨진 유리에 대비하여 실내에서도 신발을 신고 행동한다. • 가스냄새나 가스 새는 소리가 나는 경우에는 창문을 연 후 밖으로 신속하게 빠져 나가고, 가능하면 밸브를 잠근다. • 경찰, 소방구조요원의 요청이 있기 전까지 피해지역에 접근하지 않는다.

표 10-5 지진의 규모

규모	구조물, 자연계 등에 대한 영향	인체 영향	MMI진도 (12등급)
2.5 미만	• 사람의 몸으로는 느낄 수 없고 지진계에만 기록됨	느낄 수 없음	I (미진)
2.5	• 정지하고 있는 사람, 특히 감각이 민감한 사람이 다소 흔들린다고 느낌	민감한 사람만이 느낌	
3.0	• 모든 사람이 느낄 정도로 창문이 다소 흔들림	여러 사람이 느낌	II (경진)
3.5	• 건물이 흔들리고 창문이 움직이며 형광등과 같은 매달린 물건이 흔들리거나 그릇의 물이 출렁임	약간 놀람, 자다 깸	III (약진)

규모	구조물, 자연계 등에 대한 영향	인체 영향	MMI진도 (12등급)
4.0	• 건물의 흔들림이 심하고 불안정하게 놓은 꽃병이 넘어지며 그릇의 물이 넘침 • 많은 사람들이 집 밖으로 뛰어나옴	매우 놀람, 자다 깨어 나옴	Ⅳ~Ⅴ (중진)
5.0	• 벽에 금이 가고 비석이 넘어짐, 굴뚝, 돌담, 축대 등이 파손됨	서 있기 곤란하고 심한 공포를 느낌	Ⅵ~Ⅶ (강진)
6.0	• 건물파괴 30% 이하, 사람이 서 있을 수 없음 • 산사태가 발생할 수 있고 땅에 금이 감	도움 없이 걸을 수 없음	Ⅷ~Ⅸ (열진)
7.0	• 건물 파괴 30% 이상, 산사태가 나고 땅이 갈라짐	이성 상실	Ⅹ
8.0	• 건물 완전 파괴됨 • 철로가 휘고 지면에 단층 현상이 발생함	대공황	
8.0 이상	• 관측된 바 없음		

(3) 황사

정부에서는 2002년부터 "황사 예·특보제"를 도입하여 미세먼지 오염도에 따라 3단계로 경보를 발표하고 있다. 1단계에는 호흡기 질환자, 노약자, 어린이 등의 실외활동 자제를 권유하고, 2단계에서는 실외활동 금지를 권유하고, 3단계에서는 모든 사람은 외출을 삼가고 교육기관에서는 실외활동 자제와 휴교를 권고한다.

가. 황사 발생 확인을 위한 3가지 방법

- 방송매체를 통한 확인 : TV나 라디오, 인터넷 등의 일기예보 확인
- 기상청 홈페이지를 통한 확인 : 기상청 홈페이지(www.kma.go.kr)
- 전화를 통한 확인 : 기상청 02-2181-0900, 날씨예보 자동안내 131

나. 황사 발생에 따른 행동요령

황사 발생 전(황사 예보 시)	
영유아 교육기관에서	• 기상예보를 청취, 지역 실정에 맞게 휴원 또는 단축보육(수업)을 검토한다. • 원아들의 비상연락망을 점검하고 연락체계를 유지한다. • 휴원 또는 단축보육(수업) 시 맞벌이 부부 자녀에 대한 대책을 수립한다. • 원아 및 부모를 대상으로 황사대비 요령을 지도하거나 홍보한다.

황사 발생 중(황사특보 발령 시)	
영유아 교육기관에서	• 기상예보를 청취, 지역 실정에 맞게 휴원 또는 단축보육(수업)을 검토한다. • 원아들의 비상연락망을 점검하고 연락체계를 유지한다. • 휴원 또는 단축보육(수업) 시 맞벌이 부부 자녀에 대한 대책을 수립한다. • 원아 및 부모를 대상으로 황사대비 요령을 지도하거나 홍보한다.

황사 종료 후(황사특보 해제 후)	
영유아 교육기관에서	• 실내 · 외를 청소하여 먼지를 제거하고 방역을 실시한다. • 감기, 안질 등에 걸린 원아는 쉬게 하거나 일찍 귀가 조치한다.

(4) 폭염

우리나라 폭염은 낮 최고 기온이 32~33도 이상 2일 이상 지속되면 폭염주의보 발령하고, 낮 최고 기온이 35도 이상인 경우 2일 이상 지속되면 폭염경보 발령한다. 폭염발생 시 다음과 같은 행동요령을 제시하고 있다.

가. 폭염대비 행동요령

• 한낮의 뜨거운 햇볕은 피한다.
  - 외출 시에는 챙이 넓은 모자나 양산을 써서 햇볕을 가린다.
  - 가능한 태양이 내리쬐는 곳은 나가지 않고 시원한 곳에서 더위를 피한다.

• 식사는 균형 있게, 물은 많이 섭취해야 한다.
  - 육류, 생선, 통잡곡, 신선한 채소 · 과일 등을 골고루 충분히 섭취한다.
  - 탄산 · 알코올 · 카페인이 들어 있는 음료는 피하고, 물은 갈증이 나지 않더라도 규칙적으로 자주 마신다.

• 위생적인 생활습관을 갖도록 한다.
  - 물은 끓여 먹고, 날 음식은 삼간다.
  - 손발을 깨끗이 하고 손톱은 짧게 깎는다.
  - 음식은 오래 보관하지 말고 조금이라도 상한 음식은 버린다.
  - 조리 기구는 청결히 사용한다.

- 올바른 냉방기기 사용법을 숙지한다.
  - 실내 · 외 온도 차를 5℃ 내외로 유지하여 냉방병을 예방한다(건강 실내 냉방 온도는 26~28.5℃).
  - 한 시간에 한 번씩 꼭 10분간 환기하고, 2주에 한 번은 필터를 청소한다.
- 동료, 이웃의 건강에 관심을 가진다.
  - 주변에 혼자 생활하는 노약자, 장애인, 환자 등이 있으면 관심을 갖고 주거환경과 건강 상태를 보살피도록 한다.
  - 야외 현장이나 고온 작업장에서는 동료 간에 몸 상태에 서로 살펴주고 필요시 도움을 준다.
  - 응급환자가 발생하면 119로 연락하고 구급차가 도착하기 전까지 환자를 서늘한 곳에 옮긴 후 체온을 내리는 조치를 취한다.

출처: 국가재난정보센터.

나. 폭염 발생 시 행동요령

폭염주의보 발생 시	
영유아 교육기관에서	• 실외 활동을 자제하고, 실내 활동으로 대체한다. • 실내를 시원하게 유지하고, 편한 복장으로 활동을 무리하게 계획하지 않는다. • 활동 중간 중간에 휴식시간을 갖거나 피곤해하는 영유아에게는 쉴 수 있도록 배려한다. • 낮잠시간을 충분히 갖되, 교사들도 잠깐 쉴 수 있도록 배려한다.

폭염경보 발생 시	
영유아 교육기관에서	• 실외 활동을 중단하고, 실내 활동으로 대체한다. • 창문 등을 통해 햇빛이 직접적으로 들어오지 않도록 커튼을 친다. • 실내를 시원하게 유지하고, 편한 복장으로 활동을 무리하게 계획하지 않는다. • 활동 중간 중간에 휴식시간을 갖거나 피곤해 하는 영유아에게는 쉴 수 있도록 배려한다. • 영유아의 건강상태를 수시로 확인하여 적절히 조치한다. • 낮잠시간을 충분히 갖되, 교사들도 잠깐 쉴 수 있도록 배려한다.

4. 사회환경 안전교육의 실제

1) 코로나19 안전

<table>
<tr><td>활동명</td><td colspan="2">코로나19 올바른 마스크 착용법</td><td>활동형태</td><td>이야기 나누기</td></tr>
<tr><td></td><td colspan="2"></td><td>대상연령</td><td>만 3세 ~ 5세</td></tr>
<tr><td>활동목표</td><td colspan="4">• 올바른 마스크 착용으로 감염병을 예방할 수 있다.
• 올바른 마스크 착용법을 이야기 할 수 있다.</td></tr>
<tr><td>누리과정
관련요소</td><td colspan="4">• 신체운동, 건강〉 건강하게 생활하기〉 건강한 일상생활하기
• 의사소통〉 말하기 〉 느낌, 생각, 경험 말하기</td></tr>
<tr><td>활동자료</td><td colspan="4">종이형 마스크, 컵형 마스크</td></tr>
<tr><td rowspan="2">활동방법</td><td>도입</td><td colspan="3">1. 코로나19 바이러스에 왜 걸리는지 이야기 나눈다.
- 주변에 코로나 바이러스 감염으로 고생한 사람을 본 적이 있나요?
2. 코로나 바이러스가 전 세계적으로 퍼져나가 고통을 받고 있는 상황을 동영상으로 시청한 후 이야기 나눈다.
- 바이러스에 감염되지 않고 건강하게 생활 할 수 있는 방법이 있나요?</td></tr>
<tr><td>전개</td><td colspan="3">1. 올바른 마스크 착용법에 대해 이야기 나눈다.
① 마스크를 착용하기 전, 흐르는 물에 비누로 손을 꼼꼼하게 씻으세요
② 마스크로 입·코를 완전히 가려서, 얼굴과 마스크 사이에 틈이 없게 하세요
③ 마스크 안에 수건, 휴지 등을 넣어서 착용하지 마세요
④ 마스크를 사용하는 동안 마스크를 만지지 마세요
마스크를 만졌다면 흐르는 물에 비누로 손을 꼼꼼하게 씻으세요
⑤ 마스크를 벗을 때 끈만 잡고 벗긴 후, 흐르는 물에 비누로 손을 씻으세요

2. 마스크 모양에 따른 올바른 착용법을 이야기 나눈다.
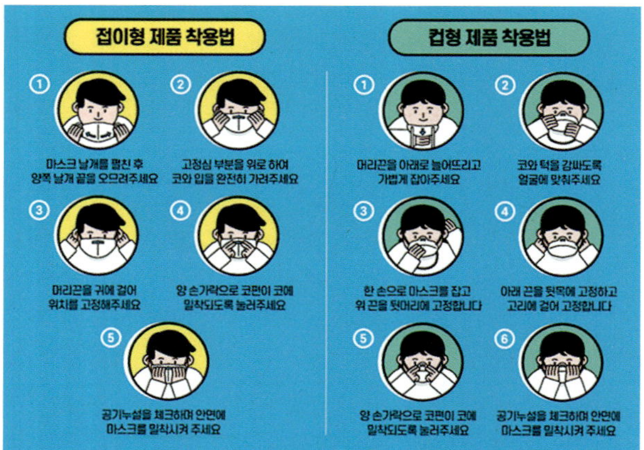

출처 : 식품의약품안전처 보건용 마스크 올바른 사용법</td></tr>
</table>

	마무리	3. 올바른 마스크 착용법에 대해 알고 다양한 마스크 모양을 탐색한다. - 종이형 마스크 모양을 어떻게 생겼나요? - 무엇으로 만들어졌나요? - 컵형 마스크 모양은 어떻게 생겼나요? - 무엇으로 만들었나요?
		3. 활동을 마무리하며 코로나19 감염병을 예방한 방법을 안다. - 올바른 손씨기를 할 수 있나요? - 올바른 마스크 착용법을 실천할 수 있나요?
유의점	• 방역수칙을 준수한다. • 마스크 착용 후 친구들과 간격(최소 1m) 유지하고 탐색활동을 할 수 있도록 한다. • 유아들이 쓰고 있는 마스크를 서로 만지지 않도록 주의한다.	

2) 식품안전

<table>
<tr><td>활동명</td><td colspan="2">골고루 꽂아 먹어요</td><td>대상연령</td><td>만 4세</td></tr>
<tr><td>활동유형</td><td colspan="4">요리활동</td></tr>
<tr><td>활동목표</td><td colspan="4">• 음식을 골고루 먹어야 몸이 튼튼해요.
• 도구를 안전하게 사용해요</td></tr>
<tr><td>활동유형</td><td colspan="4">• 신체운동·건강 > 건강하게 생활하기 > 바른 식생활하기
• 자연탐구 > 과학적 탐구하기 > 물체와 물질 알아보기</td></tr>
<tr><td>활동자료</td><td colspan="4">요리순서도, 재료(메추라기알, 맛살, 단무지, 당근, 소시지), 도구(긴 꼬치, 플라스틱 칼, 도마, 접시)</td></tr>
<tr><td rowspan="3">활동내용</td><td>도입</td><td colspan="3">① 요리 재료를 살펴본다.
- 재료를 보면서 어떤 것들이 있는지 말해볼 수 있니?
- 이 재료 중에서 먹어 본 것이 있니?
- 좋아하는 것은 어떤 것이 있니?
② 요리 도구를 살펴본다.
- 무엇을 할 때 사용하는 것이니?
- 바르게 사용하는 방법은 어떤 것일까?</td></tr>
<tr><td>전개</td><td colspan="3">① 순서도를 보며 만드는 방법을 알아본다.

유의점
- 메추리알은 미리 삶아 까놓는다.
- 당근은 살짝 삶아 넣는다.
- 오이 맛살은 미리 썰어 준비해 놓는다.

② 꼬치를 순서대로 꽂으며 요리를 한다.
③ 만든 꼬치를 접시에 담고 남은 음식재료는 정리한 후 책상을 닦는다.
④ 손을 씻은 후 앞치마와 두건을 벗어 정리한 후 제자리에 앉는다.
⑤ 만든 꼬치를 보여주고 친구와 나누어 먹는다.</td></tr>
<tr><td>마무리</td><td colspan="3">① 활동을 마무리하며 음식을 골고루 먹어야 함을 안다.
• 몸이 튼튼해지기 위해서는 음식을 어떻게 먹어야 할까?
• 그럼 몸이 튼튼해지는 데 방해하는 음식은 어떤 것이 있을까?</td></tr>
</table>

3) 약물안전

<table>
<tr><td>활동명</td><td>약을 올바르게 먹어요</td><td>대상연령</td><td>만 4세</td></tr>
<tr><td>활동유형</td><td colspan="3">이야기 나누기</td></tr>
<tr><td>활동목표</td><td colspan="3">• 약을 올바르게 먹고 정리하는 방법을 안다
• 약을 먹어본 경험에 대해 이야기 한다.</td></tr>
<tr><td>활동유형</td><td colspan="3">• 신체운동 · 건강 > 건강하게 생활하기 > 건강한 일상생활하기
• 의사소통 > 말하기 > 느낌, 생각, 경험 말하기</td></tr>
<tr><td>활동자료</td><td colspan="3">약의 올바른 사용법 판, 생수병(찬물, 미지근한 물), 음료수, 일회용 플라스틱 컵, 약 상자(머리 아플 때/ 체했을 때/ 배탈 났을 때/ 이 아플 때/ 감기 걸렸을 때 먹는 약), 동영상('나는 약사가 아니에요.')</td></tr>
<tr><td rowspan="2">활동내용</td><td>도입</td><td colspan="2">① 사전 활동에 대해 이야기 나눈다.
- 지난 시간에 약을 잘못 먹었을 때는 어떤 점이 위험한지 동극을 봤지요?
② 동영상을 시청한다.
③ 동영상을 보고 난 후 이야기 나눈다.
- 주인공이 왜 배가 더 아팠나요?</td></tr>
<tr><td>전개</td><td colspan="2">① 약을 먹어 본 경험에 대해 이야기 나눈다.
- 약을 먹어 본 적이 있었나요?
- 어디가 아파서 약을 먹었나요?
- 혹시 영상의 주인공처럼 약을 잘못 먹어 본 적이 있었나요?
② 약을 올바르게 먹고 정리하는 방법에 대해 이야기 나눈다.
- 오늘은 약을 안전하게 먹을 수 있도록 약을 올바르게 먹고 정리하는 방법에 대해 알아볼 거예요.
- 약을 올바르게 먹는 방법을 알고 있나요?
- 자신이 알고 있는 약을 올바르게 먹는 방법에 대해 이야기 해보기로 해요.
- 선생님이 약을 올바르게 먹고 정리하는 방법을 보고 읽어볼 수 있도록 정리해 왔어요. 함께 읽어보도록 해요.

1) 약은 의사 선생님의 처방을 받고 정해진 양을 먹는다.
2) 약을 혼자 먹지 않아요!
3) 정해진 약속대로 약을 먹어요!
4) 약은 물과 함께 먹어요!
5) 유효기간이 지난 약은 보건소나 약국에 갖다 드린다.

③ 약을 올바르게 먹고 정리하는 활동에 대한 자료를 탐색한다.
- 선생님이 너희들이 약을 올바르게 먹고 정리하는 방법을 잘 기억하고 있는지 확인하려고 재미있는 활동을 준비했어요. (약 상자를 보여주며) 언제 먹는 약들이 있나요?
- 약과 함께 마시는 것에는 어떤 것이 있나요?
- 이 컵에는 선생님이 마실 것을 얼마나 담았는지 알 수 있도록 표시를 해놨어요.</td></tr>
</table>

<table>
<tr><td rowspan="2">활동내용</td><td>전개</td><td>④ 약을 올바르게 먹고 정리하는 활동 방법을 알아본다.
- 먼저 몸이 아픈 친구 한 명과 그 친구의 엄마 역할을 할 친구가 나올 거예요. 예를 들어 선생님이 나온 친구들에게 "아이스크림을 하루에 10개나 먹은 상황이야."라고 이야기 해 줄 거예요.
- 그러면 엄마가 상황에 적절한 약과 마실 것을 준비해서 아픈 친구에게 갖다 주는 거예요.
- 어떻게 하는지 알겠나요?
⑤ 약을 올바르게 먹고 정리하는 활동을 한다.
- (활동이 한 번 끝날 때마다) 친구들이 약을 올바르게 잘 먹고 정리했나요?</td></tr>
<tr><td>마무리</td><td>① 활동을 회상하고 평가한다.
- 약을 올바르게 먹는 방법에는 어떤 것이 있었나요?
- 우리 모두 올바른 방법으로 약을 먹도록 해요.</td></tr>
</table>

4) 재난안전

<table>
<tr><td>활동명</td><td>지진이 일어나면</td><td>대상연령</td><td>만 5세</td></tr>
<tr><td>활동유형</td><td colspan="3">이야기 나누기</td></tr>
<tr><td>활동목표</td><td colspan="3">• 지진이 일어나면 생기는 상황에 대해 안다.
• 지진대피 훈련을 통해 위기에서 대처할 수 있다.
• 지진의 심각성을 알고 침착하게 대처하는 마음가짐을 갖는다.</td></tr>
<tr><td>활동유형</td><td colspan="3">• 신체운동 · 건강 > 안전하게 생활하기 > 비상 시 적절히 대처하기
• 의사소통 > 듣기 > 이야기 듣고 이해하기
• 의사소통 > 말하기 > 느낌, 생각, 경험 말하기</td></tr>
<tr><td>활동자료</td><td colspan="3">집 모형, A4용지 크기의 땅모양 판, 지진 대처 교육 동영상, 동영상 속 상황에 따른 대처법 사진, 비상탈출구 사진, 호루라기</td></tr>
<tr><td rowspan="3">활동내용</td><td>도입</td><td colspan="2">① 판을 흔들면 종이컵집이 어떻게 되는지 보며 이야기 나눈다.
- 지진이 일어나면 우리가 서있는 땅이 어떻게 되는지 알고 있니?
- 여기 있는 땅을 흔들면 위에 있는 집들이 어떻게 될까?
- 땅이 흔들리니까 집들이 어떻게 됐니?</td></tr>
<tr><td>전개</td><td colspan="2">① 활동 전 약속을 정한다.
- 지진이 일어날 때 우리가 어떻게 해야 하는지 알 수 있는 동영상을 가지고 왔어.
- 동영상을 보면서 우리가 해야 하는 약속들을 정해보자.
② '지진- 재난안전 국민행동 요령' 동영상을 본다.
③ 동영상 내용 속 사진을 보며 이야기 나눈다.
- 건물 안에 있을 때 해야 하는 행동 중에는 어떤 것들이 있었니?
- 건물 안에 있을 때 지진이 일어나면 왜 탁자에 들어갈까?
- 밖에 있을 때 해야 하는 행동 중에는 어떤 것들이 있었니?
- 밖에 있을 때 지진이 일어나면 왜 아무것도 없는 곳으로 가야할까?
- 해안가에 있을 때 지진이 일어나면 어떻게 해야 한다고 했니?
- 해안가에 있을 때 왜 높은 곳으로 올라가야할까?
④ 지진 시뮬레이션을 할 때 해야 할 행동에 대해 이야기 나눈다.
- 비상벨이 울리면 지진이 일어나는 상황에 맞춰 행동해 볼 거야.
- 우리가 지금 있는 교실에서 지진이 일어나면 어떤 것들을 해야 할까?
⑤ 지진 대피 시뮬레이션을 해본다.
1. 비상벨이 울리면 침착하게 책상 아래로 들어가 책상다리를 잡고 있는다.
2. 지진이 일어나면 또 다시 흔들리기 전에 신발을 신거나, 문을 열어둔다.
3. 지진이 완전히 진정이 되면 선생님의 지시에 따라 모이기로 한 장소로 이동한다.</td></tr>
<tr><td>마무리</td><td colspan="2">① 활동을 마무리하며 음식을 골고루 먹어야 함을 안다.
- 몸이 튼튼해지기 위해서는 음식을 어떻게 먹어야 할까?
- 그럼 몸이 튼튼해지는 데 방해하는 음식은 어떤 것이 있을까?</td></tr>
<tr><td>유의사항</td><td colspan="3">• 비상벨 소리에 당황하지 않고 침착하게 행동할 수 있도록 미리 설명한다.
• 상황에 맞게 행동할 수 있도록 충분히 이해시킨 후 시뮬레이션을 한다.</td></tr>
</table>

제3부

교육과정과 아동안전관리

Ⅲ부에서는 영유아교육과정에서 다루는 안전관리 내용과 평가제 지표에서 다루는 안전영역의 내용 및 안전교육의 계획, 실행, 평가의 내용을 중심으로 구성하였다.

11장에서는 4차 표준보육과정을 중심으로 0-1세 보육과정, 2세 보육과정의 기본생활영역에서 다루어지고 있는 안전 관련 내용을 중심으로 각 연령별로 제시한 내용을 중심으로 안전교육과 관련된 내용을 구체적으로 살펴보았다. 또한 2019년 개정된 누리과정의 신체운동·건강영역에서 다루고 있는 안전 관련 내용을 중심으로 안전교육을 위해 교사가 알아야 할 내용을 구체적으로 살펴보았다. 마지막으로 어린이집의 평가제의 지표 중 안전 영역의 지표를 다루었다.

12장에서는 실제 영유아교육기관에서 영유아를 대상으로 안전교육을 계획하고 실행하는 내용을 중심으로 살펴보았다. 즉, 안전교육의 계획하기에 앞서 안전교육의 목표 대해서 살펴보고 안전교육을 계획할 때 고려해야 할 사항과 안전교육의 구체적인 내용을 살펴보았다. 특별히 영유의 안전교육을 계획하고 실행할 때 영유아의 연령과 특성을 고려하여 발달에 적합한 안전교육을 계획하고 실행하는 내용으로 영아의 안전교육과 유아의 안전교육을 나누어 살펴보았고 안전교육의 실행을 위한 다양한 방법과 평가의 내용을 제시하였다.

11장

표준보육과정과 누리과정의 아동안전관리

어린이집에서 운영되는 4차 표준보육과정은 국가수준의 보육과정으로 0-1세 보육과정, 2세 보육과정, 3-5세 누리과정으로 구성되었다. 유치원과 어린이집의 공통 교육과정으로 시행되는 3-5세 누리과정은 2020년 3월부터 「2019 개정 누리과정」으로 시행되고 이를 바탕으로 개정된 0-1세 보육과정과 2세 보육과정도 2020년에 개정되어 2020년 9월부터 4차 표준보육과정이 시행되고 있다. 이 장에서는 2019 개정 누리과정과 4차 표준보육과정에서 제시하고 있는 안전교육의 내용을 구체적으로 살펴보고자 한다.

1. 표준보육과정과 아동안전관리

4차 표준보육과정(보건복지부, 2020c)은 0~1세 보육과정과 2세 보육과정, 3~5세 보육과정(교육부, 2019)으로 구성되어 있으나 3~5세 보육과정은 다음 장의 누리과정에서 살펴보기로 하고 여기에서는 0~1세 보육과정과 2세 보육과정의 표준보육과정을 중심으로 안전관리 내용을 살펴보고자 한다.

표준보육과정은 기본생활, 신체운동, 의사소통, 사회관계, 예술경험, 자연탐구의 6개 영역 구성으로 구성되어 있으며 이 중 안전관리와 관련된 내용은 기본생활영역에 포함되어 있다. 기본생활영역은 '건강하게 생활하기', '안전하게 생활하기'의 두 가지 내용 범주로 구성되어 있으며 안전관리와 관련 내용은 '안전하게 생활하기'에서 다루고 있다. 안전하게 생활하기의 내용 범주에 따른 내용으로는 0-1세 보육과정과 2세 보육과정에서 각각 연령별 특성을 반영하여 제시하고 있으며 기본생활영역의 안전관리와 관련된 내용을 살펴보면 다음과 같다(보건복지부, 2020c).

1) 기본생활영역의 성격

기본생활영역은 편안한 수면 및 휴식, 수유 및 건강한 식사 등 영아가 생활에 필요한 건강한 일상을 자연스럽게 경험하고, 주변의 안전한 상황에서 놀이하는 등 안전한 일상을 경험하도록 하는 영역이다. 영아기에는 일상생활에서 필요한 위생과 청결을 점진적으로 경험하도록 하고 즐겁게 식생활을 하며 건강한 생활습관의 기초를 형성하도록 해야 한다. 아울러 위험한 상황을 교사가 알려주면 이에 반응하며 안전한 상황에서 놀이하도록 해야 한다. 따라서 영아가 스스로 건강과 안전에 관련된 습관을 기르기 위한 기초를 형성하도록 건강하고 안전한 일상생활의 경험을 지원하는 것이 중요하다. 기본생활영역은 '건강하게 생활하기'와 '안전하게 생활하기'의 두 가지 내용범주로 구성되었으며 이 중 '안전하게 생활하기'에서는 출생 후 24개월까지의 영아가 안전한 상황에서 놀이하며 위험하다고 알려주면 주의할 수 있는 안전한 생활을 위한 기초를 경험하도록 한다. 기본생활영역에서는 0~1세 영아는 위험에 대한 인식이 어려우므로 안전에 대한 성인의 주의와 점검이 필수적이며, 2세 영아는 움직임이 활발해지고 주변에 대한 호기심이 많으므로 놀이와 일상생활에서 위험 상황에 조심해보는 경험을 통해 점차 안전에 대한 인식을 키워가며 안전한 생할습관의 기초를 형성할 수 있도록 지원해야 한다.

2) 기본생활영역의 목표와 내용범주 및 내용

기본생활영역의 목표는 청결, 식습관, 수면, 휴식, 배변, 놀이 등의 기본생활을 통해서 건강하고 안전한 일상생활을 경험하는 것이다. 영아기는 평생 동안 지속될 기본생활습관이 형성되는 중요한 시기이므로 무엇보다 영아들이 건강하고 안전한 일상생활을 경험하기 위한 목표를 가진다.

표 11-1 기본생활영역의 목표와 내용범주 및 내용

구분	0~1세 보육과정	2세 보육과정
목표	건강하고 안전한 일상생활을 경험한다. 1) 건강하고 편안한 일상생활을 경험한다. 2) 안전한 생활을 경험한다.	건강하고 안전한 생활습관의 기초를 형성한다. 1) 건강한 생활습관이 기초를 형성한다. 2) 안전한 생활습관의 기초를 형성한다.
내용범주 및 내용	안전하게 생활하기 • 안전한 상황에서 놀이하고 생활한다. • 안전한 상황에서 교통수단을 이용해 본다. • 위험하다는 말에 주의한다.	안전하게 생활하기 • 일상에서 안전하게 놀이하고 생활한다. • 교통수단을 안전하게 이용해 본다. • 위험한 상황에 대처하는 방벙을 경험한다.

3) 기본생활영역의 내용범주에 따른 안전관리 내용

(1) 0~1세 '안전하게 생활하기'의 내용

0~1세 기본생활영역의 안전하게 생활하기에서는 영아가 안전한 상황과 장소에서 놀잇감을 안전하게 사용할 수 있도록 안전한 환경 구성에 중점을 두며, 위험하다고 알려주면 주의할 수 있는 안전한 생활을 경험하는 내용이다. 0~1세 영아가 경험해야 할 안전하게 생활하기의 내용을 살펴보면 다음과 같다.

① 안전한 상황에서 놀이하고 생활한다.

0~1세 영아가 안전한 상황에서 놀이하고 생활하도록 하는 내용이다.

영아가 생활하는 환경을 안전하게 하고 영아가 안전한 상황에서 놀이하도록 하는 내용으로 교사는 영아의 놀이 환경에 위험한 물건이 없는지 확인하고 안전한 상황에서 놀이하도록 늘 세심한 주의를 기울여야 한다.

영아에게 제공되는 놀잇감의 사용법을 올바르게 알아 안전하게 놀이할 수 있도록 하는 내용으로 영아에게 제공되는 놀잇감이 파손되거나 유해 물질이 없는 것으로 제공해 주어야 하며, 특히 손에 잡히는 물건을 무엇이든 입에 가져가 빨기를 하는 영아가 작은 놀잇감을 삼킬 위험이 있으므로 너무 작은 크기의 놀잇감을 제공하지 않아야 한다.

영아가 놀이하는 실내 · 외 장소가 안전해야 한다는 내용으로 실내 · 외 공간의 다양한 시설 및 설비가 영아기의 발달 특성에 맞으며 위험요인이 미리 제거된 안전한 놀이 공간을 제공하여야 한다. 교사는 놀이 공간에 위험요인이나 위험한 물건이 없는지 확인하고 안전한 장소에서 놀이하도록 세심한 주의를 기울여야 한다.

0~1세 영아의 안전한 생활을 위해 우선되는 것은 무엇보다도 안전한 환경을 제공하는 것으로 영아를 위한 안전한 환경 구성을 구체적으로 살펴보면 다음과 같다(신희이 외, 2016).

- 영아용 침대에는 안전보호대를 설치하여야 한다. 뒤집기, 기기 등을 하면서 추락할 위험이 있으므로 반드시 보호대를 설치해 주어야 한다.
- 영아의 신체 움직임에 충분한 공간을 마련해 주어야 한다. 이때 주변에 영아가 삼킬 위험이 있는 물건은 치워주어야 한다.
- 영아에게 제공되는 물건의 크기가 3.5cm 이하의 물건은 제공하지 않아야 한다. 영아는 손에 잡게 된 물건은 반사적으로 입으로 가져가고 입에 가져간 물건을 삼킬 위험이 있으므로 절대 제공해서는 안 된다.
- 영아가 잠잘 때 너무 푹신한 이불이나 베개를 사용하지 않도록 조금 단단한 침구를 사용할 수 있도록 한다.
- 영아가 생활하는 공간의 바닥이 너무 미끄럽지 않은 재질의 바닥을 사용하거나 부분 카펫을 사용하여 미끄럼을 방지해야 한다.
- 같은 놀잇감을 충분히 제공하여 영아들이 놀잇감을 분쟁이 일어나지 않도록 해야 한다.
- 끝이 뾰족한 놀잇감이나 파손된 놀잇감이 제공되지 않도록 한다.
- 화장실 또는 세면대 바닥은 미끄럼방지가 되어 있어야 하며 항상 물기가 없도록 관리하여야 한다.
- 책상, 의자 등의 가구나 교구장은 파손되지 않아야 하며 모서리가 둥글고 표면이 매끄럽게 처리된 것을 사용하거나 모서리 보호대를 설치한다.
- 놀잇감을 넣어두는 교구장은 쉽게 움직이지 않도록 고정시켜 안정적으로 놓아주며 교구장의 아래쪽에 무거운 놀잇감을 보관하고 위 쪽에 가벼운 놀잇감을 놓아준다.
- 세면대의 온수가 너무 뜨거워 화상을 입을 위험이 있으므로 온수조절장치를 통해 조절한다.
- 놀잇감은 유해색소가 첨가되거나 유해색소로 표면이 도포되지 않아야 하며 가능한 안전점검을 받은 제품을 제공한다.

- 모든 위험한 물건은 영아의 손에 닿지 않는 곳에 별도로 보관하여야 한다.

② 안전한 상황에서 교통수단을 이용해 본다.

0-1세 영아가 차량으로 이동할 경우 안전 장구를 착용하고 안전하게 이용하는 경험을 하며, 어린이집 등·하원 시 차량을 이용하는 경우 반드시 안전장구를 착용하도록 하는 내용으로 교통안전을 중요시하도록 하는 내용이다.

교통수단을 이용할 때 안전한 상황을 구체적으로 살펴보면 다음과 같다.

- 차량 이용 시 운전자 외에 책임 있는 성인이 반드시 동승하여 한다.
- 차량 이용 시 영아용 보호 장구와 개별 안전띠를 이용해야 한다.
- 차량 내 안전규칙 및 소화기 비상약품 등을 구비해 두는 것 역시 안전한 상황을 위해 필요하다.

③ 위험하다는 말에 주의한다.

0-1세 영아가 위험하다는 말을 듣고 이에 반응을 보이며 주의할 수 있도록 하는 내용이다.

0~1세 영아들은 스스로 위험한 상황을 인식하거나 안전한 상황에 대한 인식이 아직 발달하지 않았기 때문에 교사는 영아의 일상생활 속에서 안전사고를 예방할 수 있는 안전한 환경을 제공하는 것이 무엇보다 우선되어야 하며, 영아의 일상생활을 지속적으로 관찰하고 위험한 상황에 노출되지 않도록 주의를 기울여야 한다. 또한 위험하다는 말에 영아가 반응할 수 있도록 위험한 상황에서는 말로 영아에게 알려주어 영아가 위험한 상황에 주의할 수 있도록 지도한다.

0~1세 영아가 위험하다는 말을 알아듣고 이에 반응을 보이도록 하는 내용으로 영아는 주변을 탐색하고 알아보고자 하는 호기심이 많은 반면 주변의 안전하지 못한 환경에 대해서는 쉽게 인식하지 못하여 안전사고가 발생할 수 있다. 따라서 교사는 위험한 상황에서 위험하다고 말을 해줌으로써 영아가 이를 알아듣고 행동을 멈추거나 조심하는 등의 반응을 보이도록 하는 내용이다.

교사는 위험한 것이 무엇이며 위험한 물건과 위험한 장소에 대해 알게해 주어 영아가 조심하도록 한다.

(2) 2세 '안전하게 생활하기'의 내용

2세 기본생활영역의 안전하게 생활하기는 영아가 일상생활에서 안전하게 놀이하고 교통수단을 안전하게 이용해보는 경험을 할 수 있는 내용과 위험한 상황에서 대처하는 방법을 경험하는 내용을 제시하도 있다. 2세 영아가 경험해야 할 안전하게 생활하기의 내용을 살펴보면 다음과 같다.

① 일상생활에서 안전하게 놀이하고 생활한다.

2세 영아가 안전한 상황과 장소에서 놀이 및 일상생활을 하고 주변의 위험 요소에 주의를 기울이거나 이를 조심하여 안전하게 지내도록 하는 내용이다.

일상생활에서 안전하게 놀이할 수 있도록 2세 영아가 사용하는 실내 · 외 다양한 놀이기구나 놀잇감의 올바른 사용법을 알아 안전하게 사용하며 놀이하도록 하는 내용이다. 놀이기구나 놀잇감의 올바른 사용법을 알기 전에 영아의 호기심만으로 사용하다가 안전하지 않은 방법으로 이용할 수 있으므로 교사는 놀이기구나 놀잇감의 사용 전 안전하게 사용할 수 있는 사항을 미리 알려주어야 한다.

또한 안전하게 놀이하기 위해 영아의 실내 · 외 놀이장소가 안전한 장소가 되어야 함을 의미한다. 안전사고가 일어날 수 있는 여러 위험요인을 제거하고 영아가 안전한 상황과 장소에서 놀이하도록 세심한 주의를 기울여야 한다.

② 교통수단을 안전하게 이용해 본다.

2세 영아가 교통수단을 안전하게 이용해 보는 경험을 통해 교통수단의 위험을 인식하고 사고위험으로부터 자신을 보호하는 안전습관의 기초를 형성하는 내용으로, 영아가 어린이집 등하원이나 가정에서 교통수단을 이용할 때 안전하게 이용하고 교통수단의 위험한 요인이 있음을 아는 내용이다.

차량 이용시 영아 스스로 보호장구나 개별 안전띠를 착용해야 함을 알고 실천할 수 도록 한다. 또한 교통수단을 안전하게 이용하기 위한 안전교육 내용을 경험할 수 있도록 하며 이를 지키지 않을 때 일어날 수 있는 사고위험을 알게 한다. 영아가 위험요인을 예측함 주의할 수 있도록 지원한다.

교통수단의 다양한 위험요인을 알아보고 조심할 수 있는 태도를 형성하도록 지도하는 내용으로 안전띠를 하지 않으므로 일어날 수 있는 위험상황이나 산책이나 나들이 시 주차장이나 신호등이 없는 곳에서의 위험요인 등을 알고 조심할 수 있도록 해야 한다.

③ 위험한 상황에 대처하는 방법을 경험한다.

2세 영아가 사고, 화재, 재난 등 위험한 상황에서 어른의 지시에 따라 대피하거나 대처하는 방법을 경험해보도록 함으로써 비상 시 대처능력의 기초를 형성하는 내용이다.

영아가 여러 가지 위험한 상황과 위험요인에 대해 알게 하는 내용으로 재난과 사고, 화재, 유괴, 학대 등의 안전교육을 통해 위험상황을 알도록 지원해야 한다.

2세 영아가 위험한 상황과 위험한 것을 알고 조심하는 것은 영아의 발달특성상 쉽지 않은 부분이지만 지속적으로 주변의 위험한 상황과 위험한 것에 대해 알게 하고 이를 조심할 수 있도록 지원해야 한다.

영아가 위험한 상황에 처했을 때 이를 적극적으로 대처하는 것은 어려우므로 어른의 지시에 따라 위험에 대처할 수 있도록 하는 내용으로 위험한 상황이 발생할 경우 교사나 어른의 지시에 따라 대피하거나 대처할 수 있도록 지원하는 것이 필요하다.

2. 누리과정과 아동안전관리

2019년 개정된 누리과정은 유치원과 어린이집에서 공통으로 사용되는 국가수준의 교육과정으로 신체운동 · 건강, 의사소통, 사회관계, 예술경험, 자연탐구의 5개 영역으로 구성되어 있다. 이 중 신체운동 · 건강 영역의 내용범주는 '신체활동 즐기기', '건강하게 생활하기', '안전하게 생활하기'로 구성되었으며, 아동안전관리의 안전관리와 관련된 내용범주는 '안전하게 생활하기'이다. 안전하게 생활하기는 '일상에서 안전하게 놀이하고 생활한다', 'TV, 컴퓨터, 스마트폰 등을 바르게 사용한다', '교통안전 규칙을 지킨다'의 내용을 제시하고 있으며 이를 구체적으로 살펴보면 다음과 같다(교육부, 2019).

1) 신체운동 · 건강 영역의 성격

신체운동 · 건강 영역은 유아가 자신의 신체를 긍정적으로 인식하고 신체활동에 즐겁게 참여함으로써 유아기에 필요한 기본운동 능력과 기초 체력을 기르고 건강하고 안전한 생활을 실천하는 능력과 태도를 기르기 위한 영역으로 유아가 위험한 상황으로부터 자신을 지킬 수 있는 방법과 태도를 자연스럽게 습득하도록 한다.

2) 신체운동 · 건강 영역의 목표와 내용범주 및 내용

신체운동 · 건강 영역의 목표는 '실내외에서 신체활동을 즐기고 건강하고 안전한 생활을 한다'이며 세부목표 중 안전교육과 관련된 내용으로는 '안전한 생활습관을 기른다'가 목표이다. 이는 유아에게 노출된 위험한 상황 속에서 유아 스스로 안전한 환경을 확보할 수 없기에 유아가 일상에서 안전하게 놀이하고 TV, 컴퓨터, 스마트폰과 같은 다양한 매체들을 올바르게 사용할 수 있도록 하는 내용을 포함하고 있다. 또한 교통안전 규칙을 생활화할 수 있도록 하며 안전사고, 화재, 재난, 학대, 유괴 등에 대체하는 방법을 경험하는 내용을 포함하고 있다.

표 11-2 신체운동 · 건강 영역의 목표와 내용범주

구분	3~5세 개정 누리과정
목표	실내외에서 신체활동을 즐기고, 건강하고 안전하게 생활한다. • 안전한 생활습관을 기른다.
내용범주 및 내용	안전하게 생활하기 • 일상에서 안전하게 놀이하고 생활한다. • TV, 컴퓨터, 스마트폰 등을 바르게 사용한다. • 교통안전 규칙을 지킨다. • 안전사고, 화재, 재난, 학대, 유괴 등에 대처하는 방법을 경험한다.

3) 신체운동 · 건강 영역의 내용범주에 따른 안전관리 내용

개정 누리과정에서 3~5세 유아가 경험해야 할 내용으로 신체운동 · 건강 영역의 '안전하게 생활하기'에서 제시하고 있는 내용을 구체적으로 살펴보고자 한다.

(1) 일상생활에서 안전하게 놀이하고 생활한다

유아의 일상생활에서 경험하는 다양한 놀이기구, 놀잇감 등에 대해 안전하게 놀이하고 생활하는 데 필요한 지식, 기능, 태도를 형성하는 내용이다.

등원에서 귀가할 때까지 유아는 실내외 다양한 놀이기구나 놀잇감 및 도구를 사용하며 놀이하는 가운데 안전하게 사용하고 놀이해야 한다. 유아들에게 실내외 놀이기구, 놀잇감 및 도구의 안전한 사용방법 및 규칙 등을 알려주어 안전하게 놀이할 수 있어야 한다. 또한 유아 스스로 안전한 사용 규칙이나 방법 등에 대해 의논하고 약속으로 정하고 이를 실천하며 놀이할 수 있도록 지도해야 한다. 유아가 일상생활에서 실내외의 안전한 장소를 알고 구분하며 위험한 장소 및 그 이유에 대해 알아보고 안전하게 놀이할 수 있는 규칙을 정하고 스스로 지키면서 놀이하도록 한다.

(2) TV, 컴퓨터, 스마트폰 등을 바르게 사용한다

유아에게 친숙한 전자 미디어의 올바른 사용법에 대해 알아보고 사용하도록 하는 내용이다. 전자 미디어의 바른 사용법을 교사가 제시하기보다는 유아 스스로 올바른 사용법이나 시간 등을 정해 보고 실천할 수 있는 방법을 함께 정해 본다. 또한 유아들과 함께 전자 미디어의 이로움과 해로움을 살펴보고 유아 스스로 정해진 시간에 바른 자세로 전자 미디어를 사용할 수 있도록 지도한다. 특별히 전자 미디어와 관련된 안전교육은 가정과의 연계를 통해 진행되어야 한다.

(3) 교통안전 규칙을 지킨다

유아가 교통안전 규칙의 중요성과 자동차 사고의 위험을 알고 사고의 위험으로부터 자신을 보호하기 위해 필요한 지식, 기능, 태도를 형성하는 내용이다.

유아에게 안전보행이나 도로횡단 등의 각종 교통안전 규칙을 알아보고 안전한 생활을 할 수 있는 내용으로 신호등이 있는 길과 없는 길의 안전횡단을 알고 실천할 수 있도록 한다. 또한 교통안전 규칙을 왜 지켜야 하는지, 지키지 않았을 때 어떤 일이 일어나는지 등을 유아 스스로 생각해 보고 유아가 자율적으로 교통안전 규칙을 지키며 실천할 수 있도록 한다.

(4) 안전사고, 화재, 재난, 학대, 유괴 등에 대처하는 방법을 경험한다

유아의 일상생활 가운데 일어날 수 있는 다양한 비상상황, 즉 안전사고, 화재, 재난, 학대, 유괴 등의 상황을 알고 적절하게 대처함으로써 자신을 보호하는 데 필요한 지식, 기능, 태도를 형성하는 내용이다.

유아에게 비상상황의 가능성을 알려주고, 만약의 경우에 도움을 요청하도록 지도한다. 이러한 상황에 대해 유아들이 직접 상황극을 만들어 간접경험을 통해 실제 상황에서 도움을 요청할 수 있도록 지도할 수 있으며, 실제로 일어나는 다양한 사건, 사고에 대한 영상물이나 홍보자료, 방송이나 신문기사 등을 통해 유아와 함께 이런 상황이 왜 생기는지, 이런 상황에서 어떻게 대처해야 하는지에 대해 토의하고 토의한 대로 실천할 수 있도록 한다. 또한 다양한 비상상황에 대해 지속적이고 반복적인 안전교육이 요구되며 위급한 상황에 처했을 때 당황하지 않고 적절하게 대처하도록 지도한다. 더 나아가 유아들의 실제 상황에서 발생하는 다양한 재난 및 사고발생의 원인과 예방을 알아보고 적절히 행동하는 방법을 익힐 수 있도록 지도한다.

3. 어린이집 평가제와 아동안전관리

1) 어린이집 평가제

여성의 사회 진출과 경제활동의 증가와 더불어 저출산의 문제로 영유아 보육에 대한 사회적 관심과 요구가 증가함에 따라 어린이집의 양적인 성장을 이루었으며 이에 따른 질적 성장에 대한 요구가 높아지게 되었다. 보육 서비스의 질적 수준의 제고와 유지 방안에 관심을 가지고 정부에서는 2003년 '어린이집 평가 인증 모형'을 개발하고 2004년 영유아보육법 제30조에 '어린이집 평가인증'의 법적 근거를 마련하여 2005년 시범운영을 거쳐 2006년부터 어린이집 평가인증제도를 본격적으로 확대시행하게 되었다.

어린이집의 평가인증제도는 제1차 평가인증(2006~2009), 2차 지표와 3차 시범지표를 적용한 2차 평가인증(2010~2017. 10.), 통합지표를 적용한 제3차 평가인증(2017. 11.~ 2019. 6.

11.)을 거치면서 보육서비스의 질적 수준을 향상시켰으며, 영유아의 부모에게도 합리적인 어린이집의 선택기준을 제시하였고 정부가 보육현장을 효율적으로 지원하고 관리하는 체계를 확립하는 데 기여하였다. 그러나 평가인증제도가 어린이집의 자발적 신청에 따라 운영되어 미인증어린이집으로 인한 질 관리 사각지대가 존재하였으며, 최근 아동권리 보호, 아동학대 예방 등 아동 인권 및 안전관리 강화에 대한 사회적 요구 증가로 전체 어린이집의 평가 참여 필요성이 제기됨에 따라 2018년 12월 11일 영유아보육법 개정안이 공포되고 2019년 6월 12일부터 어린이집 평가제가 시행되었다.

어린이집 평가제 시행 목적은 다음과 같다(한국보육진흥원 2020).

첫째, 상시적인 보육서비스 질 관리를 위해 주요 핵심지표를 중심으로 질 관리 표준을 제시하고 어린이집 스스로 질적 수준을 제고하도록 한다.

둘째, 전체 어린이집에 대한 주기적 평가를 통하여 보육서비스 품질 관리 사각지대를 해소하고 전반적인 보육서비스 수준을 지속적으로 관리하여 국가의 책무성을 강화하고자 한다.

셋째, 궁극적으로 평가제를 통해 보육서비스의 질 향상을 제고함으로써 영유아의 안전과 건강, 조화로운 성장과 발달을 도모하고자 한다. 이를 위해 영유아의 인권과 놀 권리를 보장하고 영유아가 건강하고 행복하게 성장할 수 있는 안심 보육환경을 조성하며, 보육교직원이 영유아 보육에 집중할 수 있는 여건을 조성한다.

어린이집 평가제 지표는 제3차 평가인증에서 적용하였던 통합지표를 기반으로 하되 어린이집 고유한 특성을 반영하고 2020년 시행되는 개정 누리과정 및 개정 표준보육과정의 맥락을 같이하도록 세부내용을 반영하여 4개 영역 18지표 59항목으로 구성되었다(한국보육진흥원, 2020).

2) 어린이집 평가제 지표와 아동안전관리

어린이집에 영유아를 보내는 부모의 우선적 관심은 영유아가 안전하게 보호되기를 원한다. 어린이집은 다양한 위험요인과 안전사고로부터 영유아를 보호할 수 있는 안전한 환경을 제공함으로 영유아의 심리적 안정감을 동반하며, 건강한 발달을 도울 수 있어야 한다. 이를 위해 어린이집 평가제 지표의 건강·안전 영역 중 안전과 관련된 내용으로 실내외 공간의 안전, 영유아 등·하원의 안전 및 다양한 안전교육과 사고 예방에 대한 평가 지표를 포함하고 있다. 영유아의 안전을 위해 평가제 지표에서 다루고 있는 세부적인 내용을 살펴보고자 한다(보건복지부, 한국보육진흥원, 2019).

표 11-3 어린이집 평가제 건강·안전 영역

평가지표	
3-1	실내외 공간의 청결 및 안전
3-2	급·간식
3-3	건강 증진을 위한 교육 및 관리
3-4	등·하원의 안전
3-5	안전교육과 사고예방
영역등급기준	
우 수	5개의 평가지표 중 '우수' 지표가 4개 이상(필수 포함)
보 통	우수 및 개선필요 등급에 해당하지 않는 경우
개선필요	5개 평가지표 중 '개선필요' 지표가 1개 이상

(1) 실내외 공간의 안전

평가항목		결과
3-1-1	실내외 공간을 청결하고 쾌적하게 관리한다.	□Y □N
3-1-2	실내외 공간과 설비를 위험요인 없이 안전하게 관리한다.	□Y □N
3-1-3	실내외 공간의 놀잇감 및 활동자료와 위험한 물건을 안전하게 관리한다.	□Y □N
합계		총 개

[지표 평정기준]

- 우 수 3개의 평가항목 중 'Y' 개수가 3개
- 보 통 3개의 평가항목 중 'Y' 개수가 2개
- 개선필요 3개의 평가항목 중 'Y' 개수가 1개 이하

◆ 실내외 공간과 설비를 위험요인 없이 안전하게 관리한다.

영유아가 생활하는 보육실을 포함한 모든 실내외 공간과 이에 설치된 고정식 및 이동

식 시설 설비를 위험요인 없이 안전한 상태로 관리하여야 한다. 또한 영유아가 접근할 수 있는 전기설비와 전선, 세면대와 정수기에서 나오는 온수 등이 안전하게 관리되어야 한다. 성인 위주로 사용하는 실내외 공간은 영유아의 출입을 제한하고 위험요인이 없도록 관리한다.

3-1-2	실내외 공간과 설비를 위험요인 없이 안전하게 관리한다.
평가내용	① 현관문, 출입문, 창문, 천장, 바닥, 벽면을 위험요인 없이 안전하게 관리함 ② 실내외 공간의 고정식 및 이동식 시설 설비, 전기설비 등을 위험요인 없이 안전하게 관리함 ③ 세면대, 정수기의 온수 사용을 위험요인 없이 안전하게 관리함 ④ 영유아가 성인이 주로 사용한 실내외 공간에 출입하지 않도록 관리함
평가기준	4개 중 3개 이상을 충족해야 Y로 평정

- 현관문에는 개폐장치가 설치되어 관리되어야 한다.
- 출입문(보육실 문, 화장실 문, 현관 중간문 등)에는 손 끼임 방지장치가 있어야 한다.
- 출입문 문턱은 영유아가 발에 걸려 넘어질 위험이 없도록 마감되어야 한다.
- 창문 하단의 높이가 바닥으로부터 120cm 이하인 창문(2층 이상)에는 영유아의 추락 방지를 위해 창문 보호대가 설치되어야 한다.
- 천장, 바닥, 벽면 등에 균열, 돌출 등 위험요인이 없어야 한다.
- 벽면에 설치된 게시판, 선반 등이 떨어지지 않도록 안전하게 고정하고 선풍기는 안전덮개가 덮여져 있고 돌출형 라디에이터는 영유아의 손이 직접 닿지 않도록 계절에 관계없이 안전덮개가 설치되어 있어야 한다.
- 실외 옥외놀이터에 설치된 고정식 놀이기구는 파손된 곳이 없고 안전하게 관리되어야 하며 에어컨 실외기, LPG 가스통 등은 영유아의 접근이 가능하지 않은 곳에 설치하거나 안전덮개가 설치되어 있어야 한다.
- 모든 실내외 공간의 전기콘센트는 영유아의 손이 닿지 않는 곳에 설치되어 있거나 안전덮개로 덮여져 있어야 하고 전선줄 등은 영유아가 잡아당기거나 걸려 넘어지지 않도록 관리되어야 한다.
- 계단이나 화장실, 세면장 등의 바닥은 영유아가 넘어지지 않도록 미끄럼 방지를 위

한 안전조치가 되어 있어야 한다.

- 보육실 및 실내 공간에 설치된 세면대, 정수기에서 뜨거운 온수가 나와 화상의 위험이 없도록 온수 조절을 위한 안전조치가 되어 있어야 한다.
- 원장실, 교사실 등 성인이 주로 사용하는 공간에 성인의 보호 없이 영유아가 출입하지 않도록 하고 조리실, 보일러실, 자료실 등 위험요인이 있는 장소는 영유아가 출입하지 못하도록 관리하여야 한다.

◆ 실내외 공간이 놀잇감 및 활동자료와 위험한 물건을 안전하게 관리한다.

보육실과 실내외 공간의 놀잇감은 파손된 부분이나 위험요인이 없이 영유아가 안전하게 사용할 수 있어야 한다. 특히, 영유아는 호기심이 강하여 위험한 물건임에도 이를 인지하지 못하고 탐색해 보거나 놀잇감으로 사용할 수 있으므로 보육실과 실내외 공간에 구비해야 할 물건 중 영유아에게 위험할 수 있는 물건을 영유아의 손에 닿지 않도록 안전하게 관리하여 한다.

3-1-3	실내외 공간이 놀잇감 및 활동자료와 위험한 물건을 안전하게 관리한다.
평가내용	① 보육실 내 놀잇감 및 활동자료를 안전하게 관리함 ② 실내외 공간에 비치된 놀잇감 및 활동자료를 안전하게 관리함 ③ 보육실 내의 위험한 물건을 안전하게 보관·관리함 ④ 실내외 공간의 위험한 물건을 안전하게 보관·관리함
평가기준	4개 중 3개 이상을 충족해야 Y로 평정

- 보육실 내 및 실내외 공간의 모든 놀잇감 및 활동자료, 보관함이나 바구니 등은 파손된 부분이 없이 안전하게 관리되어야 하고 실물자료는 안전한 방식으로 제공하여야 한다.
- 실내외 공간에 비치된 자전거, 탈것 등의 이동식 놀이기구는 파손된 부분이 없으며 영유아가 사용하기에 안전한 상태로 관리되어야 한다.
- 보육실 내 및 실내외 공간의 모든 위험한 물건을 영유아의 손이 닿지 않는 곳에 별도로 보관하며 영유아의 손이 닿는 위치에 위험한 물건을 보관할 경우 잠금장치를 사용한다. 또한 영아가 삼킬 수 있는 작은 크기의 놀잇감이나 활동자료는 없어야 한다.

(2) 등 · 하원의 안전

평가항목		결과
3-4-1	교사는 영유아의 출석을 확인하여 인계규정에 따라 귀가지도를 한다.	□ Y □ N
3-4-2	영유아는 등원부터 하원까지 성인의 보호하에 있다.	□ Y □ N
3-4-3	등 · 하원용 차량을 운행할 경우 안전요건을 맞추어 관리한다.	□ Y □ N
합계		총 개

[지표 평정기준]

- 우 수 3개의 평가항목 중 'Y' 개수가 3개
- 보 통 3개의 평가항목 중 'Y' 개수가 2개
- 개선필요 3개의 평가항목 중 'Y' 개수가 1개 이하

◆ **교사는 영유아의 출석을 확인하여 인계규정에 따라 귀가지도를 한다.**

어린이집에서는 다수의 영유아가 등 · 하원하는 시간의 혼잡한 틈에 안전사고(예: 미아, 유괴 등)가 발생하지 않도록 매일 일과를 시작할 때 영유아의 등원 여부를 확인하고, 하원 시 지정된 보호자에게 직접 인계하는 절차가 상시 지켜지도록 관리하여야 한다.

3-4-1	교사는 영유아의 출석을 확인하여 인계규정에 따라 귀가지도를 한다.
평가내용	① 영유아의 인계과정에 대한 체계적인 규정이 수립되어 있음 ② 영유아의 보호자에게 받은 귀가동의서를 구지하고 있음 ③ 교사는 매일 일과를 시작할 때 영유아의 등원 여부를 확인함 ④ 영유아의 인계과정이 규정에 따라 안전하게 이루어짐 필수
평정기준	4개 중 3개 이상(필수요소 포함)을 충족해야 Y로 평정 ※ 필수요소 미충족 시 N으로 평정

- 영유아의 인계과정에 대한 규정이 마련되고 규정에는 영유아가 등 · 하원하는 구체적인 절차와 방법, 지정된 보호자에게 인계한다는 내용, 영유아를 혼자 귀가시키지 않는다는 내용 등의 필수 기재사항이 모두 포함되어야 한다.
- 필수사항(영유아 이름, 귀가 시 영유아를 인계받을 보호자 이름 · 관계 및 연락처, 보호자의 서명)이 기재되어 모든 원아의 귀가동의서가 비치되어야 한다.
- 교사는 매일 일과를 시작할 때 영유아의 등원 여부를 확인하여 등원하지 않는 영유아에 대한 내용을 알고 있어야 한다.

- 어린이집 하원 시 모든 영유아는 지정된 보호자에게 직접 인계하여야 하며 영유아가 혼자 등·하원하는 사례가 없도록 하여야 한다.

◆ 영유아는 등원부터 하원까지 성인의 보호하에 있다.

어린이집은 영유아의 안전을 책임지고 있으므로 모든 영유아가 하루 일과를 안전하게 보낼 수 있도록 지원하여야 한다. 교사는 일과 중 상황을 주시하여 영유아를 안전하게 보호하고, 자리를 비울 때는 책임 있는 성인에게 인계하도록 해야 한다.

3-4-2	영유아는 등원부터 하원까지 성인의 보호하에 있다.
평가내용	① 교사는 영유아의 안전을 위해 전체 상황을 주시함 ② 교사는 일과나 장소가 바뀔 때마다 전체 영유아를 확인함 ③ 통합보육 시 담당교사는 담당 영유아의 인원과 특이사항을 파악함 ④ 영유아를 두고 자리를 비울 때는 책임 있는 성인에게 인계함 필수
평정기준	4개 중 3개 이상(필수요소 포함)을 충족해야 Y로 평정 ※ 필수요소 미충족 시 N으로 평정

- 보육실 환경은 교사가 전체 영유아를 관찰할 수 있도록 구성하며 영유아의 활동을 항상 주의 깊게 관찰하고, 화장실 등 보육실 밖으로 나갈 때도 이를 인지하고 살펴야 한다.
- 교사는 일과나 장소가 바뀔 때마다 담당하는 모든 영유아가 안전한지 확인한다.
- 통합보육 시 담당교사는 담당 영유아의 인원과 정보 및 특이사항(건강상태, 부모전달사항, 투약 여부 등)을 전달하여야 한다.
- 영유아를 남겨두고 자리를 비우지 않아야 하고, 경우에 따라 활동공간에서 자리를 비워야 할 때 원장이나 다른 보육교사 등 책임 있는 성인과 교체 후 자리를 비워야 한다.

◆ 등·하원용 차량을 운행할 경우 안전요건을 맞추어 관리한다.

어린이집에서 등·하원 차량을 운행할 경우 차량 안전사고가 발생하지 않도록 안전하게 관리하여야 한다. 즉, 차량 내부에 영아용 보호 장구 등을 설치기준에 맞게 구비하고, 매일 안전점검을 통해 차량이 안전하게 운행될 수 있도록 관리한다. 차량을 운행할 때는 반드시 책임 있는 성인이 동승하며, 차량기사와 동승한 성인 보호자는 차량 승·하차와 이동 과정에서 모든 영유아가 안전할 수 있도록 주의 깊게 보호하여야 한다.

3-4-3	등·하원용 차량을 운행할 경우 안전요건을 맞추어 관리한다.
평가내용	① 차량에 안전수칙, 영아용 보호장구, 개별 안전띠, 차량용 소화기, 잠자는 아이 확인 장치, 비상약품을 구비함 ② 운전자는 매일 차량 안전점검을 실시함 ③ 운전자와 차량에 동승하는 모든 성인은 어린이통학버스 안전교육을 받음 ④ 운전자와 함께 차량에 동승한 성인은 영유아를 안전하게 보호함 필수
평정기준	등·하원용 차량을 운행하지 않는 경우 Y로 평정 4개 중 3개 이상(필수요소 포함)을 충족해야 Y로 평정 ※ 필수요소 미충족 시 N으로 평정

- 차량운행을 할 경우 차량 내부에 탑승자가 지켜야 할 안전수칙이 부착되어 있어야 하며 차량 내 소화기와 비상약품을 준비하여 관리하여야 한다.
- 차량 내 영아용 보호장구와 안전띠가 구비되어 있어야 하고 영아용 보호장구는 안전인증(KC)을 받고 영아에게 적합한 안전인증검사기준(W1, W2)을 충족하는 제품으로 탑승하는 영아의 수만큼 충분히 준비되어야 한다.
- 차량 안전점검표가 마련되어 운전자는 매일 점검하여야 한다.
- 차량운전자와 동승자는 어린이통학버스 안전교육을 이수하고 이를 증빙하는 교육확인증이 있어야 한다.
- 차량운행 시 반드시 책임 있는 성인(원장, 보육교사 등)이 동승하여야 하며 동승한 성인은 영유아에게 개별 안전띠를 착용하게 한 후 차가 출발할 수 있도록 하며 안전이 확보된 상황에서 승차 및 하차하도록 한다.

어린이통학버스 안전교육

◆ 도로교통법 및 동법 시행령에 의해 실시하여야 하는 어린이집통학버스 안전교육의 내용은 다음과 같음(도로교통법 제53조의 3, 동법 시행령 제31조의 2)

구분	내용
신규 안전교육	어린이통학버스를 계속하여 운영하는 사람과 운전하는 사람을 대상으로 그 운영 또는 운전을 하기 전에 실시하는 교육
정기 안전교육	어린이통학버스를 계속하여 운영하는 사람과 운전하는 사람을 대상으로 2년(직전에 어린이통학버스 안전교육을 받은 날부터 기산하여 2년이 되는 날이 속하는 해의 1월 1일부터 12월 31일 사이)마다 정기적으로 실시하는 교육

◆ 교육확인증 비치 방법(도로교통법 시행령 제31조의 2 제5항)

- 어린이통학버스의 운영자와 운전자는 발급받은 교육확인증을 정확히 비치해야 한다.
  - 운영자 교육확인증 : 어린이교육시설 내부의 잘 보이는 곳
  - 운전자 교육확인증 : 어린이통학버스의 내부

(3) 안전교육과 사고 예방

어린이집에서는 영유아가 안전한 생활을 할 수 있도록 다양한 안전교육을 실시하여야 하며 보육교직원은 안전교육을 정기적으로 받아야 하며, 영유아 학대 예방지침을 알고 이를 준수하여야 한다. 또한 비상사태 발생 시 대처할 수 있는 지침과 업무분장이 수립되어 있으며 모든 교직원은 자신의 역할을 숙지하고, 안전관리 시설 및 소화기 등의 설비를 적절하게 작동시킬 수 있어야 한다.

평가항목		결과
3-5-1	영유아를 대상으로 안전교육을 지속적으로 실시하고 있다.	□ Y □ N
3-5-2	보육교직원은 안전교육을 받고 영유아 학대 예방지침을 준수한다.	□ Y □ N
3-5-3	안전설비를 비상시 효율적으로 사용할 수 있도록 관리하고 있다.	□ Y □ N
합계		총 개

[지표 평정기준]

- 우 수 3개의 평가항목 중 'Y' 개수가 3개
- 보 통 3개의 평가항목 중 'Y' 개수가 2개
- 개선필요 3개의 평가항목 중 'Y' 개수가 1개 이하

◆ 영유아를 대상으로 안전교육을 지속적으로 실시하고 있다.

어린이집에서는 영유아가 일상생활에서 안전하게 생활할 수 있도록 적합한 내용의 안전교육을 정기적으로 실시하여야 한다. 이를 위해 영유아의 연령을 고려하여 매년 안전교육계획을 수립하여 교육을 실시하고, 정기적으로 소방훈련 등 비상대피훈련을 실시하여 영유아의 대피능력을 키울 수 있도록 해야 한다. 또한 영유아가 일과 중 놀이기구와 놀잇감을 안전하게 사용할 수 있도록 지도하며, 계절이나 날씨에 맞게 놀이할 수 있도록 지원해 주어야 한다.

3-5-1	영유아를 대상으로 안전교육을 지속적으로 실시하고 있다.
평가내용	① 영유아를 대상으로 발달에 적합한 안전교육을 정기적으로 실시함 ② 영유아가 정기 소방대피훈련에 참여함 ③ 영유아가 놀잇감 및 활동자료, 놀이기구를 안전하게 사용하도록 지도함 ④ 계절 및 날씨 관련 놀이 안전수칙을 준수함 필수
평정기준	4개 중 3개 이상(필수요소 포함)을 충족해야 Y로 평정

- 아동복지법 및 동법 시행령에 의해 어린이집에서 실시하여야 하는 안전교육의 내용은 보육과정 내에 연간 안전교육 계획을 수립하여야 하며, 안전교육의 내용과 방법은 영유아의 발달수준에 적합해야 하고, 안전교육을 실시하고 이를 기록으로 남긴다.
- 영유아는 매월 1회 이상 소방대피훈련을 실시하고 이에 대한 기록을 남긴다.
- 영유아가 놀잇감이나 놀이기구를 위험하게 사용하지 않고 안전하게 사용하도록 지도하며 교사는 항상 영유아의 놀이를 주시하고 긍정적인 방법으로 지도한다.
- 계절이나 날씨에 적합한 놀이 안전수칙을 준수한다.

영유아 안전교육

◆ 아동복지법 및 동법 시행령에 의해 어린이집에서 실시하여야 하는 안전교육의 내용과 실시주기는 다음과 같음(아동복지법 제31조 및 동법 시행령 제28조 제1항[별표 3])

교육	실시주기
성폭력 및 아동학대 예방교육	6개월 1회 이상
실종 · 유괴의 예방 · 방지교육	3개월 1회 이상
감염병 및 약물 오용 · 남용 예방 등 보건위생관리 교육	3개월 1회 이상
재난 대비 안전교육	6개월 1회 이상
교통안전 교육	2개월 1회 이상

◆ 보육교직원은 안전교육을 받고 영유아 학대 예방지침을 준수한다.

어린이집의 교직원은 안전교육을 정기적으로 받아야 하며, 영유아 학대 예방지침을 알고 이를 준수하여야 한다. 교직원 중에는 응급사태 시 심폐소생술을 실시할 수 있는 교육을 받은 사람이 있어 불가피한 사고가 발생하였을 때 보다 안전하게 영유아를 보호할 수 있어야 한다.

3-5-2	보육교직원은 안전교육을 받고 영유아 학대 예방지침을 준수한다.
평가내용	① 보육교직원을 대상으로 기본적인 안전교육을 정기적으로 실시함(영유아 학대 예방교육 포함) 필수 ② 비상시 보육교직원의 대처방안과 업무분장이 체계적으로 수립되어 있고, 보육교직원은 자신의 역할을 숙지하고 있음 ③ 응급처치(심폐소생술) 관련 교육에 참여한 보육교직원이 있음 ④ 영유아 학대 예방 지침(체벌 금지 포함)을 준수함 필수
평정기준	4개 중 3개 이상(필수요소 포함)을 충족해야 Y로 평정 ※ 필수요소 미충족 시 N으로 평정

- 모든 교직원을 대상으로 영유아 학교 예방교육을 포함한 연간 안전교육계획을 수립하고, 안전교육과 학대 예방교육을 각각 연 1회 이상 받으며 기록하여야 한다.
- 어린이집 비상시 대처방안이 마련되어 있고 비상사태를 대비한 보육교직원의 역할 분담표, 비상대피도, 대피요령 등이 포함된 업무분장이 마련되어 있어야 하고, 보육교직원은 비상사태나 화재발생 시 자신의 역할을 숙지하여야 한다.
- 보육교직원 중 응급처치(심폐소생술) 관련 교육을 받고 이수증을 보관하여 하며, 교

육참여자는 교육 중 유용한 정보나 응급처치 시 반드시 지켜야 할 원칙, 영유아 질식 시 응급처치 실시 방법을 알고 있어야 한다.

- 영유아 학대 예방지침이 수립되어 있어야 하며, 예방지침에는 필수사항(영유아 학대의 정의와 유형, 신고의무 등)이 포함되어야 한다.

◆ 안전설비를 비상시 효율적으로 사용할 수 있도록 관리하고 있다.

어린이집에서는 비상구나 비상대피로에 적재물이나 위험한 물건 등이 없도록 하고 유도등은 항상 켜져 있어야 하며, 소화기의 약제가 충분하고 압력이 정상 범위 내에 있도록 하며, 단독경보형감지기나 가스누설경보기가 제대로 작동하도록 항상 전원이 켜져 있어야 하는 등 비상사태를 위한 안전시설 및 설비를 안전하게 관리하여야 한다.

3-5-3	안전설비를 비상시 효율적으로 사용할 수 있도록 관리하고 있다.
평가내용	① 비상사태를 대비한 피난설비(비상구, 비상계단 또는 영유아용 미끄럼대, 피난구 유도등 등)를 비상시 원활하게 대피할 수 있도록 관리하고 있음 ② 비상사태를 대비한 소화설비(소화기 등)를 비상시 제대로 작동되도록 관리하고 있음 ③ 비상사태를 대비한 경보설비(단독경보형감지기, 가스누설경보기 등)를 비상시 제대로 작동되도록 관리하고 있음 ④ 보육교직원은 안전시설 및 설비(소화기 등)의 사용법을 숙지하고 있음
평정기준	등·하원용 차량을 운행하지 않는 경우 Y로 평정 4개 중 3개 이상(필수요소 포함)을 충족해야 Y로 평정 ※ 필수요소 미충족 시 N으로 평정

- 비상사태를 대비한 안전시설(비상계단, 영유아용 미끄럼틀, 비상구, 비상대피로 등)은 비상시 원활히 대피할 수 있도록 관리하여야 한다.
- 비상사태를 대비해 각 층마다 소화기를 구비하고 안전핀 고정, 충분한 소방약제, 정상적인 압력 범위 등이 관리되어야 한다.
- 비상사태를 대비한 단독경보형감지기는 각 실마다 설치되고 제대로 작동하도록 전원이 켜져 있어야 하며 설치된 모든 가스누설경보기 역시 제대로 작동하도록 전원이 켜져 있어야 한다.
- 보육교직원은 안전시설 및 설비에 대한 사용법(예: 소화기나 비상구가 어디에 있는지, 어떻게 사용하는지 등)을 숙지하고 있어야 한다.

12장

아동안전교육 계획과 실행

영유아를 대상으로 자신의 몸을 스스로 보호하며 안전사고에 대처할 수 있는 기술과 능력을 기를 수 있도록 영유아교육기관에서는 안전 관련 교육계획을 세워서 실행하고 이를 평가하여 반영하여야 한다. 따라서 이 장에서는 영유아 안전교육의 목표와 계획 및 실행, 평가 등에 대해 알아보고자 한다.

1. 안전교육의 목표

통계청(2020)에 따르면 1세부터 9세까지 영유아 사망의 가장 큰 원인 중 2위가 운수사고인 것으로 나타났으며(1위는 악성신생물), 추락사고나 유기 등을 영유아 사망의 주요원인으로 보고하고 있다. 이러한 자료는 영유아에게 안전한 양육환경을 제공해 주어야 함을 시사한다. 최근 신체적, 정신적 아동학대나 아동의 방임 및 유기로 인한 영유아 사망과 안전사고를 볼 때 영유아의 안전을 위협하는 요소들이 가정과 사회에 널리 퍼져 있으며 영유아의 양육환경이 여러 위험에 노출되어 있음을 시사한다. 따라서 영유아 스스로 자신의 주변생활 환경속에서 다양한 위험요인을 판단할 수 있는 지식을 제공해주고 안전한 생활태도와 습관을 형성하며 위험한 상황에 안전하게 대처할 수 있는 능력을 길러주는 안전교육이 필요하다. 영유아의 안전교육활동의 구체적인 목표는 다음과 같다(이순형 외 2013).

첫째, 안전한 환경 및 안전한 습관에 관한 지식을 습득하는데 있다. 안전한 관한 지식을 습득하는 건 영유아가 일상생활 속에서 여러 위험요인을 판단하고 예측할 수 있도록 하는 것을 의미하며 이는 영유아가 안전한 행동을 취하는데 도움을 주며 위험한 상황에 처했을 때 올바르게 행동할 수 있는 토대가 된다. 따라서 안전교육의 목표는 안전한 환경과 습관에 관한 다양한 안전지식을 습득하는 데 있다.

둘째, 안전하게 행동할 수 있는 태도를 길러 위험을 통제하는 방법을 몸에 익히도록 하는데 있다. 이는 영유아가 안전에 대한 올바른 수칙을 알고 실천하는 것을 의미하는데 안전하게 행동하는 태도가 형성되면 위험한 상황에 처하더라도 당황하지 않고 안전하게 대피하거나 더 큰 인명피해를 막을 수 있다. 화재 대피훈련을 통한 소방안전교육를 지속적으로 받은 영유아가 실제 화재 현장에서 신속하고 안전하게 대피 할 수 있는 것은 바로 안전하게 행동할 수 있는 태도가 형성되었기 때문이다.

셋째, 영유아의 안전교육활동의 목표인 안전에 관한 지식과 태도를 바탕으로 안전문화의식을 배양하는 데 있다. 안전과 관련된 기본적인 지식과 안전한 태도는 안전문화의식의 형성에도 중요한데, 안전문화의식은 영유아 개인의 건강한 생활뿐만 아니라 함께 생활하는 구성원의 건강한 생활과 생명유지의 기반이다. 최근 세월호 침몰사고 이후 안전에 대한 국민의 요구가 증가하고 있다. 국민 스스로 재난에 대비할 수 있는 역량을 제고할 수 있도록 생애주기별 안전교육의 필요성이 강조됨에 따라 안전교육을 체계화하는 내용을 담은 '국민안전교육진흥법'이 국회에 통과(2016년 5월 20일)되어 시행되고 있다. 따라서 영유아교육기관에서 안전문화의식의 배양은 어린이집이나 가정 및 사회 전체의 안전에도 기여할 뿐만 아니라 바람직한 미래의 사회인이 되기 위해 필요한 기본 소양을 제공한다.

2. 안전교육의 계획 및 내용

영유아의 안전교육이 위에서 살펴본 목표를 달성하며 효과적인 교육활동으로 이어지기 위해서 교사들은 안전교육을 계획할 때 영유아의 발달적 특성 및 연령별로 많이 일어나는 안전사고의 유형이 다르게 나타남을 고려하여 안전교육활동을 계획하고 내용을 선정하여야 한다.

1) 안전교육의 계획

안전교육활동을 계획할 교사는 영유아의 경험 및 발달적 특성, 아동복지법과 영유아보육법을 근거로 한 안전교육 내용 등을 반영하여 계획하여야 한다. 안전교육활동을 계획할 때 고려해야 할 사항을 구체적으로 살펴보면 다음과 같다.

- 안전교육은 일회성의 교육이 아니고 체계적이고 지속적으로 이루어져야 하므로 연간안전교육계획을 수립하여야 한다. 즉, 주간 및 월간 안전교육이 실행되어지겠지만 연간보육계획을 수립하듯 안전교육에 대한 계획도 연간계획이 필요하다.
- 연간안전교육계획의 내용 선정 시 아동복지법(시행령 제28조 관련)과 영유아보육법(제31조 1항)의 근거로 영유아에게 교육되어야 하는 안전교육의 내용이 포함되도록 계획한다. 즉, 교통안전, 실종·유괴의 예방·방지교육, 약물 오·남용 예방교육, 재난대비 안전교육, 성폭력 및 학대예방교육에 관한 교육계획을 수립하여 실시하도록 하고 있다.
- 안전사고가 일상생활 속에서 일어나는 경우가 많으므로 영유아의 사전 경험이나 생활양식 등을 고려하여 내용선정을 하여야 한다.
- 영유아교육기관의 안전교육계획은 영아와 유아의 발달적 특성을 고려한 계획이 수립되어야 한다. 즉, 영아를 위한 안전교육계획과 유아를 위한 안전교유계획이 수립되어야 한다.
- 안전교육계획 시 영유아의 놀이 주제와 연관성을 가지고 계획한다. 예를 들어, 여름과 관련된 놀이를 할 때는 여름철 물놀이 안전이나 휴가철을 맞아 여행의 기회나 야외활동이 잦은 것과 연관하여 길을 잃을 수 있는 상황을 이해하기, 미아 및 유괴 발생 시 대처 방법 등을 교육할 수 있다.
- 표준보육과정과 누리과정의 영역의 활동과 관련지어 계획한다. 즉, 하나의 놀이 주제 아래 각 영역의 활동을 통합적으로 계획한다. 통합적 활동은 주제에 관련된 여러 활동이나 상황에서 영유아가 안전태도를 형성하고 실제 적용하는데 도움을 준다.
- 일상생활을 통해 영아 스스로 자신의 안전을 보호할 수 있는 안전에 관한 올바른 지식과 실천할 수 있는 능력과 기술을 익힐 수 있도록 계획하여야 한다.

2) 안전교육의 내용

안전교육을 계획하며 안전교육의 내용을 선정할 때는 영유아의 발달적 특성을 반영하여 선정하여야 한다. 즉, 영아의 경우 주변 환경과 사물을 탐색하기 위해 다양한 감각을 활용하는데 2세 미만의 영아는 특히 입으로 탐색하므로 무엇이든지 입속에 넣으려하기 때문에 이물질의 흡입으로 질식사고가 빈번하게 발생한다. 또한 자신의 신체를 조절하는 능력의 미숙으로 추락이나 충돌사고도 빈번하게 일어난다. 따라서 교사는 무엇보다도 안전한 환경을 제공해 주고, 영아가 위험한 물건이나 장소가 무엇인지 인식하여 함부로 만지거나 가까이 하지 않는 안전한 태도를 형성할 수 있는 안전교육내용을 구성하여야 한다. 또한 놀잇감을 올바르게 사용하는 방법, 안전하게 놀이하는 방법 등에 대해서도 안전교육의 내용으로 포함되어야 한다. 만 2세 영아들은 안전한 놀이규칙의 필요성에 대한 활동도 실시할 수 있으며 놀이안전뿐만 아니라 주변의 위험한 상황을 알고 스스로 대처할 수 있는 태도를 기르는 내용도 포함해야 한다. 즉, 실내외 놀이안전교육, 다양한 시설 설비의 위험을 알고 안전하게 사용하는 것, 교통기관의 위험을 알고 스스로 대처할 수 있는 안전교육, 위험한 물질이 무엇인지 알고 함부로 만지거나 먹지 않도록 하는 안전교육, 화재의 위험과 대피할 수 있는 안전교육 등의 내용이 영아를 위한 안전교육 내용으로 선정하여 지속적이고 체계적으로 이루어져야 한다.

유아의 안전교육은 유아의 일상생활을 중심으로 일어날 수 있는 안전사고의 위험한 상황을 구체적으로 다루어야 하며 유아가 안전사고의 원인을 이해하고 안전사고를 예방하는 방법과 사고 시 대처할 수 있는 기술과 태도를 향상시킬 수 있는 내용이 포함되어야 한다. 유아의 안전교육 내용으로 포함되어야 한 내용을 구체적으로 살펴보면 다음과 같다.

첫째, 유아는 또래와의 상호작용이 활발해지고 놀이의 형태나 방법도 다양하고 복잡해짐에 따라 놀이 시 갈등상황도 발생할 수 있다. 따라서 또래와의 안전한 놀이를 위해 놀이규칙의 중요성을 알 수 있는 내용이 포함되어야 하며 놀잇감의 안전한 사용법에 대한 내용이 포함되어야 한다.

둘째, 교통안전교육 내용이다. 등·하원 및 견학 시 차량을 이용하거나 일상생활에서 교통기관을 이용하게 되므로 교통안전교육에 대한 내용이 포함되어야 한다. 영유아의 사망원인 2위가 교통사고(통계청, 2014)라는 것을 생각할 때 교통안전교육은 집중적이고 반복적으로 이루어져야 함을 시사한다. 즉, 횡단보도 건널 때의 안전수칙, 등·하원 보행수칙, 골목길의 보행수칙, 날씨에 따른 보행수칙 등 안전한 보행수칙의 내용을 지도해야 한다. 또한 자가용, 승용차, 택시, 버스, 지하철, 기차 등 다양한 교통기관에 대한 안전수칙, 차를 타고 내릴 때의 안전한 태도, 기본적인 교통 신호와 표지판 이해하기 등의 내용에 대한 구체적인 교육이 필요하다.

셋째, 재난대비 및 화재안전교육 내용이다. 갑작스럽게 일어날 수 있는 재난, 즉 지진이나, 화재에 대한 안전교육이 필요한데 화재나 화상에 대한 원인을 알고 이를 예방할 수 있는 방법과 화재의 원인 되는 물건이나 환경을 안전하게 관리하는 방법, 긴급 화재 발생시 신고 요령과 안전하게 대피하는 방법, 화재로 인한 화상 발생시 응급처치방법, 불을 조신하게 다루는 태도 등의 내용을 교육해야 한다. 또한 최근 전세계적으로 증가하고 있는 자연재해, 즉 지진, 태풍, 홍수, 황사 등의 재난에 대해서 알아보고 이러한 자연재해의 위험과 대처방법에 대해서 교육해야 한다.

넷째, 약물오남용 교육이다. 유아들이 약을 함부로 먹거나 만지지 않도록 하는 내용과 약물의 올바른 복용방법과 보관방법에 대해서 다루어야 한다.

다섯째, 아동학대 예방교육이 포함되어야 한다. 최근 유아를 대상으로 아동학대 신고가 늘어가고 있는 가운데 유아 스스로 학대, 성폭력, 유괴 등을 예방할 수 있는 교육이 이루어져야 한다. 즉, 유아에게 학대나 성폭력, 유괴 등의 유형이나 개념을 이해하기와 예방할 수 있는 방법 알기, 더 나아가 학대나 성폭력, 유괴 등의 위험한 상황속에서 도움 요청하기 등의 구체적인 대처방법이 교육되어야 한다.

여섯째, 생활속에서 일어날 수 있는 다양한 안전교육의 내용이 포함되어야 한다. 즉, 여름철 많이 일어나는 물놀이 안전교육, 자전거 및 인라인스케이트나 킥보드의 올바른 사용법 등의 안전교육이 포함되어야 한다.

표 12-1 영아 연간 안전교육 및 소방훈련 계획(예시)

월	안전영역						안전교육내용
	교통	생활	소방	재난	건강	신변	
3	●						안전하게 길을 건너요
		●					놀잇감을 입에 넣지 않아요
			●				소방대피훈련(수유실 화재)
4				●			황사발생시안전행동및대피요령(모래바람이불어요)
		●					서랍을 열고 닫을 때 조심해요
			●				소방대피훈련(생일잔치 중의 화재)
5	●						안전한 길을 찾아 주세요
		●					놀잇감을 제자리에 정리해요
			●				소방대피훈련(요리활동 중의 화재)
6					●		손 깨끗이 씻기
		●					안전하게 놀아요
			●				불시소방대피훈련(1층 복도 화재)
7	●						차를 안전하게 이용해요
		●					물놀이는 조심해요
			●				소방대피훈련(수유실 화재)
8				●			홍수·태풍 시 안전행동 및 대피요령(그대로 숙여라)
		●					놀잇감을 던지지 않아요
			●				소방대피훈련(생일잔치 중의 화재)
9	●						안전띠를 매요
		●					화장실에서는 조심해요
			●				소방대피훈련(요리활동 중의 화재)
10				●			화재시안전행동및대피요령(연기밑을기어서가자)
10		●					안전하게 미끄럼을 타요
			●				불시소방대피훈련(1층 복도 화재)
11					●		응가 했어요!
		●					계단에서는 조심조심 걸어요
			●				소방대피훈련(수유실 화재)

월	안전영역						안전교육내용
	교통	생활	소방	재난	건강	신변	
12						●	어떻게 해야 할까요?
			●				앗! 뜨거워요
				●			소방대피훈련(생일잔치 중의 화재)
1				●			지진 시 안전행동 및 대피요령(땅이 흔들흔들)
		●					코에 놀잇감을 넣지 않아요
			●				소방대피훈련(요리활동 중의 화재)
2					●		뽀드득 뽀드득 목욕하기
		●					콘센트를 조심해요
			●				불시소방대피훈련(1층 복도 화재)

출처: 중앙육아종합지원센터.

표 12-2 영아의 소방대피 및 안전교육 연간계획의 예

월	안전교육	월	안전교육
3	• [생활안전] 맨발로 걸어요 • [교통안전] 부모님과 함께 타요 • [약물오남용] 어른이 주는 약만 먹어요 • [소방안전] 앗! 뜨거워요 (불 알기) • [소방대피훈련] '불이야' 외치며 대피해요	9	• [생활안전] 계단에서 조심해요 • [교통안전] 안전하게 타고 내려요 • [약물오남용] 정해진 양만 먹어요 • [소방안전] 어른과 함께 대피해요 • [소방대피훈련] 베란다에서 불이 났어요
4	• [생활안전] 장난감을 던지지 않아요 • [재난대비] 마스크를 써요 (황사) • [성폭력 및 아동학대] 내 몸이에요 • [실종 · 유괴] 어른과 손을 잡고 다녀요 • [소방안전] 불 가까이에 가지 않아요 • [소방대피훈련] 불시훈련: 적절하게 대피해요	10	• [생활안전] 안전한 장소에서 놀아요 • [재난대비] 땅이 흔들흔들 (붕괴) • [성폭력 및 아동학대] 좋은 느낌, 나쁜 느낌 • [실종유괴] 길을 잃었을 때 제자리에서 기다려요 • [소방안전] 떼굴떼굴 굴러요 • [소방대피훈련] 주방에서 불이 붙었어요
5	• [생활안전] 놀이터에서 안전하게 놀이해요 • [건강과 영양] 깨끗하게 씻어요 • [교통안전] 카시트에 앉아요 • [소방안전] 소화기로 불을 꺼요 • [소방대피훈련] 선생님을 따라 대피해요	11	• [생활안전] 위험한 물건을 만지지 않아요 • [건강과 영양] 바닥에 떨어진 것은 먹지 않아요 • [교통안전] 횡단보도로 건너요 • [소방안전] 불을 꺼주시는 소방관 • [소방대피훈련] 전기합선으로 원장실에 불이 났어요
6	• [생활안전] 꽃이 예뻐요 • [약물오남용] 아플 때 약을 먹어요 • [성폭력 및 아동학대] 속옷을 입어요 • [소방안전] 불이 났어요! (폭발) • [소방대피훈련] 대피 경로를 알고 대피해요	12	• [생활안전] 눈이 올 때 조심해요 • [약물오남용] 약 상자를 만지지 않아요 • [성폭력 및 아동학대] 만지지 마세요! • [실종 · 유괴] 낯선 사람이 다가와요 • [소방안전] 뜨거운 것을 조심해요 • [소방대피훈련] 불시훈련 : 빠르게 대피해요
7	• [건강과 영양] 배가 아파요 (식중독) • [교통안전] 안전한 길을 찾아주세요 • [생활안전] 안전하게 물놀이해요 • [실종 · 유괴] 내 이름을 알아요 • [소방안전] 앞이 보이지 않아요(가스 유출, 화생방) • [소방대피훈련] 교실에서 불이 났어요	1	• [생활안전] 문을 조심히 열고 닫아요 • [교통안전] 주변을 살펴요 • [재난대비] 눈이 많이 내려요 • [소방안전] 사이렌 소리가 들려요 • [소방대피훈련] 열매반 교실에서 불이 났어요
8	• [교통안전] 비 올 때의 안전한 보행법 • [재난대비] 비가 많이 내려요 (홍수, 태풍) • [성폭력 및 아동학대] 내 몸이 아파요 • [소방안전] 코와 입을 막아요 • [소방대피훈련] 누전으로 인한 화재 시에 대피해요	2	• [약물오남용] 함부로 먹지 않아요 (위험물) • [성폭력 및 아동학대] 아동학대는 싫어요 • [실종 · 유괴] 따라가지 않아요 • [소방안전] 도와주세요! • [소방대피훈련] 현관에서 불이 났어요

출처: 햇살어린이집.

표 12-3 유아 연간 안전교육 및 소방훈련 계획(예시)

월	안전영역						안전교육내용
	교통	생활	소방	재난	건강	신변	
		●					교실에서 지켜야할 약속이 있어요
	●						등 · 하원길을 알아요
3		●					놀잇감을 제자리에 정리해요
					●		이를 깨끗이 닦아요
			●				소방대피훈련(수유실 화재)
						●	나의 명함 만들기
	●						복도, 계단에서 안전하게 걸어요
4			●				황사 발생 시 안전행동 및 대피요령
	●						안전하게 미끄럼 타요
			●				소방대피훈련(조리실 화재)
		●					화장실에서 조심해요
5	●						교통표지판에 대해 알아보아요
	●						놀이터에서 안전하게 놀아요
5			●				소방대피훈련(생일잔치 중의 화재)
						●	동물원에서 지켜야 할 약속이 있어요
		●					어떻게 해야 할까요?
6			●				모래놀이 할 때 조심해요
					●		내가 먹은 음식은 어디로 갈까요
		●					불시 소방대피훈련(1층 복도 화재)
		●					높은 곳에 올라가지 않아요
				●			홍수·태풍 시 안전행동 및 대피요령
7		●					우산을 안전하게 사용해요
	●						통학 버스를 안전하게 이용해요
			●				소방대피훈련(요리활동 중의 화재)
		●					물놀이 규칙을 알아요
					●		청진기로 들어보기
8		●					입이나 코에 들어가면 위험해요
						●	하지 마세요! 나는 싫어요
			●				소방대피훈련(냉방기 과열로 인한 화재)

월	안전영역						안전교육내용
	교통	생활	소방	재난	건강	신변	
9						●	쌓기영역에서 지켜야 할 약속이 있어요
	●						안전띠를 매요
		●					위험한 놀이는 하지 않아요
			●				소방대피훈련(2층 보육실 화재)
10						●	어린이가 보면 안 되는 것이 있어요
		●					좁은 곳에 몸을 넣으면 위험해요
				●			화재 시 안전행동 및 대피요령
		●					동물을 안전하게 키워요
			●				비상 소방대피훈련(조리실 화재)
11		●					위험한 물건을 안전하게 다루어요
	●						안전한 보호장구
		●					콘센트는 위험해요
			●				소방대피훈련(비상 미끄럼틀 장난으로 인한 화재)
12					●		감기에 걸리지 않도록 조심해요
		●					뜨거워요! 조심해요!
						●	이렇게 하면 나는 기분이 나빠요
		●					빙판길은 조심해요
			●				소방대피훈련(난방기 과열로 인한 화재)
1		●					어린이집 안전 픽토그램을 찾아요
	●						겨울철에는 조심조심 걸어요
		●					안전하게 눈썰매 타요
				●			지진 시 안전행동 및 대피요령
			●				소방대피훈련(요리활동 중의 화재)
2		●					먹으면 위험해요
		●					생선가시를 골라내요
			●				불시 소방대피훈련(조리실 화재)

출처: 중앙육아종합지원센터.

표 12-4 유아 연간 안전교육 및 소방훈련계획(예시)

활동일시	활동내용
3	[약물오남용] 약은 정해진 약만 먹어요
	[소방대피훈련] 어린이집 비상구 위치 알기, 대피장소 알기
4	[교통안전] 안전하게 어린이집에 오는 길
	[성폭력 및 아동학대] 내 몸은 소중해요 (굿네이버스 방문, 대그룹 활동)
	[소방대피훈련] 2층 화장실에서 전기 누전으로 인한 화재발생
5	[실종 · 유괴] 길을 잃었어요
	[재난 대비] 모래 바람이 불어요
	[소방대피훈련] 1층 00반 콘센트에서 화재발생
6	[교통안전] 차안에서 지켜야 할 약속
	[소방대피훈련] 3층 00반에서 전기누전으로 인한 화재발생
7	[생활안전] 물놀이 안전 수칙
	[약물오남용] 잘 쓰면 약, 못 쓰면 독
	[소방대피훈련] 원장님실 콘센트에서 화재발생
8	[교통안전] 비오는 날의 안전한 보행
	[실종 · 유괴] 멈추기! 생각하기! 도와주세요!!
	[소방대피훈련] 3층 주방에서 가스 부주의로 인한 화재발생
9	[재난 대비] 땅이 흔들려요
	[소방대피훈련] 2층 교사실에서 전기누전으로 인한 화재발생
10	[교통안전] 신호등을 지켜요
	[성폭력 및 아동학대] 나는야 내 몸 지킴이
	[소방대피훈련] 3층 00 반에서 전기누전으로 인한 화재 발생
11	[약물오남용] 부모님, 선생님이 주신 약만 먹어요
	[실종 · 유괴] 낯선 사람들이 거짓말을 해요
	[소방대피훈련] 2층 00반 전기누전으로 인한 화재발생
12	[교통안전] 안전하게 길을 건너요
	[재난 대비] 폭설과 한파
	[소방대피훈련] 1층 현관 복도에서 전기 과열로 인한 화재발생
1	[실종 · 유괴] 싫어요! 안돼요! 도와주세요!!
	[소방대피훈련] 2층 00반 콘센트에서 화재발생
2	[교통안전] 손을 잡고 안전하게 건너요
	[약물오남용] 만지면 안돼요, 먹으면 안돼요
	[소방대피훈련] 지하 강당에서 전기 누전으로 인한 화재발생

출처: 은석어린이집.

3. 안전교육의 실행 및 평가

1) 안전교육의 실행

영유아 안전교육을 실행할 때 교사는 영유아의 개인적 특성 및 개인차를 고려하여 실행하며 영유아의 흥미와 개인적 능력에 맞는 내용과 방법으로 실시하여야 한다. 영아의 경우 개별적 상호작용을 통한 안전교육을 실행한다면 유아들은 대집단활동으로 진행할 수 있으며, 안전교육의 내용이 같다 하더라도 영유아가 가장 흥미 있어 하는 활동이나 방법으로 가르쳐야 한다. 또한 안전교육을 위한 학습활동과 자료는 구체적이어야 하며 영유아의 경험과 관련된 것이어야 한다. 영유아는 직접적인 경험을 통해 학습할 때 학습의 효과가 높게 나타나고 학습의 내용이 자신의 경험이나 일상생활과 관련있는 것이어야 한다. 또한 영유아가 스스로 학습활동을 경험해 볼 수 있는 기회를 제공해주고 일상생활에서 적용할 수 있도록 해야 한다. 안전교육은 일상생활 속에서 지속적이고 반복적으로 가르치며 교사의 바람직한 모델을 통하여 자연스럽게 습득될 수 있다. 교사의 행동과 태도는 영유아의 안전한 생활습관을 관찰하고 행동으로 나타내는데 좋은 본보기가 된다. 따라서 교사 자신의 모든 행동이 영유아의 안전교육의 구체적인 방법이 될 수 있다. 영유아의 효과적인 안전교육을 실행하기 위해 다양한 방법을 사용하는데 이를 구체적으로 살펴보면 다음과 같다.

(1) 주제중심의 통합적 접근방법에 의한 안전교육

현재 영유아교육기관에서 가장 많이 사용한 교수학습방법의 하나는 통합적 접근방법이다. 통합적 접근방법이란 영유아에게 지식, 기술, 태도 등을 가르칠 때 언어, 수, 미술활동 등 분리된 교과로 가르치는 것이 아니라 영유아들이 늘 경험하는 상황을 학습경험으로 활용하여 그 경험을 통해 영유아들이 전인적 발달을 할 수 있도록 도와주는 것을 것을 의미한다. 이는 영유아들이 교과목을 통하여 그들의 세계에서 분리된 내용을 배우기보다는 평소에 경험하는 상황을 통해서 필요한 지식, 기술, 태도 등을 통합적으로 배울 때 더욱 효과적인 학습이 이루어진다는 연구결과를 근거로 한 것으로 주제를 선정하여 실시하는 것이다(이기숙 외 2011).

이야기 나누기 시간의 안전교육

주제중심의 통합적 접근으로 안전교육이 실시된다는 것은 안전교육의 내용이 영유아의 하루 일과 중 다양한 활동, 즉 실내외 자유선택활동, 이야기 나누기, 노래 부르기, 신체활동, 간식 및 식사, 요리활동, 동화, 동시, 게임, 실험하기 등의 활동을 통해 안전교육의 내용을 통합적으로 실시하는 것을 의미한다. 예를 들어 여름철 물놀이 안전으로 정하고 통합적 접근으로 안전교육을 실시할 때 쌓기영역에서 물놀이 수영장을 만들고, 역할영역에서 수영복과 물안경, 튜브를 이용한 물놀이, 수 조작영역의 물놀이 안전을 위해 필요한 도구 찾아보기, 언어영역의 '안전한 물놀이' 책 읽기 등의 자유선택활동을 하고 물놀이 안전을 위해 필요한 도구를 알아보고 올바른 사용법을 알아보는 이야기 나누기를 할 수 있다. 또한 물놀이 안전관련 동화나 동시를 들을 수 있고, 물놀이에 뜨는 물건을 실험하는 과학활동을 할 수 있다. 이렇듯 주제 중심의 통합적 접근은 영유아에게 필요한 안전교육의 내용을 다양한 방법을 경험하고 배우면서 필요한 지식과 기술 태도를 기를 수 있게 된다.

(2) 역할놀이를 통한 안전교육

역할놀이는 영유아가 흥미 있어 하고 즐겨 하는 놀이 중 하나로 주제를 정하여 가상적인 역할을 정하여 놀이하는 것을 말한다. 안전교육은 구체적이고 실제적인 상황에서 실시하여야 교육적 효과가 높은데 이러한 실제상황과 유사한 가상적인 상황을 역할놀이를 통해 경험할 수 있으므로 안전교육의 방법으로 역할놀이를 활용하는 것은 효과적이다. 영유아가 위험한 상황들을 역할놀이를 통해 경험하면서 자발적으로 대처할 수 있는 능력을 기르고 새로운 안전행동이나 기술 등을 습득할 수 있다. 예를 들어 소방관 놀이를 통해 불이 났을 때 즉각적으로 119에 신고해야 함을 알 수 있고 안전하게 대피하는 방법을 경험해 볼 수 있다. 또한 경찰관 놀이를 통해 길을 잃었을 때 도움을 요청하거나, 횡단보도를 안전하게 건너는 방법 등을 알 수 있다. 따라서 교사는 역할놀이를 통해 영유아가 안전한 행동과 지식, 태도를 형성할 수 있도록 안전교육의 방법으로 역할놀이를 적극 활용할 수 있어야 하며 특히 역할놀이는 대인관계와 관련된 안전교육에 도움을 준다. 즉, 미아·유괴 예방을 위한 안전교육으로 낯선 사람에 대한 안전한 태도나 성학대를 포함 아동학대 예방 기술을 습득하는데 효과적이다.

(3) 토의 및 문제 해결을 통한 안전교육

영유아의 교수학습방법 중 토의 및 문제해결 방법은 영유아의 논리적 추론능력을 발달시키는 방법으로 안전과 관련된 갈등상황이나 문제상황에서 문제를 파악하고 자신의 생각을 다른 사람과 함께 나누면서 다른사람을 이해할 수 있도록 안전한 생활을 위한 문제해결 방법을 찾아 적용할 수 있다. 예를 들어 놀이터에서 안전사고가 발생했다면 원인이 무엇이며 안전하게 놀이하기 위해 해결방법을 토의를 통해 찾아봄으로 영유아의 문제해결 능력을 기를 수 있다. 토의를 통해 내가 알지 못했던 사실이나 정보를 알수 있게 되고 혼자 해결하지 못했던 문제도 토의를 통해 해결할 수 있게 된다. 그러나 토의를 통한 안전교육은 영유아의 관심과 흥미가 우선되어야 한다. 관심이 없는 안전교육주제에 대해 영유아는 적극적으로 의사소통할 수 없기 때문에 토의가 진행되는데 어려움을 줄 수 있다. 더 나아가 문제해결 방법 역시 영유아의 적극적이고 능동적인 참여를 위해서는 안전교육에 영유아의 동기를 유발하는 것이 중요하다. 따라서 동기유발이 부족하거나 인지능력이 제한이 있는 영유아에게 대해서는 보다 적극적인 교사의 역할이 필요하다.

(4) 시뮬레이션을 통한 안전교육

안전교육의 목표는 영유아가 안전과 관련된 다양한 지식을 습득하는 것뿐만 아니라 위험한 상황을 판단하고 적절하게 대처하여 자신을 보호할 수 능력을 기르는데 있다. 다시 말해 실제상황에서 지식을 활용할 수 있는 능력을 길러야 하는데 영유아의 안전교육은 설명이나 지식 전달의 교육보다는 실제 경험을 통한 교육이 더 효과적이다. 따라서 안전교육에 있어서 실제상황과 비슷한 모의 상황에서 안전한게 행동해보고 실제상황에 전이할 수 있도록 하는 방법 시뮬레이션을 통한 안전교육방법을 활용할 수 있다. 실제 불이 났을 때 연기가 나고 이때 안전하게 대피할 수 있는 방법을 안전체험실을 통해 경험해 본다거나 지진의 체험을 직접해볼 수 있는 상황에서 지진 시 안전하게 대피하는 방법을 익힐 수 있다. 또한 다양한 교통상황을 경험해 볼 수 있는 교통안전교육을 위해 신호등, 육교, 교통표지판, 횡단보도 등이 소형화되어 있어 영유아가 직접 횡단보도를 안전하게 건너고 교통안전과 관련된 지식과 기술을 익힐 수 있는 교통공원을 이용하는 것은 영유아가 직접적인 경험을 통해 안전교육의 효과를 기대할 수 있다.

(5) 가정과의 연계를 통한 안전교육

안전에 대한 영유아의 바른 지식과 태도 형성을 위해서는 무엇보다도 가정과의 연계가 중요하다. 부모가 갖는 안전에 대한 의식이나 태도가 영유아에게 가장 많은 영향을 미치는 요인이므로 안전을 위한 부모의 역할이 강조되고 있다. 가정과의 연계를 통한 안전교육은 다양한 방법으로 실행될 수 있다. 예를 들어 가정통신문을 통해 기관에서 진행하는

전국 어린이 안전체험관(왼쪽)과 어린이 교통공원(오른쪽)

안전교육 내용이 가정에 안내되어 가정에서도 영유아가 안전한 생활을 할 수 있도록 연계할 수 있으며, 안전교육과 관련된 다양한 정보, 즉 안전사고 예방방법, 영유아 안전사고의 유형 및 특성, 안전사고 대처방법 등을 제공할 수 있다. 부모의 올바른 안전의식과 태도는 영유아에게 실제적인 좋은 모델이 되어 안전교육에 효과를 더할 수 있을 것이다. 가정통신문 이외 부모모임이나 강연회 등을 통해 부모를 대상으로 안전교육을 실시할 수 있으며 영유아의 안전교육에 부모를 참여시킬 수도 있다. 즉, 소방대피훈련에 부모가 함께 참여하거나 안전관 관련된 현장학습을 시행할 때 부모가 참여하여 안전에 관한 다양한 지식과 방법을 공유하고 적용할 수 있다.

성폭력으로부터 우리 아이 지키기 10계명

아이들이 기억해요.

1. 하루 동안 무슨 일이 있었는지, 무엇을 했는지, 누구를 만났고 어떤 이야기를 했는지, 인터넷에서는 무엇을 보았는지, 어떤 사람과 어떤 대화를 나누었는지 부모님(보호자)과 매일 이야기해요.
2. 내 생각과 느낌을 정확하게 표현하고 다른 사람의 생각과 느낌을 존중하는 습관을 길러요.
3. 등하교는 가능하면 부모님(보호자)과 함께 해요. 아이들끼리만 다닐 때는 밝고 사람이 많이 다니는 큰길로 여럿이 함께 다녀요.
4. 부모님(보호자)의 허락 없이는 놀러가지 않아요. 모르는 사람이 도와달라고 하거나 음식이나 선물을 주려고 하면 "부모님께 허락받아야 한다" 고 말하면서 거절해요.
5. 일상생활에서 불편하고 나쁜 감정이 있었다면, 또 내 몸을 만져서 불편하게 한 사람이 있었다면 부모님(보호자)께 이야기해요. 수영복으로 가려지는 부분을 만진 사람이 있다면 꼭 말하세요.

어른들이 지켜주세요.

1. 항상 아이의 말에 귀 기울이고 어떤 이야기든 편하게 말할 수 있도록 해주세요. '의사소통이 잘 되는 가정' 이 아이 안전을 지켜요. 부모님(보호자)은 아이가 24시간 어디서 무엇을 하고 있는지 꼭 알고 있어야 해요.
2. 아이가 "싫다" 고 했을 때 부모님(보호자)께서 아이의 의견을 존중하고 수용해주세요. 그래야 아이가 다른 사람에게도 "싫다" 고 말할 수 있어요.
3. 아이와 함께 안전계획을 세워요. 아이가 혼자 다니지 않도록 하고 등하교 길에 도움을 청할 수 있는 곳 (아동안전지킴이집, 주민 자치센터, 경찰, 공공기관 등)이 어디에 있는지, 인터넷 이용 시 주의할 점을 미리 알려주세요.
4. 모르는 아이에게 음식이나 선물을 주는 것, 도와달라고 부탁하는 것, 불필요한 신체접촉은 하지 말아 주세요. 어떤 사람은 괜찮고 어떤 사람은 안 되는지 아이들에게 혼란을 줄 수 있어요.
5. 아이가 상대방에 대해 존중하고 배려하는 습관을 갖도록 생활 속에서 교육시켜주세요. 그리고 주변에 위기에 처한 아이가 있으면 적극적으로 도와주고 신고해요.

도움을 요청해요.

국번 없이 1366(여성긴급전화) 국번 없이 117(학교폭력(성폭력)신고센터)
성폭력피해자 통합지원센터 1899-3075

여성가족부
Ministry of Gender Equality & Family

부모 대상 안전교육

표 12-5 2세아 안전교육활동의 예

<table>
<tr><td>안전영역</td><td colspan="2">놀이기구안전</td><td>대상연령</td><td>만 2세</td></tr>
<tr><td>활동명</td><td colspan="2">놀이터에서 안전하게 놀이해요</td><td>교육일시</td><td>0000년 00월 00일</td></tr>
<tr><td>활동목표</td><td colspan="4">① 놀이터의 놀이기구에 따른 안전한 사용방법을 안다.
② 위험한 놀이 상황을 알고 안전하게 놀이한다.</td></tr>
<tr><td>활동자료</td><td colspan="4">손인형, 놀이터에서의 위험한 상황과 안전한 상황 안전교육자료</td></tr>
<tr><td rowspan="3">활동방법</td><td>도입</td><td colspan="3">① 손인형을 이용하여 놀이터에서 다친 상황을 보여준다.
- 아야~ 아파~ 오늘 바깥놀이 시간에 미끄럼틀을 거꾸로 타고 내려오다가 바닥에 머리를 쾅! 박았어. 머리가 너무 아파.
- 바깥 놀이터에서 미끄럼틀을 탄 꼬망이가 어떻게 되었나요?
- 미끄럼틀을 거꾸로 내려오다가 바닥에 머리를 쾅! 박았대요. 미끄럼틀은 앉아서 엉덩이를 대고 양쪽 난간을 잡은 채 천천히 내려와야 다치지 않을수 있어요.
- 우리 ○○는 친구들과 놀이터에서 안전하게 놀이할 수 있지요?</td></tr>
<tr><td>전개</td><td colspan="3">① 그림자료를 보며놀이터에서의 위험한 상황과 안전한 상황에 대해 이야기 나눈다.
- 그림 속 친구가 그네를 타고 있어요. 그네 타는 모습을 자세히 볼까요?
- 그네에 어떻게 올라가 있나요?
- 그네 앞을 지나가는 친구도 있어요. 이렇게 그네 앞을 지나가면 그네 타는 친구와 부딪칠 수 있어서 위험해요.
- 이번에는 그림 속 친구가 미끄럼틀을 어떻게 타고 있나요?
- 미끄럼틀의 내려오는 부분으로 거꾸로 올라가고 있네요. 이 친구처럼 거꾸로 올라가면 어떻게 될까요?
- 미끄럼틀을 내려오는 친구랑 꽝 부딪쳐서 다칠 수 있어요.
- 그럼, ○○는 친구들과 미끄럼틀을 탈 때 어떻게 타야 할까요?
- ○○는 미끄럼틀을 타다가 다친 적이 있었나요?
- 시소를 탈 때 바르게 앉지 않으면 어떻게 될까요?</td></tr>
<tr><td>마무리</td><td colspan="3">① 바깥 놀이터에서의 약속을 상기해 보고 안전하게 놀이하기로 약속한다.
- 미끄럼틀을 탈 때는 계단으로 올라가요. 미끄럼틀을 내려올 때는 엉덩이를 대고 난간을 잡도록 해요.
- 그네 앞을 지나가면 그네 타는 친구와 부딪칠 수 있어요. 그네를 피해서 지나가도록 해요.</td></tr>
<tr><td>유의점</td><td colspan="4">미끄럼틀, 그네 등 영아들이 자주 다루는 기구들을 다루고 그 외의 놀이기구나 모래 놀이터에서의 약속도 순차적으로 다룬다.</td></tr>
<tr><td>가정과의 연계활동</td><td colspan="4">가정에서도 부모님과 함께 바깥놀이를 할 때 안전 약속을 지키기로 한다.</td></tr>
<tr><td>평가</td><td colspan="4">영아들과 산책 나가기 전 손인형으로 역할극을 보여주며 놀이터에서 놀이 시 안전하게 놀이하는 방법에 대해 이야기 나누었다. 놀이터 놀이기구들을 하나씩 설명해주고 미끄럼틀은 거꾸로 타지 않으며 시소를 탈 때는 바르게 앉아 선생님께서 올려주고 내려줄 경우에만 타기로 약속하였다. 가정에서도 놀이터를 이용할 시 부모님과 함께 안전하게 놀이기구를 타기로 이야기 나누며 위험한 상황들과 놀이기구 타는 법에 대해 반복적으로 일상생활 속에서 지도하였다.</td></tr>
</table>

표 12-6 4세아 안전교육활동의 예

<table>
<tr><td>안전영역</td><td colspan="2">성폭력 및 아동학대</td><td>대상연령</td><td>만 4세</td></tr>
<tr><td>활동명</td><td colspan="2">나는야 내 몸 지킴이</td><td>교육일시</td><td>0000년 00월 00일</td></tr>
<tr><td>활동목표</td><td colspan="4">• 나는 소중한 존재임을 안다.
• 위험한 상황으로부터 나의 몸을 지키기 위한 방법을 알아본다.</td></tr>
<tr><td>활동자료</td><td colspan="4">상황 그림 자료</td></tr>
<tr><td rowspan="3">활동방법</td><td>도입</td><td colspan="3">1. 혼자 다니면 위험한 상황이 있음을 이야기 한다.</td></tr>
<tr><td>전개</td><td colspan="3">1. 교수자료를 보면서 위험한 상황들로부터 내 몸을 지키는 방법에 대해 알아본다.
1) 싫어요/ 안돼요/ 하지마세요.
- 누군가 내 몸을 만지려고 하면 어떻게 해야 할까?
- 싫다고 이야기해야 하는 이유는 무엇일까?
- 싫은 데 자꾸 만지려하면 어떻게 해야 할까? (싫어요. 안돼요. 하지마세요)
- 만약 나쁜 일이 생기면 가장 먼저 누구에게 알려야 할까?
2) 절대 따라가지 않아요./ 부모님께 꼭 말씀을 드려요.
- 모르는 사람이나 아는 사람이 자꾸 어디에 같이 가자고 하면 어떻게 해야 할까? (부모님이 아닌 다른 사람은 절대 따라가면 안돼.)
- 어디를 갈 때는 누구에게 꼭 허락을 받아야 할까? 꼭 이야기를 해야 하는 이유는 무엇일까?
3) 늦게까지 밖에서 놀지 않아요.
- 밤늦게까지 밖에서 놀아본 적이 있니?
- 밤이 되면 어떻게 해야 할까?
- 늦게까지 밖에서 놀면 어떤 일이 일어날 수 있을까?</td></tr>
<tr><td>마무리</td><td colspan="3">나는 소중한 존재이며, 나의 몸은 내가 지켜야 함을 이야기 한다.</td></tr>
<tr><td>평가 및 유의점</td><td colspan="4">추후활동
1. 상황극 활동하기 : 가상의 상황을 만들어 아이와 함께 상황극으로 활동해 본다.
2. '따라가지 말아요' 동요 배워서 불러보기
3. 나의 몸 부분 명칭과 역할 알아보기</td></tr>
</table>

표 12-7 5세아 안전교육활동의 예

<table>
<tr><td>안전영역</td><td colspan="2">재난대비</td><td>대상연령</td><td>만 5세</td></tr>
<tr><td>활동명</td><td colspan="2">땅이 흔들려요</td><td>교육일시</td><td>0000년 00월 00일</td></tr>
<tr><td>활동목표</td><td colspan="4">• 지진이 무엇인지 알아본다.
• 지진이 일어났을 때 대피하는 방법에 대해 알아본다.</td></tr>
<tr><td>활동자료</td><td colspan="4">지진이 일어난 그림자료, 시청각 동영상 자료</td></tr>
<tr><td rowspan="3">활동방법</td><td>도입</td><td colspan="3">1. 지진과 관련된 사진자료를 보여주면서 이야기 나눈다.
- (다른나라의 지진사진을 보여주면서) 이 사진을 보면 어떤일이 일어났을까?
- 땅이 왜 갈라졌을까?
- 지진에 대해 들어본 적이 있니?</td></tr>
<tr><td>전개</td><td colspan="3">1. 안전교육 [땅이 흔들려요] 동영상자료를 보면서 지진이 일어났을 때의 현상에 대해 알아보며 이야기 나눈다.
- 지진이 일어난 것을 어떻게 알 수 있을까?
- 건물 안에 있을 때 지진이 일어날 때 어떤 일들이 일어나니?
- 땅이 흔들리는 것을 지진이라고 해.
- 너희들은 지진을 느껴본 적이 있니?
- 지진이 일어나는 것을 보니 어떤 생각이 드니?

2. 지진이 일어났을 때 대피하는 방법에 대해 알아본다.
- 지진이 일어났을 때 어떻게 해야 할까?
1) 머리와 몸이 다치지 않도록 방석, 이불, 가방으로 머리와 몸을 보호한다.
2) 책상, 탁자, 식탁 밑과 같이 안전한 곳으로 이동한다.
3) 다리를 꼭 붙들고 있는다.
4) 흔들리지 않고 조용해지면 기다렸다가 밖으로 나온다.</td></tr>
<tr><td>마무리</td><td colspan="3">• 지진처럼 갑자기 일어나는 자연재해의 종류 대해 이야기해 본다.
• 미리 예방해서 더 큰 사고가 일어나지 않는 것이 중요함을 이야기한다.</td></tr>
<tr><td>평가 및 유의점</td><td colspan="4">추후활동
1. 지진이 자주 일어나는 지역, 지진이 생기는 땅속의 비밀에 대해 알아보기
2. 지진이 일어난 곳에는 어떤 도움이 필요할까? 우리가 도울 수 있는 일을 생각해 보고 그림으로 그려 보기
3. 안전체험관 견학 - 지진체험</td></tr>
</table>

2) 안전교육의 평가

안전교육활동의 평가는 영유아가 안전한 환경과 습관을 위한 안전에 대한 올바른 지식을 습득하고 안전한 생활습관을 통한 행동의 태도를 형성하는가를 목적으로 이루어질 수 있다. 따라서 교사는 안전교육활동에 대한 정기적인 평가를 통해 영유아의 안전교육 목표를 달성할 수 있도록 하여야 하며 안전교육활동의 평가를 다음의 활동에 반영함으로써 영유아에게 안전사고 인식과 예방 및 대처에 필요한 지식을 잘 습득하고, 안전습관의 기초가 되는 안전 태도를 보다 잘 형성하며, 타인의 안전까지 고려할 수 있는 안전문화의식까지 갖출 수 있도록 하는 데 있다(이순영 외, 2013).

안전교육활동의 평가는 활동계획에서부터 실행되어진 일련의 과정을 중심으로 평가할 수 있으며 평가의 내용을 구체적으로 살펴보면 다음과 같다.

첫째, 안전교육활동 계획의 평가내용이다.

- 안전교육계획은 영유아의 연령과 발달특성을 고려하여 연간교육계획이 수립되어 있는가?
- 안전교육의 계획은 영유아의 경험과 일상생활을 중심으로 계획되었는가?
- 영유아의 발달적 특성과 환경적 특성을 반영하여 안전교육이 계획되었는가?
- 영유아의 발달이론에 근거하여 안전교육을 계획하였는가?
- 안전교육의 내용이 다양하게 계획되었는가?
- 안전교육이 반복적이고 체계적으로 계획되었는가?

둘째, 안전교육의 방법 및 실행에 관한 평가 내용이다.

- 영유아의 흥미와 관심을 집중시킬 수 있게 진행되었는가?
- 영유아의 발달 특성에 맞게 개별 및 대·소집단활동으로 진행되었는가?
- 영유아의 흥미가 지속될 수 있는 다양한 교구와 자료를 사용하였는가?
- 안전교육의 내용에 적합한 다양한 활동매체가 사용되었는가?
- 안전교육을 통해 영유아의 실생활에 적용할 수 있는 실천 위주의 방법을 사용하였는가?
- 안전교육의 내용을 부모에게도 알려 가정과의 연계를 통한 교육이 이루어졌는가?
- 안전교육의 지식, 기술, 태도의 목표가 달성될 수 있도록 진행되었는가?

- 안전교육은 지속적이고 반복적으로 이루어지는가?
- 안전교육의 실천적 적용을 위한 교사의 개방형 질문으로 다양한 대안적 사고를 이끌어 내고 있는가?

마지막으로 영유아의 안전교육 평가의 방법을 살펴보고자 한다. 영유아 안전교육활동의 평가를 위해서 교사가 사용할 수 있는 방법은 다양하다. 즉, 영유아의 일상생활 가운데서 평가할 수 있는데, 예를 들어 놀잇감을 사용할 때 안전수칙을 알고 놀이하는지, 위험한 상황에서 대처방법을 알고 실천하는지를 평가할 수 있으며, 평가방법으로는 영유아의 안전습관 형성과 태도의 변화를 알 수 있는 영유아 관찰기록, 체크리스트, 포트폴리오 등을 활용할 수 있다. 또한 교사 스스로 안전교육활동을 진행하고 체크리스트나 반성적사고를 통한 안전교육활동 평가서를 작성할 수 있다. 다양한 방법을 통해 평가하는 것도 중요하지만 더 중요한 것은 평가의 내용이 다음 안전교육활동에 반영되어야 한다는 것이다.

표 12-8 소방대피훈련 평가표

실시일자	0000년 00월 00일 ○요일			제 3 회
실시시간	(오전/오후) 11시 00 분 ~ 11 시 05 분			총 훈련시간 10 분
참가인원	참가자 종사자 19 명 / 영유아 116 명			총 참가자 119 명
	불참자 종사자 명 / 영유아 16 명			
훈련내용		양호	불량	조치사항
1) 비상벨 또는 사이렌소리가 모두 들을 수 있는 음량이었는가?		○		2층에서 비상벨을 울림
2) 대피경로는 효율적이었는가?		○		1층 : 교사지시에 따라 대피 2층 : 비상계단을 이용해 대피 3층 : 비상계단을 이용해 대피
3) 대피 장소는 안전한 곳이었나?		○		어린이집 비상계단의 주차장이 비어 있어 대피하기 좋음
4) 역할에 따라 조직적으로 수행되었는가?		○		사이렌이 울리고 각자 맡은 역할에 따라 아이들을 지도하여 나감
5) 내부 또는 외부와의 연락체계는 신속하게 이루어졌는가?		○		신속하게 수행함
6) 종사자 모두 소화기를 다룰 수 있었는가?		○		모두 다룰 수 있음
7) 기타 :				
총평	이번 대피훈련은 2층 화장실에서 전기누전으로 인해 화재가 발생한 것을 가상으로 했는데 영유아들이 지난번 대피 훈련보다 신속하게 빠르게 대피하는 모습을 볼 수 있었다. (대피시간 2분정도 소요되었고 3분 이야기 나누기) 영아반 친구들도 이제 손으로 코와 입을 잘 막고 대피하였으며 이번 대피훈련에는 비상계단으로 내려오지 않고 어린이집계단을 통해서 모두 대피하였는데 차례, 차례 질서 있게 신속히 교사의 지도에 따라서 안전하게 대피하는 모습을 볼 수 있었다.			
사진 첨부	  			

출처: 은석어린이집 소방대피훈련 평가표.

참고문헌

경찰청(2014). 2013년 교통사고통계.

경찰청(2016). 실종아동 등 발생 및 처리현황.

공계순, 박현선, 오승환, 이상균, 이현주(2013). 아동복지론. 서울: 학지사.

곽은복(2000). 유아의 안전 능력 향상을 위한 교육 과정 모색. 유아교육학회지, 4(2), 53-70.

교육부(2019). 2019 개정 누리과정 해설서.

교육부(2020). 유치원 유아의 성 행동문제 관리, 대응 지침.

교육부, 보건복지부(2016). 유치원 · 어린이집 아동학대 조기발견 및 관리 · 대응 매뉴얼.

구경선, 김태임, 서영희, 홍은숙(2013). 아동안전관리. 경기: 정민사.

권덕수, 김애란, 김지영, 우민정, 하지원(2014). 아동안전관리. 경기: 정민사.

기상청(2021). 신(新)기후평년값이 보여준 기후변화. 기상청 보도자료.

김기현, 유비, 손예진, 김경희 (2018). 아동학대행위자의 심리사회적 특성 및 유형화 연구. 아동복지학, 62, 207-243.

김영실, 윤진주, 김정주(2013). 영유아 안전관리. 경기: 공동체.

김은영, 이진화, 배윤진, 김지예(2015). 행복한 어린이, 안전한 유치원 생활 건강 · 안전 관리 길라잡이. 교육부.

대검찰청(2020). 2019년 아동유괴 통계자료분석 .

대전광역시 육아종합지원센터(2015). 제18회 보육 교재교구개발 작품 전시회. 대전광역시 육아종합지원센터.

대전광역시교육청(2016). 초등학교 학부모대상 아동학대 예방교육 자료. 대구광역시교육청.

도남희, 김은설, 이정은(2020). 행복한 어린이, 안전한 유치원 생활 건강 · 안전관리 길라잡이. 교육부.

박은혜, 이명선, 성원경, 함인자(2006). 성교육 및 성폭력 예방교육 지침서. 교육인적자원부.

박은혜, 조은혜, 이성희, 황보영(2011). 영유아 안전교육. 서울: 파란마음.

변정희(2006). 유아교육기관의 교통안전교육 실태와 요구도에 대한 연구. 가톨릭대학교 교육대학원 석사학위청구논문.

보건복지부(2013). 제3차 어린이집 표준보육과정 교사용 지침서.

보건복지부(2013). 제3차 어린이집 표준보육과정에 기초한 연령별 보육프로그램의 활용.

보건복지부(2016). 영유아보육법 시행령.

보건복지부(2018). 건강한국 비만관리에서 출발한다. 보건복지부 보도자료.

보건복지부(2020a). 2019 아동학대 주요통계. 보건복지부 아동학대대응과.

보건복지부(2020b). 2019 아동학대 연차 보고서. 보건복지부 아동학대대응과.

보건복지부(2020c). 제4차 어린이집 표준보육과정 해설서.

보건복지부(2020d). 2020년도 보육사업안내.

보건복지부, 어린이집안전공제회, 중앙육아종합지원센터(2013). 어린이집 보육교직원 안전교육, 어린이집안전공제회.

보건복지부, 어린이집안전공제회, 중앙육아종합지원센터(2014). 어린이집 보육교직원 안전교육, 어린이집안전공제회.

보건복지부, 어린이집안전공제회, 중앙육아종합지원센터(2015). 어린이집 보육교직원 안전교육, 어린이집안전공제회.

보건복지부, 어린이집안전공제회, 중앙육아종합지원센터(2016). 어린이집 보육교직원 안전교육, 어린이집안전공제회.

보건복지부, 어린이집안전공제회, 중앙육아종합지원센터(2019). 어린이집 보육교직원 안전교육. 보건복지부.

보건복지부, 어린이집안전공제회, 중앙육아종합지원센터(2020). 어린이집 보육교직원 안전교육. 보건복지부.

보건복지부, 중앙아동보호전문기관(2016). 아동학대 신고의무자가 꼭 알아야 하는 아동학대 예방 요령.

보건복지부, 중앙아동보호전문기관(2019). 2018 아동학대 주요통계.

보건복지부, 한국보건복지인력개발원(2013). 아동권리에 기반한 부모교육.

보건복지부, 한국보육진흥원(2019). 2019 어린이집 평가메뉴얼.

서울대학교교육연구소(1996). 교육학 용어사전. 서울: 하우동설.

서울시 식품안전정보(2012). 식품알레르기.

서울해바라기센터(아동)(2015). 서울해바라기센터(아동) 사업보고서.

서울해바라기센터(아동)(2019). 2018 서울해바라기센터(아동) 사업보고서.

소방방재청(2014). 여름철 물놀이 안전사고.

소방청(2018). 2017년도 화재통계연감.

소방청(2019). 2019 소방청 통계연보.

소방청(2020). 2019년도 화재통계연감.

소방청(2020). 2020 소방청 통계연보.

소방청(2021). 2021 소방청 통계연보.

소비자안전국(2015). 어린이집 교구 안전실태 조사.

식품의약안전청(2010). 식품첨가물이란무엇인가?

신동주, 이상은, 김현경, 박영선(2015). 영·유아 안전관리. 경기: 정민사.

어린이집안전공제회(2014). 2014 보육교직원 안전교육 강사세미나 자료집.

어린이집안전공제회(2015). 2015 보육교직원 안전교육 강사세미나 자료집.

어린이집안전공제회(2019). 2019 보육교직원 안전교육 강사세미나 자료집.

여성가족부(2009). 아동성폭력 대응 매뉴얼 - 학교용. 여성가족부.

오정수, 정익중(2013). 아동복지론. 서울: 학지사.

유선희(2004). 통합적 활동을 통한 유치원 교통안전교육이 영유아의 교통안전지식에 미치는 영향. 이화여자대학교 교육대학원 석사학위논문.

윤선화(2010). 영유아를 위한 안전교육과 안전교육 프로그램. 한국생활안전연합.

윤선화, 신현정, 정윤경, 경선(2019). 2019 유아의 건강한 발달 지원을 위한 유아안전교육 프로그램. 서울유아교육진흥원.

윤선화, 윤명오, 강은주, 정윤경, 이진향(2012). 유치원 교육과정 운영 지원을 위한 유아 재난대비·생활안전교육 프로그램. 교육과학기술부.

윤선화, 정윤경, 이경선(2010). 영유아를 위한 안전관리. 한국생활안전연합.

윤선화, 정윤경, 이경선, 윤나리, 심정은(2010). 우리는 안전어린이 유아용 화재 재난 안전. 소방방재청.

이기숙, 장영희, 정미라, 배소연, 박희숙(2004). 영유아를 위한 안전교육과 응급처치. 경기: 양서원.

이기숙, 장영희, 정미라, 윤선화(2011). 영유아 안전교육. 경기: 양서원.

이명조, 차승환, 우정순, 김영옥, 김란옥, 배진희(2015). 아동안전관리. 서울: 태영출판.

이순영, 이성옥, 민하영, 이영미, 한유진, 장영은, 최나야, 김지현, 김진경, 정현심(2013). 영유아건강교육. 서울: 학지사.

이영환, 김연주, 김현지, 양연숙, 이수재(2014). 영유아 건강·영양과 안전. 서울: 창지사.

전남련, 김진혜, 권경미, 권순남, 장은숙, 홍은미(2010). 유아건강·안전교육. 경기: 정민사.

정정옥, 임미혜(2012). 유아교육기관에서의 영유아 안전교육. 서울: 창지사.

중앙아동보호전문기관(2015). 2014년 전국아동학대현황보고서. 보건복지부.

질병관리청(2021a). 2021년 23주차 주간 건강과 질병_질병감시통계.

질병관리청(2021b). 2020년 온열질환 응급실 감시체계 운영결과.

초록우산 어린이재단(2021). 유괴예방 지침 자료.

채영란, 남규, 박유영, 박혜정, 이순자, 좌승화, 주은희(2011). 아동건강·안전교육. 경기: 문예미디어.

최윤이(2009). 행동훈련 중심 유아유괴예방교육프로그램 개발 및 효과. 숙명여자대학교 대학원 박사학위논문.

최주혜(2014). 우리아이 지킴이 가이드·아동성폭력 및 아동학대 예방 부모교육 자료집. 서울시여성가족재단.

최혜순, 양은호, 김계중, 이미현(2013). 영유아안전교육. 서울: 신정.

통계청(2014). 2014년 사망원인통계. 서울: 통계청.

통계청(2020). 2019년 사망원인통계. 서울: 통계청.

한국보건사회연구원(2014. 10. 13). 보건·복지 Issue & Focus 261호.

한국보육진흥원(2020). 2020 어린이집 평가메뉴얼.

한국산업안전공단(2003). 생활주제와 함께하는 안전교육.

한국산업안전공단(2009). 가정 내 안전사고 및 안전환경 실태조사.

한국생활안전연합(2010). 보보와 함께 우리 아이를 안전사고로 지키는 방법.

한국소비자원(2012). 어린이가 안전한 가정·교육시설 만들기.

한국소비자원(2014). 블록 완구 삼킴/흡입 사고 주의.

한국소비자원(2015a). 어린이 안전사고 동향분석.

한국소비자원(2015b). 어린이 완구 안전 실태조사-유해물질 함유실태중심.

한국소비자원(2019). 어린이안전사고 동향분석.

한국소비자원(2020). 어린이 안전사고 동향분석.

한국소비자원(2021). 어린이 안전사고 동향분석.

한국양성평등교육진흥원(2020a). 어린이집·유치원 교사 등을 위한 성인지 교육교재. 여성가족부.

한국양성평등교육진흥원(2020b). 유·아동 대상 성인지 교육 교재. 여성가족부.

한국양성평등교육진흥원(2020c). 유·아동 대상 성인지 교육 교재-교구. 여성가족부

행정안전부(2016). 2015년 하반기 어린이놀이시설 안전사고 분석결과.

행정안전부(2019). 어린이놀이시설 안전관리 매뉴얼.

환경부(2011). 보육시설 · 아동복지시설 실내공기질 관리 매뉴얼.

환경부 · 국립환경과학원(2011). 생활 속 부유세균 관리 매뉴얼.

환경부 · 한국환경공단(2011). 어린이집 석면안전관리 가이드북-석면으로부터 안전한 어린이집 만들기.

해외문헌

Bartlett, J. D., Kotake, C., Fauth, R., & Easterbrooks, M. A. (2017). Intergenerational transmission of child abuse and neglect: Do maltreatment type, perpetrator, and substantiation status matter?. *Child Abuse & Neglect*, *63*, 84−94.

Cornacchia, H. J., Olsen, L., & Nickerson, C. J. (1991). *Health in elementary school*. St.Lois; Mosby-Year Book.

Marotz, L. R., Cross, M. Z., & Rush, J. A. (2001). *Health, safety and nutrition for the young child* (5th ed.). NY: Delmar.

Robertson, C. (2010). *Safety, nutrition, and health in early education* (4th ed). CA: Wadsworth

Segal, M., Bardige, B., Woika, M. J., & Leinfelder, J. (2006). *All About Child Care and Early Education: A Comprehensive Resource for Child Care Professionals*. MA: Pearson Education.

참고 웹사이트

119 서울소방 유튜브 http://www.youtube.com/watch?v=UNg2QyQ7fTY

119 서울소방재난본부 https://fire.seoul.go.kr

119 안전신고센터 http://www.119.go.kr

경기도교육청 TV http://www.youtube.com/watch?v=Y6BvFIYYRo4

경북북부해바라기센터 http://www.gbonestop.or.kr

경찰청 http://police.go.kr

국민건강보험 건강검진 http://www.nhis.or.kr

국민안전교육 http://kasem.safekorea.go.kr

굿네이버스 아동학대문제연구소 http://www.goodneighbours.kr/child_abuse/main.asp

기상청 홈페이지 http://www.kma.go.kr

꼬마안전짱 http://coma. redcross.ac.kr

네이버 지식백과(2014) 실종. 유괴. http://terms.naver.com/search.nhn?query=%EC%8B%A4%EC%A2%85.+%EC%9C%A0%EA%B4%B4&searchType=&dicType=&subject=

도로교통공단 교통사고분석시스템(TAAS) http://taas.koroad.or.kr

두산백과사전 http://terms.naver.com/print.nhn?docId=1262897&cid=40942&categoryId=32353.

법제처 http://www.moleg.go.kr

보건복지부 영양플러스사업 http://www.mohw.go.kr/react/policy/index.jsp?PAR_MENU_ID=06&MENU_ID=06330203&PAGE=3&topTitle=

서울삼성병원 http://www.samsunghospital.com

서울시식품안전정보 http://fsi.seoul.go.kr

서울종합방재센터 http://119.seoul.go.kr

서울해바라기아동센터 http://www.child1375.or.kr

세이프키즈코리아 http://www.safekids.or.kr

소방방재청 http://www.nema.go.kr/nema_cms_iba/main

소방청 국가화재정보센터 http://www.nfds.go.kr

식품나라 http://www.foodnara.go.kr

식품의약품안전처 http://www.mfds.go.kr

실종아동 전문기관 http://missingchild.or.kr

실종아동기 센터찾기 http://www.safe182.go

아동권리보장원 http://www.ncrc.or.kr

아동안전 사이버교육센터 http://www.childsafedu.go.kr/index.jsp

어린이 안전넷 http://www.isafe.go.kr

어린이경찰청 http://kid.police.go.kr

어린이급식관리지원센터 http://ccfsm.foodnara.go.kr

어린이안전교육관 http://www.isafeschool.com

어린이안전교육캠페인 http://www.academysafe.com

어린이안전넷 http://www.isafe.go.kr

여성가족부2018. 유치원 및 어린이집 관리자 대상 성폭력 예방교육. http://www.mogef.go.kr

예방접종도우미 http://nip.cdc.go.kr

인천 해바라기센터아동. http://www.sunflowericn.or.kr

재난안전교육포털 http://portal.dci.go.kr

중앙119구조본부 http://www.rescue.go.kr

중앙아동보호전문기관 http://korea1391.go.kr
질병관리청 http://www.kdca.go.kr
질병관리청 코로나바이러스감염증-19(COVID-19) http://ncov.mohw.go.kr
찾기 쉬운 생활법령정보 http://oneclicklaw.go.kr
초록우산 어린이재단 http://www.childfund.or.kr
충북지방경찰청 충북경찰 유튜브 https://www.youtube.com/watch?v=nk_TpiTUE3E
케미스토리, 어린이환경과 건강교육 http://www.chemistory.go.kr
키즈오토파크, 어린이교통안전체험관 http://www.kidsautopark.org
평등어린이세상 http://kids.mogef.go.kr
학교안전공제중앙회 http://www.ssif.or.kr
한국생활안전연합 http://www.safia.org
한국성폭력 위기센터 http://www.rape119.or.kr
한국어린이안전재단 http://www.childsafe.or.krkr
행정안전부 어린이 안전배움터 https://www.mois.go.kr/chd/a01/chdMain.do
행정안전부 어린이놀이시설 안전관리시스템 https://www.cpf.go.kr/front/sub04/sub0402.do

참고 기사 및 방송

경기일보. 2016년 1월 20일자
국민일보. 2016년 2월 17일자
뉴시스. 2016년 1월 22일자
동아일보. 2020년 1월 8일자
머니투데이. 2019년 12월 19일자. '유아 성폭행', 아이들이 변한 3가지 이유.
메디컬 월드 뉴스. 2019년 8월 29일자
세계일보. 2016년 4월 6일자
아시아경제. 2012년 5월 18일자
아주경제. 2014년 9월 27일자
연합뉴스. 2013년 1월 31일자
연합뉴스. 2017년 11월 15일자
중앙일보. 2012년 5월 29일자
통계청 보도자료. 2016년 3월 23일자

통계청 보도자료. 2019년 3월 22일자. 2018 한국의 사회지표. 사회통계국 사회통계기획과.

통계청 보도자료. 2020년 6월18일자

한국일보. 2014년 12월 25일자

한국소비자원, 공정거래위원회 보도자료. 2021년 5월 3일자. 집에 머무는 우리 아이 안전, 이것만은 주의하세요.

CBS. 표창원 세상을 바꾸는 15분 220회. '아동학대로부터 비롯되는 것들'.

EBS뉴스. 2021년 1월 14일자

KBS. 2009년 9월 4일자. 30분 다큐 손씻기.

KBS뉴스. 2021년 3월 23일자

new1.2021년 1월 20일자. '[코로나 1년] '집'이라는 감옥…학대받는 아이들'.

SBS뉴스. 2011년 8월 13일자

SBS스페셜. 2007년 4월 17일자. 환경호르몬의 습격 2부. SBS.

YTN뉴스. 2016년 1월 26일자

저자 소개

황현주 대전과학기술대학교 유아교육과 교수

신현정 총신대학교 유아교육과 교수

신희이 부천대학교 유아교육과 교수

이성복 칼빈대학교 아동보육과 교수

제3판

아동안전관리

초판 1쇄 발행 2016년 9월 5일
초판 2쇄 발행 2018년 1월 10일
개정 1쇄 발행 2020년 2월 12일
제3판 2쇄 발행 2024년 2월 23일

지 은 이 | 황현주 · 신현정 · 신희이 · 이성복
펴 낸 이 | 김기섭
편 집 인 | 김민수 · 이상희
펴 낸 곳 | 창지사 www.changjisa.com
08589 서울시 금천구 가산디지털 1로 83 파트너스타워 1차 9층
전화 (02)719-2211~3
팩스 (02)701-9386
등 록 | 1977년 4월 28일 · 제1-421호

ISBN 978-89-426-1482-0 (93370)

값 23,000원